《广东省区域经济发展报告（2018）》 编委会

GUANGDONGSHENG QUYU JINGJI FAZHAN BAOGAO

广东省区域经济发展报告

2018

广东省发展和改革委员会 编

暨南大学出版社
JINAN UNIVERSITY PRESS

中国·广州

图书在版编目（CIP）数据

广东省区域经济发展报告 . 2018/广东省发展和改革委员会编 . —广州：暨南大学出版社，2019. 12

ISBN 978 - 7 - 5668 - 2804 - 0

Ⅰ. ①广⋯　Ⅱ. ①广⋯　Ⅲ. ①区域经济发展—研究报告—广东—2018
Ⅳ. ①F127. 65

中国版本图书馆 CIP 数据核字（2019）第 250732 号

广东省区域经济发展报告 （2018）
GUANGDONGSHENG QUYU JINGJI FAZHAN BAOGAO （2018）
编　者：广东省发展和改革委员会
- -

出 版 人：徐义雄
策　　划：黄圣英
责任编辑：黄文科
责任校对：王燕丽
责任印制：汤慧君　周一丹

出版发行：暨南大学出版社（510630）
电　　话：总编室（8620）85221601
　　　　　营销部（8620）85225284　85228291　85228292（邮购）
传　　真：（8620）85221583（办公室）　85223774（营销部）
网　　址：http：//www. jnupress. com
排　　版：广州尚文数码科技有限公司
印　　刷：佛山市浩文彩色印刷有限公司
开　　本：787mm×1092mm　1/16
印　　张：14. 5
字　　数：230 千
版　　次：2019 年 12 月第 1 版
印　　次：2019 年 12 月第 1 次
定　　价：58. 00 元

（暨大版图书如有印装质量问题，请与出版社总编室联系调换）

为全面系统反映广东全省区域发展情况，促进区域协调发展，为各级党委、政府决策作参考，根据省领导的指示，广东省发展改革委从 2008 年开始，每年组织编写出版年度《广东省区域经济发展报告》，至今已出版十期。

为保持延续性，便于分析对比，《广东省区域经济发展报告（2018）》沿用了上一期的篇章结构，分综合篇、区域篇、专项篇三个篇章和附录，以翔实的资料，全面反映2018 年广东推进区域经济发展的情况。综合篇介绍了 2018年广东省经济社会发展总体情况、四大区域发展分析、2018 年区域发展主要工作及 2019 年工作思路，并对广东在全国发展中的地位及与沿海发达省（市）的比较进行了分析；区域篇介绍了珠三角、粤东、粤西、粤北四大区域发展情况，并对 21 个地级以上市区域发展和合作情况、县域经济发展情况、重大区域发展平台规划建设等进行了重点阐述；专项篇详细介绍了区域发展九项主要工作情况。本书的附录收录了 2018 年出台的《中共中央　国务院关于建立更加有效的区域协调发展新机制的意见》《中共广东省委　广东省人民政府关于构建"一核一带一区"区域发展新格局促进全省区域协调发展的意见》等五份文件和"2018

年广东区域经济发展大事记"。

　　本书在编写过程中，得到了中共广东省委台办、广东省工业和信息化厅、省财政厅、省自然资源厅、省商务厅、省统计局、省港澳办、省扶贫办等省有关部门和各地级以上市发展改革局（委）的大力支持，在此表示衷心的感谢！由于水平有限，如有错漏之处，敬请批评指正。

编　者

2019 年 10 月

目录

Contents

区域篇

专项篇

附　录

综合篇

一、经济社会发展概要

2018 年，广东省坚持稳中求进工作总基调，贯彻新发展理念，落实高质量发展要求，统筹做好稳增长、促改革、调结构、惠民生、防风险、保稳定各项工作，全省经济社会发展取得新成绩。全省地区生产总值达 9.73 万亿元，增长 6.8%；① 人均地区生产总值 86 412 元，增长 5.1%；地方一般公共预算收入 12 105.26 亿元，增长 7.9%；全体常住居民人均可支配收入 35 809.9 元，增长 8.5%；居民消费价格上涨 2.2%。

（一）产业发展

深化供给侧结构性改革，实体经济发展得到进一步加强。新兴产业发展壮大。新增推广应用新能源汽车 18.85 万辆、工业机器人 2.2 万台，新增 4K 用户数 519 万户。推动电子商务、大数据、云计算、物联网等加快发展。建设国家数字经济发展先导区，大数据发展指数连续两年位列全国第一。启动建设省智能制造创新示范园，培育发展省级智能制造骨干企业 63 家。产业结构持续优化。大力推进制造业提质增效，启动新一轮工业技改三年行动计划，推动 3 000 家工业企业"上云上平台"。全省规模以上工业增加值增长 6.3%，先进制造业、高技术制造业增加值占规模以上工业比重分别达 56.4%、31.5%，分别提高 1.4 和 1.2 百分点。现代服务业增加值占服务业比重达 63.9%。"破立降"重点任务扎实推进。严防"地条钢"死灰复燃，淘汰煤电落后产能 66 万千瓦。处置完成省属国有"僵尸企业"885 户，安置职工

---

① 本书主要数据来源于《广东统计年鉴 2019》；所述的"增长"，除特别注明外，均指"比上年增长"。

1.6 万人。省属国企资产负债率为 55.5%，下降 1.5 百分点。市场化债转股实现突破，4 个项目资金到位 170.9 亿元。出台"实体经济十条"修订版，为企业减负 896.8 亿元，其中降低企业用电成本 216.1 亿元、社会保险成本 313.0 亿元。出台"民营经济十条"，民营经济增加值达 5.26 万亿元，占地区生产总值比重提高到 54.1%。"小升规"工业企业达 8 439 家。

（二）创新发展

创新综合能力不断增强。研究与试验发展经费投入占地区生产总值比重达 2.78%，科技进步贡献率为 58.7%，有效发明专利量连续 9 年、PCT 国际专利申请量连续 17 年保持全国第一，区域创新综合能力排名跃居全国第一。全面创新改革试验 117 项具体改革事项中，102 项已完成，总结提炼 31 项改革经验和 24 项典型案例报送国家。重大创新平台建设获积极进展。启动化学与精细化工、南方海洋科学与工程、生命信息与生物医药第二批 3 家省实验室建设。东莞散裂中子源项目正式投入运行，江门中微子实验站等大科学装置顺利推进。启动新一轮省部院产学研合作，与中科院合作的 27 个重大项目顺利落地。新增 2 所高校、13 个学科进入 ESI 排名前 1%。新增新型研发机构 25 家、科技企业孵化器 89 家、众创空间 151 家。珠三角国家科技成果转移转化示范区成功获批建设，技术合同成交额突破 1 000 亿元，专利质押融资规模位列全国第一。开展高新技术企业树标提质行动。新增国家级高新技术企业 1.6 万家，总量超过 4 万家，继续保持全国第一。规模以上工业企业设立研发机构比例达 45.8%。全面推行人才优粤卡政策。新引进第七批 31 个创新创业团队、240 名高层次人才，来粤工作的境外专家超过 38 万人次，启动第一批 10 所高水平技师学院建设。

（三）基础设施

强化交通基础设施的先导作用。完成广州白云机场二期扩建工程，揭阳潮汕机场、惠州机场扩建工程进展顺利，湛江新机场、韶关机场获批建设。

广州至汕尾高铁建设工程进展顺利，汕尾至汕头高铁开工建设，建成深茂铁路江门至茂名段、广梅汕铁路厦深联络线，完成茂名至湛江铁路电气化改造，新增高铁运营里程 342 千米，总里程达 1 905 千米。建成汕昆高速、武深高速，虎门二桥主体工程全线贯通，深中通道加快建设，新增高速公路 655 千米，总里程超过 9 000 千米，继续保持全国第一。湛江港 30 万吨级航道改扩建项目获批建设，建成东莞虎门港沙田港区三期、茂名博贺新港区防波堤等港航工程。韩江高陂水利枢纽工程顺利实现大江截流，韩江榕江练江"三江连通工程"开工，珠三角水资源配置工程试验段进展顺利。海上风电项目加快推进，阳江核电 5 号机组、世界首台 175 万千瓦台山核电 1 号机组等重大能源项目建成投产，粤东粤西粤北天然气主干管网、沿海 LNG 接收站加快建设。

（四）体制机制

深入推进重点领域改革攻坚。推出移动民生服务"粤省事"平台，实现 509 项高频民生服务事项"指尖"办理。建成全省统一的网上中介服务超市，全新上线一体化广东政务服务网，促进政务服务"一网通办"。加大"放管服"改革力度。省政府部门权责清单事项大幅压减至 3 018 项，压减率达到 46%。深入推进强市放权，继续向广州、深圳委托 77 项省级行政职权，推进新一批 54 项行政职权委托或下放各地级市实施。大力推进减证便民，省市县三级取消各类证明事项 1 099 项，只保留 37 项。深入推进审批制度改革。加快商事登记全程电子化，完成 138 项涉企行政许可事项分类改革，全面实施工程建设项目并联审批改革，企业开办时间压缩至 5 个工作日以内，新登记各类市场主体 229.7 万户、总量达 1 146 万户。全面完成省级政府机构改革，第一批 50 家省属生产经营类事业单位改革顺利完成，确定第二批 64 家改革单位，省直部门下属 19 所学校实现集中归口管理。

（五）区域发展

实施以功能区为引领的区域发展新战略，"一核一带一区"发展新格局加快构建。珠三角地区生产总值增长6.9%，三次产业结构为1.5：41.2：57.3。深茂铁路江门至茂名段正式开通，彻底改变了粤西地区长期以来没有高铁的局面。阳江核电5号机组建成投产，揭阳中委广东石化项目全面复工，湛江中科炼化等项目加快推进。深化产业共建。省产业转移园规模以上工业增加值增长7.7%。大力推进北部生态发展区建设。出台广东省国家重点生态功能区产业准入负面清单（第二批）和主体功能区产业目录，制订粤北生态特别保护区范围划定和建设实施方案及总体规划，划定保护区范围。印发实施加快推进新型城镇化建设行动方案，常住人口城镇化率达70.7%。加大公共服务资源向粤东粤西粤北倾斜力度，在汕头、湛江等地布局建设省实验室，支持云浮新建1所本科院校，支持汕头、韶关、梅州、湛江、茂名各建设1家高水平医院。

（六）资源环境

坚决打好污染防治攻坚战，省财政新增统筹安排150亿元，三年将投入683亿元。启动新一轮蓝天保卫战，公交电动化率达81.0%，空气质量连续四年达到国家二级标准，全省PM2.5年均浓度下降到31微克/立方米，再创新低。落实河长制、湖长制，全面推进茅洲河、练江、广佛跨界河流等重污染河流治理，完成925个饮用水水源地环境问题和185个城市黑臭水体整治。新增城镇污水管网7 615千米、生活污水日处理能力159万吨，新增生活垃圾日处理能力2.7万吨、危险废物年处理能力28万吨。基本完成农用地土壤污染状况详查工作，全省单位地区生产总值能耗下降3.38%。完成生态保护红线划定工作。造林更新380万亩，新增森林公园7个、湿地公园29个，珠三角9市已全部建成国家森林城市，完成矿山石场复绿537公顷。

（七）对外经贸

高标准推进粤港澳大湾区建设，自贸试验区体制机制创新取得重大进展，开放合作水平进一步提升。港珠澳大桥正式开通，粤港澳大湾区规划建设迈出实质性步伐。广深港高铁顺利开通运营，"一地两检"通关政策落地，莲塘/香园围口岸、粤澳新通道等项目建设加快。成立粤澳合作发展基金并启动运营。深度参与"一带一路"建设。对"一带一路"沿线国家进出口总额达16 138.35 亿元，增长 7.3%，占全省进出口总额的 22.5%。外贸结构持续优化。进出口总额 10 851.03 亿美元，增长 7.8%。其中，出口总额 6 470.46 亿美元，增长 3.9%；进口总额 4 380.57 亿美元，增长 14.1%。从贸易类型来看，一般贸易进出口总额 5 107.58 亿美元，占全省进出口总额的 47.1%。其中，一般贸易出口总额 3 084.69 亿美元，占全省出口总额的 47.7%；一般贸易进口总额 2 022.89 亿美元，占全省进口总额的 46.2%。加工贸易进出口总额 3 973.85 亿美元，占全省进出口总额的 36.6%。其中，加工贸易出口总额 2 497.60 亿美元，占全省出口总额的 38.6%；加工贸易进口总额 1 476.25 亿美元，占全省进口总额的 33.7%。对外交流合作扎实开展，与 8 个建交太平洋岛国签署合作备忘录，新增国际友城 5 对，累计达 195 对，中新广州知识城升级为国家级双边合作项目，驻境外经贸办事机构达 26 个。

（八）社会民生

十件民生实事共下达拨付资金 838 亿元，完成年初预算的 110.5%。农村最低生活保障标准提高至每人每年 5 280 元以上。就业形势维持稳定。城镇新增就业 147.65 万人，完成年度任务的 134.2%；城镇登记失业率 2.41%，下降 0.06%。全体常住居民人均可支配收入 35 809.9 元，增长 8.5%，其中城镇增长 8.2%、农村增长 8.8%。社会保障水平进一步提升。企业退休人员基本养老金增长 5.0%。新开工棚户区改造安置住房 3.4 万套，基本建成 3.6 万套，发放租赁补贴 2.4 万户。文教体卫事业全面开展。新增学前教育在园人数7.7万人，建立中小学生校内课后服务制度，高等教育毛入学率提高至41.7%。省财政三年安排90亿元支持30家重点医院建设，全面取消公立医院医用耗材加成，组建580个医联体，47家乡镇中心卫生院升级建设项目基本完成主体基建工程，县级公立中医院升级建设项目全部开工。建成村级综合性文化服务中心2.3万个，覆盖率超过90%，新建社区体育公园130个。

表1　广东省2018年宏观经济主要指标表

	2018 年		2017 年	
	绝对数	比上年增长（%）	绝对数	比上年增长（%）
一、广东省生产总值（亿元）	97 277.77	6.8	89 705.23	7.5
第一产业	3 831.44	4.2	3 611.44	3.6
第二产业	40 695.15	5.9	38 008.06	6.5
第三产业	52 751.18	7.8	48 085.73	8.7
二、人均地区生产总值（元）	86 412	5.1	80 932	6.0
三、固定资产投资（亿元）	—	10.7	37 477.96	13.5
四、社会消费品零售总额（亿元）	39 501.12	8.8	38 200.07	10.0
五、外贸进出口总额（亿美元）	10 851.03	7.8	10 066.80	5.4
出口总额	6 470.46	3.9	6 228.73	4.1
进口总额	4 380.57	14.1	3 838.06	7.6
六、实际利用外商直接投资（亿元）	1 450.88	4.9	—	—
实际利用外商直接投资（亿美元）	—	—	229.07	-1.9
七、城镇常住居民人均可支配收入（元）	44 341.0	8.2	40 975.14	8.7
农村常住居民人均可支配收入（元）	17 167.7	8.8	15 779.74	8.7
八、居民消费价格指数（%）	102.2	2.2	101.5	1.5
九、地方一般公共预算收入（亿元）	12 105.26	7.9	11 320.35	9.0
地方一般公共预算支出（亿元）	15 729.26	4.6	15 037.48	11.8
十、金融机构信贷收支（亿元）				
银行业金融机构本外币存款余额	208 051.16	6.9	194 535.75	8.2
银行业金融机构本外币贷款余额	145 169.39	15.2	126 031.95	13.6

二、区域经济发展综述

（一）四大区域发展分析

广东全省划分为珠江三角洲、粤东、粤西、粤北四个区域。珠江三角洲地区包括广州、深圳、珠海、佛山、江门、东莞、中山、惠州、肇庆 9 市；粤东地区包括汕头、潮州、揭阳、汕尾 4 市；粤西地区包括湛江、茂名、阳江 3 市；粤北地区包括韶关、河源、梅州、清远、云浮 5 市。2018 年，全省常住人口为 11 346 万人。其中，珠三角地区占 55.53%，粤东、粤西、粤北地区分别占 15.32%、14.28%、14.87%。珠三角、粤东、粤西、粤北的人口城镇化率分别为 85.91%、60.29%、44.54%、49.73%，分别比上年提高 0.62、0.22、1.02、1.15 百分点。粤西和粤北地区人口城镇化率在四大区域中提升幅度较大，但其相对水平仍偏低，分别低于全省平均水平 26.16 和 20.97 百分点，城镇化进程有待进一步推进。

表 2　2018 年广东省四大区域基本情况

	面积及占全省比重		年末常住人口及占全省比重		城镇化率（％）
	面积（万平方千米）	占比（％）	人口（万人）	占比（％）	
全省	17.97		11 346.00		70.70
珠三角	5.48	30.49	6 300.99	55.53	85.91
粤东	1.55	8.63	1 737.81	15.32	60.29
粤西	3.26	18.14	1 620.08	14.28	44.54
粤北	7.68	42.74	1 687.12	14.87	49.73

1. 经济总量稳步增长，珠三角地区绝对优势扩大。从绝对值来看，2018

年，珠三角地区生产总值81 048.50亿元，占全省比重为80.2%；粤东地区生产总值6 652.12亿元，占全省比重为6.6%；粤西地区生产总值7 450.88亿元，占全省比重为7.4%；粤北地区生产总值5 874.45亿元，占全省比重为5.8%。珠三角地区与粤东西北地区经济总量绝对差距呈现不断扩大态势，粤东、粤西、粤北地区生产总值分别只有珠三角地区的8.2%、9.2%、7.2%。从增速来看，2018年，珠三角地区生产总值增长6.9%，高于全省平均水平0.1百分点；而粤东、粤西、粤北地区生产总值增速分别为6.3%、5.4%、4.1%，分别低于全省平均水平0.5、1.4、2.7百分点。2018年，珠三角、粤东、粤西、粤北地区人均地区生产总值分别为130 182元、38 340元、46 203元、34 883元，粤东西北三大区域之间差距较小，但与珠三角地区的差距较大。从增速来看，粤东地区人均地区生产总值增速最高为6.0%，高于全省平均水平0.9百分点；珠三角、粤西、粤北地区人均地区生产总值增速分别为4.3%、4.5%、3.6%，分别低于全省平均水平0.8、0.6、1.5百分点。

2. 珠三角地区财政实力继续增强，粤东西北地区财政实力相对薄弱。从绝对值来看，珠三角地区地方一般公共预算收入7 915.51亿元，占全省比重为88.2%；粤东地区地方一般公共预算收入300.07亿元，占全省比重为3.3%；粤西地区地方一般公共预算收入320.59亿元，占全省比重为3.6%；粤北地区地方一般公共预算收入438.28亿元，占全省比重为4.9%。粤东、粤西、粤北地区地方一般公共预算收入分别只有珠三角地区的3.8%、4.1%、5.5%。从增速来看，珠三角地区地方一般公共预算收入增长6.2%，位居全省各区域第一位；粤北地区地方一般公共预算收入增长2.2%，位居全省各区域第二位；粤东、粤西地区地方一般公共预算收入分别下降1.4%、1.6%，分列全省各区域第三、四位。

3. 三大需求稳定增长，经济内生动力增强。从固定资产投资来看，珠三角地区固定资产投资稳中有升，粤东地区增长最快。2018年，粤东地区固定资产投资增长15.3%，在四大区域中位居首位；总量占全省的11.8%，下降1.1百分点。珠三角地区固定资产投资增长速度紧随其后，增速为10.9%；总量占全省的72.4%，提高4.4百分点。粤西、粤北地区固定资产投资分别增长7.4%、7.0%，分列全省各区域第三、四位；总量分别占全省的7.2%、

表3 2018年广东省各区域主要经济指标总量对比

指标	珠三角	粤东	粤西	粤北
地区生产总值（亿元）	81 048.50	6 652.12	7 450.88	5 874.45
人均地区生产总值（元）	130 182	38 340	46 203	34 883
地方一般公共预算收入（亿元）	7 915.51	300.07	320.59	438.28
社会消费品零售总额（亿元）	28 022.89	4 085.44	3 987.68	3 230.73
进出口总额（亿美元）	10 391.85	194.43	100.97	163.78

表4 2018年广东省各区域主要经济指标占全省比重对比

（单位：%）

指标	珠三角	粤东	粤西	粤北
地区生产总值	80.2	6.6	7.4	5.8
地方一般公共预算收入	88.2	3.3	3.6	4.9
固定资产投资	72.4	11.8	7.2	8.6
社会消费品零售总额	71.3	10.4	10.1	8.2
进出口总额	95.8	1.8	0.9	1.5

表5 2018年广东省各区域主要经济指标增速对比

（单位：%）

指标	珠三角	粤东	粤西	粤北
地区生产总值	6.9	6.3	5.4	4.1
人均地区生产总值	4.3	6.0	4.5	3.6
地方一般公共预算收入	6.2	-1.4	-1.6	2.2
固定资产投资	10.9	15.3	7.4	7.0
社会消费品零售总额	7.9	9.0	9.4	8.9
进出口总额	8.1	-7.9	9.5	8.4

8.6%，分别下降2.4、0.9百分点。从社会消费品零售来看，珠三角地区社会消费品零售总额增速放缓，与粤东西北地区的总量差距有所缩小。2018年，珠三角地区社会消费品零售总额增长7.9%，低于全省平均水平0.9百分点，位居全省各区域第四位；总量占全省比重为71.3%，下降0.7百分点。粤西地区社会消费品零售总额增速为9.4%，位列全省各区域首位。粤东、粤北地区社会消费品零售总额分别增长9.0%、8.9%，位居全省各区域第二、三位。粤东、粤西、粤北地区社会消费品零售总额占全省比重分别为10.4%、10.1%、8.2%，均有所提升。从外贸进出口来看，珠三角和粤西地区对外经贸形势较好，粤东地区外贸形势较为严峻。珠三角地区外贸进出口总额增长8.1%，高于全省平均水平0.3百分点；总量占全省的95.8%，提高0.3百分点。粤西、粤北地区外贸进出口总额分别增长9.5%、8.4%，分别高于全省平均水平1.7、0.6百分点；总量分别占全省的0.9%、1.5%，均与上年持平。粤东地区外贸进出口总额下降7.9%，低于全省平均水平15.7百分点；总量占全省的1.8%，下降0.3百分点。

4. 产业结构继续优化，服务业实现较快增长。2018年，广东四大区域呈现出第二产业占比下降、第三产业占比上升的良好态势，除粤东地区第二产业仍占主导外，其他三大区域产业均已调整为"三二一"结构。其中，珠三角、粤东、粤西、粤北地区第二产业占地区生产总值的比重分别为41.2%、50.0%、36.6%、35.0%，分别下降0.5、0.2、1.5、0.6百分点；第三产业占地区生产总值的比重分别为57.3%、42.7%、46.6%、50.6%，分别提高0.5、0.3、1.4、0.7百分点。从区域产业结构变化趋势看，2018年，四大区域第三产业比重继续提升，但升幅均有趋缓势头；第二产业比重虽继续下降但降幅有所收窄。与2017年相比，珠三角、粤东、粤西、粤北地区第三产业比重提升幅度分别缩小1.0、1.9、1.0、1.8百分点，而第二产业比重下降幅度分别收窄0.8、1.8、0.3、1.3百分点。从产业增速来看，粤北、珠三角、粤西地区分别在第一、第二、第三产业表现突出。第一产业增加值增速最高的是粤北地区，增长5.0%；第二产业增加值增速最高的是珠三角地区，增长7.2%；第三产业增加值增速最高的是粤西地区，增长7.3%。

表6　2018年广东省各区域三次产业结构及增速对比

(单位: %)

	三次产业构成			三次产业增速		
	第一产业	第二产业	第三产业	第一产业	第二产业	第三产业
全省	4.0	41.8	54.2	4.2	5.9	7.8
珠三角	1.5	41.2	57.3	4.0	7.2	6.6
粤东	7.3	50.0	42.7	4.5	6.5	6.2
粤西	16.8	36.6	46.6	4.4	3.8	7.3
粤北	14.4	35.0	50.6	5.0	3.6	4.1

5. 珠三角地区工业生产发挥重要支撑，粤东西北地区中高端产业发展相对薄弱。从总量来看，珠三角地区工业总量优势扩大。2018年，珠三角地区实现规模以上工业增加值27 669.29亿元，占全省的84.7%，提高2.5百分点。粤东、粤西、粤北地区分别实现规模以上工业增加值1 941.30亿元、1 697.36亿元、1 360.65亿元，分别占全省的5.9%、5.2%、4.2%，其相应的比重均有所下降。从增速来看，珠三角地区工业增长较快。2018年，珠三角地区规模以上工业增加值增长7.0%，粤东、粤西、粤北地区分别增长6.1%、2.6%、3.9%。从中高端产业分区域看，2018年，珠三角地区先进制造业增加值、高技术制造业增加值占规模以上工业比重分别为59.4%、35.8%，高于全省平均水平3.0、4.3百分点，比上年分别提高0.8、0.7百分点。粤东西北地区先进制造业增加值、高技术制造业增加值占规模以上工业的比重分别为38.7%、8.8%，均低于全省平均水平。其中，粤西地区先进制造业增加值占规模以上工业比重为49.7%，比粤东、粤北分别高17.1、15.9百分点；粤北地区高技术制造业增加值占规模以上工业比重为15.4%，比粤东、粤西地区分别高4.5、14.3百分点。粤东西北地区中高端产业虽有所发展，但仍与珠三角地区存在较大的差距，粤东地区先进制造业增加值占规模以上工业比重为32.6%，与珠三角地区差距最大，达26.8百分点；粤西地区高技术制造业增加值占规模以上工业比重最低，仅为1.1%，与珠三角地区的差距达34.7百分点。

表7 2018年广东省各区域现代产业增加值及比重对比

	先进制造业增加值		高技术制造业增加值	
	绝对数 （亿元）	占规模以上工业比重 （%）	绝对数 （亿元）	占规模以上工业比重 （%）
全省	18 224.53	56.4	10 183.66	31.5
珠三角	16 430.01	59.4	9 908.60	35.8
粤东	633.19	32.6	211.24	10.9
粤西	844.24	49.7	19.17	1.1
粤北	459.28	33.8	208.89	15.4

6. 珠三角地区居民收入增长较快，粤东西北地区与珠三角地区居民收入差距较大。2018年，珠三角地区全体常住居民人均可支配收入47 911.0元，增长9.3%，高于全省平均水平0.8百分点，其城镇居民、农村居民人均可支配收入增速分别高于全省平均水平0.6、0.8百分点。粤东西北地区全体常住居民人均可支配收入21 578.0元，仅为珠三角地区的45.0%；增长8.2%，低于全省平均水平0.3百分点；其城镇居民人均可支配收入增速低于全省平均水平1.4百分点，农村居民人均可支配收入增速略高于全省平均水平0.1百分点。

表8 2018年广东省各区域居民生活水平情况

	全体常住居民人均可支配收入		城镇居民人均可支配收入		农村居民人均可支配收入	
	绝对数 （元）	增长 （%）	绝对数 （元）	增长 （%）	绝对数 （元）	增长 （%）
全省	35 809.9	8.5	44 341.0	8.2	17 167.7	8.8
珠三角	47 911.0	9.3	52 129.1	8.8	22 805.6	9.6
粤东	21 754.2	7.9	26 694.2	6.7	15 013.2	9.3
粤西	21 691.0	8.4	28 404.7	7.0	16 434.7	9.0
粤北	21 288.0	8.3	27 826.9	6.7	15 111.5	8.5

7. 社会民生保障能力不断增强。2018 年，全省医院达到 1 552 家。其中，珠三角地区有 904 家，粤东地区有 173 家，粤西地区有 238 家，粤北地区有 237 家，分别比上年增加 46、19、13、10 家。各区域文化设施分布较为均衡，与上年相比基本保持稳定。社会保障工作稳步推进。2018 年，广东四大区域失业保险、工伤保险和生育保险参保人数继续保持增长的态势。其中，粤东、粤北地区上述三项保险参保人数增速均超过全省平均水平。

表9　2018 年广东省各区域社会文化建设情况

	医院（家）	艺术表演团体（个）	文化馆（个）	公共图书馆（个）	博物馆（个）	档案馆（个）
全省	1552	74	145	143	199	188
珠三角	904	19	56	56	109	75
粤东	173	17	24	23	24	28
粤西	238	14	21	20	19	27
粤北	237	15	43	43	44	48

注：除医院外，各区域不包省直单位部分。

表10　2018 年广东省各区域社会保险参保人数

	城乡基本养老保险（万人）	失业保险（万人）	城乡基本医疗保险（万人）	工伤保险（万人）
全省	7 576.12	3 361.75	6 445.08	3 592.49
珠三角	4 442.91	2 943.58	1 927.32	3 056.40
粤东	1 001.60	170.36	1 514.30	167.14
粤西	935.10	90.82	1 472.00	112.01
粤北	1 037.18	157.00	1 531.46	193.34

注：各区域不包省直单位部分。

（二）区域发展主要工作

2018 年，广东省深入践行新发展理念，紧扣高质量发展根本要求，抓住粤港澳大湾区建设重大历史机遇，全方位构建"一核一带一区"区域发展新格局，区域发展呈现出良好的局面。

1. 推动粤港澳大湾区建设。建立健全推进大湾区建设领导协调机制，成立省推进粤港澳大湾区建设领导小组及 6 个专项小组，设立湾区办常设机构，制定多份广东省贯彻落实《粤港澳大湾区发展规划纲要》的政策文件。召开省委全会和专门工作会议进行部署，形成近中远期相结合的贯彻实施体系。落实便利港澳居民到内地发展的政策措施，携手港澳创建国际科技创新中心，深入推动粤港澳三地规则衔接和硬软件融通、联通，发挥广州、深圳"双核"驱动作用，充分提升城市群综合承载力和辐射力。港珠澳大桥、广深港高铁、南沙大桥开通运营，空港、海港、陆港、信息港"四港"联发，珠三角地区高速公路网密度达 8.1 千米/百平方千米，推动高快速铁路联通京津冀、长三角及泛珠三角地区主要城市，空港、海港联通全世界。

2. 推动珠三角地区优化发展。高标准建设广东自贸试验区，深入实施"制度创新二十条"，38 项试点经验向全国复制推广。深化营商环境综合改革，企业开办时间、外资备案时限、货物通关时间明显压减，市场潜力和投资信心进一步提升，珠三角地区市场主体增长 11.8%。出台"科技创新十二条"，实施数字经济等九大重点领域研发计划，着力推动珠三角地区成为全国创新资源最密集、企业活力最充沛、成果转化最活跃的区域之一。华为、腾讯、大疆、美的、格力等一批企业凭借自主核心技术塑造竞争新优势。积极培育电子信息、绿色石化、汽车、智能家电、机器人五个世界级先进制造业集群，推动珠江东岸的高端电子信息制造产业带与珠江西岸的先进装备制造产业带协同发展，促进产业向高端高新、集聚集群、绿色低碳攀升。2018 年，珠三角地区研究与试验发展经费投入占地区生产总值的比重达 3.19%，国家高新技术企业达 4.2 万家，高技术制造业增加值占规模以上工业比重为 35.8%，先进制造业增加值占规模以上工业比重为 59.4%。

3. 构建"一核一带一区"区域发展新格局。省委、省政府出台《关于构建"一核一带一区"区域发展新格局促进全省区域协调发展的意见》,以主体功能定位为导向,将全省重构为珠三角核心区、沿海经济带、北部生态发展区。珠三角核心区在对接港澳中加快优化发展,集聚创新资源、高端要素;沿海经济带充分发挥"湾+带"联动优势,打造高水平产业集群;北部生态发展区以打造大湾区"菜篮子""果盘子""米袋子"和"后花园""康养地""体验场"为突破口,与大湾区形成大农场、大花园对接大城市新模式,实现绿色发展。2018 年,沿海经济带工业投资占全省的75%,规模以上工业增加值占全省近80%。对重点生态功能区和农产品主产区不再简单考核地区生产总值。实施乡村振兴战略,抓实垃圾分类、厕所革命等"千村示范、万村整治"工程,实施"粤菜师傅"工程、南粤家政服务工程和"万企帮万村"行动,推动全省93%以上的相对贫困人口实现脱贫,80%以上的相对贫困村达到出列标准。广州对口清远、梅州等八组结对帮扶工作扎实开展,深汕特别合作区实行共建共管共享的"飞地经济"新模式。

4. 推动原中央苏区和革命老区振兴发展。出台实施《海陆丰革命老区振兴发展规划》,加大省级层面的支持力度。大幅提高财力性补助标准,从 2018 年起,省财政对原中央苏区县和海陆丰革命老区困难县专项财力补助提高到每县每年 3 000 万元。省对原中央苏区县和海陆丰革命老区 11 个困难县实行省级财政"三个全额负担":全额负担重大基础设施项目资本金出资、全额负担医疗卫生重点建设项目资金、全额负担义务教育重点保障项目资金。加快推进重大基础设施建设,梅汕高铁进入全线铺轨阶段,龙梅高铁、瑞梅铁路前期工作有序推进。加大产业共建力度,13 个原中央苏区县(市、区)均与对口帮扶市的相关乡镇建立了合作共建关系。推进教育、卫生、文化、旅游、养老、儿童福利等方面的项目建设,完善城乡公共文化服务体系。2018 年,省财政安排原中央苏区城乡居民医保财政补助资金 22 亿元。推进红色文化资源的保护和利用。

5. 深化泛珠三角区域合作。泛珠三角区域合作方兴未艾、全面拓展,粤桂合作特别试验区等建设取得新进展,与江西、广西等地建立流域生态补偿机制。加快重大基础设施建设,促进泛珠三角区域互联互通。建成 22 条高速公路出省通道（含通港澳），加密和开辟区域内城市间航线和旅游支航线。积极开展"西电东送""西气东输"等电力输送及煤炭、油气储运合作，推进滇西北特高压直流输电工程、福建与广东电网联网工程项目建设。共同推进高铁经济带建设，促进产业融合发展。粤桂黔高铁经济带13市（州）已达成合作项目超千个，投资总额2 500多亿元。实施东江、九洲江及汀江—韩江等跨地区生态保护补偿试点，推进九洲江跨省区流域水环境综合治理，联合发布粤桂两省区九洲江流域水污染防治规划。组建泛珠三角区域旅游大联盟、粤桂黔高铁经济带旅游产业联盟，举办广东国际旅游产业博览会等大型交流活动。全面深化社会事业合作，全省21个地级市全部接入国家跨省异地就医结算系统，实现与包括泛珠三角内地九省区在内的全国跨省异地就医住院医疗费用的直接结算。

（三）2019年区域发展主要工作思路

2019年，广东区域发展要落实以功能区为引领的区域发展新战略，分类指导、精准施策，引导资源优化配置、产业合理布局，推动全省各区域优势互补、差异化协调发展。

1. 深入推进粤港澳大湾区建设。以规则相互衔接为重点，编制大湾区建设专项规划。加快粤港澳大湾区国际科技创新中心建设。共建广深港澳科技创新走廊，布局建设一批粤港澳联合实验室，开展前沿技术和产业关键共性技术研究，强化高校、科研机构和科技企业对接合作。加强设施"硬联通"和机制"软联通"。推动基础设施互联互通，完善港珠澳大桥、广深港高铁的运营管理和机制安排，推进与港澳在法律服务、金融、医疗、建筑等领域的规则对接，提升市场一体化水平。规划建设大湾区文化遗产旅游路径。

2. 做优做强珠三角核心区。推动珠三角核心区产业、营商环境、生态环境、基本公共服务等深度一体化，加快跨珠江口通道建设，促进珠江口东西两岸融合互动发展。推动广州实现老城市新活力，在综合城市功能、城市文化综合实力、现代服务业和现代化国际化营商环境方面出新出彩。支持深圳当好新时代改革开放尖兵、建设中国特色社会主义先行示范区、创建社会主义现代化强国的城市范例。加快珠海经济特区发展，打造珠江口西岸核心城市。打造国际知名会展、赛事、论坛品牌，提升城市影响力。加强城市精细化管理，推进城市老旧社区微改造，促进城市文明传承和人居环境改善。深入推进广佛同城化。强化珠三角核心区引领带动作用，优化区域对口帮扶协作机制，加快广清一体化和深汕特别合作区等建设。

3. 支持东西两翼沿海经济带建设。建设好汕头、湛江两个省域副中心城市，推动汕头进一步焕发特区活力，促进湛江对接海南自由贸易港建设。培育壮大汕潮揭城市群和湛茂阳都市区。在粤东、粤西地区沿海集中布局一批重大产业项目，大力发展临港化工、海工装备、海洋生物、海上风电等产业，推进南海油气开采。支持汕头临港经济区、汕尾高新区、阳江滨海新区、湛江东海岛、茂名石化基地、潮州港经济开发区、揭阳大南海石化工业区等建设。建设一批现代渔港和远洋渔业基地。发展滨海旅游、海岛旅游。

4. 建设北部生态发展区。坚持生态优先，严控开发强度和产业准入门槛，加强生态保护和修复，筑牢全省绿色生态屏障。加强自然保护区建设管理，在韶关和清远北部试点打造集中连片的生态特别保护区，开展粤北南岭山区生态修复，积极创建国家公园。因地制宜发展绿色低碳新型工业、现代农林业、健康医养等生态产业，支持云浮等地建设南药基地。规划南岭生态旅游公路，挖掘特色旅游资源，打造服务粤港澳大湾区旅游休闲区。完善区域生态补偿机制，加大对生态发展区财政转移支付力度。

5. 加强区域合作。继续做好对口支援西藏、新疆、四川甘孜工作，建立健全对口合作工作机制，抓好对口支援年度计划任务落实，扎扎实实完成中央部署的对口支援重点工作任务，着力抓好民生项目建设、产业援建、人才智力支援等工作。加强与黑龙江对口合作，建立完善对口合作机制，扎实推进粮食、制药、装备制造等领域合作。深入推进泛珠三角区域合作，以珠江—西江经济带、粤桂黔高铁经济带、琼州海峡经济带等沿江沿海沿线经济带为支撑，以泛珠三角区域合作发展基金、泛珠三角合作信息网等载体平台为抓手，积极搭建泛珠三角区域合作的"四梁八柱"，深化与港澳及周边省区的经济联系，进一步扩大广东省的发展腹地。

三、区域经济发展比较

（一）广东在全国区域发展中的地位

经济实力进一步增强。2018 年，广东实现地区生产总值 97 277.77 亿元，占全国的 10.6%；增长 6.8%，高出全国增速 0.2 百分点，经济总量连续 30 年稳居全国第一位。广东人均地区生产总值达 86 412 元，是全国的 1.34 倍。财政总体实力不断扩大，财政收入保持较高增速，地方一般公共预算收入达 12 105.26 亿元，占全国的 12.4%；增长 7.9%，高出全国增速 0.9 百分点，总量连续 28 年居全国第一位。

对内对外开放进一步扩大。2018 年，广东外贸进出口总额达 10 851.03 亿美元，占全国的 23.5%。其中，出口额 6 470.46 亿美元，占全国的 26.0%；进口额 4 380.57 亿美元，占全国的 20.5%。截至 2018 年年底，全年实际使用外商直接投资金额 1 450.88 亿元，占全国的 16.4%。

产业结构持续优化。2018 年，广东三次产业结构为 4.0∶41.8∶54.2。其中，第一产业增加值 3 831.44 亿元，第二产业增加值 40 695.15 亿元，第三产业增加值 52 751.18 亿元，分别占全国的 5.9%、10.8%、11.1%。

自主创新能力进一步提升。2018 年，全省研究与试验发展经费投入占地区生产总值比重提高到 2.78%，高出全国水平 0.59 百分点。有效发明专利量、PCT 国际专利申请受理量分别达 24.85 万件、2.53 万件，有效发明专利量连续 9 年、PCT 国际专利申请量连续 17 年保持高新全国第一。技术自给率达 73.0%，科技进步贡献率达 58.7%，规模以上工业企业建立研发机构比例为 45.8%。高新技术企业超过 4 万家；高新技术产品产值 7.4 万亿元，增长 10.0%。拥有国家工程实验室 15 家、国家工程（技术）研究中心 23 家、国家地方联合创新平台 71 家、国家认定企业技术中心 107 家、省级企业技术中心 1 245 家，认定技术创新专业镇 437 个。

生态文明建设走在全国前列。2018 年，广东单位地区生产总值能耗下降 3.38%，单位工业增加值能耗下降 2.35%。全省城市空气质量达到二级以上天数比例平均为 88.9%，全年日照时数 1 705.6 小时，接近正常年份 1 755.1 小时。全省城市（县城）新增建成污水处理设施 24 座，污水日处理能力达到 159.2 万吨，增长 6.0%；城市生活垃圾无害化处理率 98.0%。全省森林覆盖率达到 59.08%。

（二）广东与山东、江苏、浙江、上海四省（市）比较

1. 从总体经济看，广东经济总量居首，但增速落后于浙江。2018 年，广东实现地区生产总值 97 277.77 亿元，总量仍居全国首位。其中，第一产业增加值 3 831.44 亿元，增长 4.2%，对地区生产总值增长的贡献率为 2.5%；第二产业增加值 40 695.15 亿元，增长 5.9%，对地区生产总值增长的贡献率为 38.6%；第三产业增加值 52 751.18 亿元，增长 7.8%，对地区生产总值增长的贡献率为 58.9%。2018 年，江苏实现地区生产总值为 92 595.40 亿元，仅次于广东，规模位居第二。从增速上看，2018 年浙江地区生产总值增速在四省一市中位居首位，为 7.1%；其次为广东，增速为 6.8%，比江苏、上海分别高 0.1、0.2 百分点；最后为山东，增速为 6.4%。与浙江相比，广东第二产业增速落后 0.8 百分点。与山东相比，广东第三产业增速落后 0.5 百分点。

表 11　2018 年广东与沿海四省（市）经济发展总体比较

省（市）	地区生产总值		人均地区生产总值		三次产业结构
	绝对数（亿元）	增长（%）	绝对数（元）	增长（%）	
广东	97 277.77	6.8	86 412	5.1	4.0 : 41.8 : 54.2
山东	76 469.67	6.4	76 267	5.9	6.5 : 44.0 : 49.5
江苏	92 595.40	6.7	115 168	6.3	4.5 : 44.5 : 51.0
浙江	56 197.15	7.1	98 643	5.7	3.5 : 41.8 : 54.7
上海	32 679.87	6.6	134 982	6.5	0.3 : 29.7 : 70.0

2. 从三大需求看，广东固定资产投资增速远高于江苏、山东、浙江、上海，社会消费品零售总额增速落后于浙江，外贸进出口增速居末位。2018 年，广东固定资产投资增速为 10.7%，比江苏、山东、浙江、上海分别高 5.2、6.6、3.6、5.5 百分点。2018 年，广东消费运行平稳。在总量方面，广东实现社会消费品零售总额 39 501.12 亿元，在四省一市中居首位，其次是山东和江苏，分别比广东低 5 896.12 亿元和 6 270.72 亿元；在增速方面，广东社会消费品零售总额同比增速为 8.8%，仅落后浙江 0.2 百分点。广东外贸进出口规模仍遥遥领先，2018 年外贸进出口总量为 10 851.03 亿美元，规模约是江苏（位居第二）的 1.6 倍；外贸进出口增速为 7.8%，比江苏、山东、浙江、上海分别低 4.5、3.4、6.6、0.5 百分点。

表 12　2018 年广东与沿海四省（市）三大需求比较

省（市）	固定资产投资		社会消费品零售总额		外贸进出口	
	总量（亿元）	增速（%）	总量（亿元）	增速（%）	总量（亿美元）	增速（%）
广东	—	10.7	39 501.12	8.8	10 851.03	7.8
山东	—	4.1	33 605.00	8.8	2 923.91	11.2
江苏		5.5	33 230.40	7.9	6 640.43	12.3
浙江	—	7.1	25 007.90	9.0	4 324.77	14.4
上海		5.2	12 668.69	7.9	5 156.41	8.3

3. 从创新能力来看，广东稳步提升。从研发投入强度看，2018 年广东研发经费投入占地区生产总值比重达到 2.78%，比上海低 1.38 百分点。从发明专利授权量看，2018 年广东授权量为 5.33 万件，居四省一市中首位。从万人发明专利拥有量看，广东为 21.90 件，位居第四，分别比上海、江苏、浙江低 25.60、4.55、1.70 件。《中国区域创新能力评价报告（2018）》显示，广东区域创新综合能力连续两年位居全国第一，江苏从第二位回落到第三位。在有效发明专利和 PCT 国际专利方面，广东有效发明专利为 24.85 万件，PCT 国际专利受理量为 2.53 万件，处于领先地位，由此反映出广东具有强大的创新能力。

表 13　2018 年广东与沿海四省（市）创新主要指标比较

省（市）	研发经费支出占 GDP 比重（%）	发明专利授权量（万件）	有效发明专利（万件）	万人发明专利拥有量（件）	PCT 国际专利受理量（万件）
广东	2.78	5.33	24.85	21.90	2.53
山东	2.15	2.03	8.74	8.78	0.18
江苏	2.70	4.20	21.24	26.45	0.55
浙江	2.57	3.26	13.20	23.60	0.15
上海	4.16	2.13	11.50	47.50	0.25

区域篇

一、珠江三角洲地区

（一）发展概述

2018 年，珠三角地区优化发展成效明显，总体上呈现质量效益、创新驱动、生态建设、民生保障"四提升"发展态势。珠三角地区生产总值 81 048.50 亿元，占全省的 80.2%，增长 6.9%；人均地区生产总值 130 182 元，增长 4.3%；地方一般公共预算收入 7 915.51 亿元，增长 6.2%；全体常住居民人均可支配收入达 47 911.0 元，增长 9.3%；城镇化率达 85.91%。

——创新驱动产业结构升级。珠三角地区研究与试验发展经费投入占地区生产总值比重达到 3.19%，国际专利申请受理量（PCT）2.5 万件，占全国的 45.5%，推动广东区域创新综合能力跃居全国第一。重大创新平台建设取得积极进展，东莞散裂中子源项目正式投入运行，江门中微子实验站等大科学装置顺利推进。珠三角国家自主创新示范区和全面创新改革试验试点省建设深入推进，获批建设珠三角国家科技成果转移转化示范区。深圳市全年研究与试验发展经费投入 1 161.93 亿元，占地区生产总值比重达 4.80%。先进制造业和现代服务业成为主体，以电子信息、装备制造、生物医药为主导的先进制造业体系基本建立，先进制造业增加值占规模以上工业比重达 59.4%。研发设计、科技服务等现代服务业加快发展。国家高新技术企业达 4.2 万家，高技术制造业增加值占规模以上工业比重为 35.8%。

——改革开放全面深化。实施"数字政府"改革建设等 13 项重点改革，推动全省网上政务服务综合能力跃居全国第一。推进广州市营商环境综合改革试点，支持广州开发区创建国家级营商环境改革创新实验区。深圳市出台"营商环境改革 20 条"，实施建设投资项目审批"深圳 90"改革。佛山市在全国率先实施"3 + 5"商事制度改革模式和启用全程电子化"零见面"24 小时智能商事登记系统，成为全国"企业开办全程网上办"改革试点城市。

2018 年，珠三角地区外贸进出口总额达 10 391.85 亿美元，增长 8.1%；实际利用外资 1 350.73 亿元。港珠澳大桥及口岸正式开通，"合作查验，一次放行"新模式落地实施。广东自贸试验区深改方案获国家批准，获批 40 项改革自主权，外资负面清单缩减至 45 条，在全省推广 91 条改革创新经验。中新广州知识城升级为国家级双边合作项目，中韩（惠州）产业园全面开工建设。珠海、东莞市获批跨境电子商务综合试验区，新增佛山、中山市场采购贸易试点。

——重点项目进展顺利。珠三角地区固定资产投资增长 10.9%。广州、深圳、珠海、佛山、惠州、东莞、中山、江门和肇庆市固定资产投资分别增长 8.2%、20.6%、20.7%、5.6%、3.1%、5.8%、5.5%、9.5% 和 10.0%。珠三角地区安排省重点项目年度计划投资 3 601 亿元，完成投资 4 733 亿元，为年度计划投资的 131.4%。开工建设广州港南沙港区四期工程、佛山美的库卡智能科技园等 80 个项目，建成投产深圳抽水蓄能电站等 42 个项目。广州白云国际机场二期扩建工程完工，二号航站楼投入使用。广深港高铁开通运营，虎门二桥主体工程全线贯通，深中通道、莲塘/香园围口岸、粤澳新通道等项目建设加快推进。

——生态环境持续改善。珠三角 9 市全部建成国家森林城市。珠三角水资源配置工程获国家批复并明确安排中央预算内投资补助 34.1 亿元。新增广州、珠海市两个城市实现公交电动化。集中推进茅洲河、广佛跨界河流等重点流域综合整治，水质恶化趋势得到遏制。广州市改善城乡环境面貌，完成 5 个老旧小区改造，77 个老旧小区微改造。深圳市新建污水管网 2 855 千米，完成河道整治 152.6 千米，基本消除全市 146 个黑臭水体，污泥无害化处理率达 100%。佛山市创新实行岛长制，开展 48 个河心岛生态修复工作。惠州市全年共否决不符合环保要求项目 164 个，否决率达 10%。东莞市推进全市 44 条重污染河涌整治示范项目建设，其中 39 条基本消除黑臭。中山市新造林 9 327 亩，省级森林小镇增至 9 个。江门市扎实推进主城区重点行业企业淘汰搬迁工作，完成关停 117 家，完成或正在搬迁 12 家。肇庆市排查治理北岭山违法用水和星湖周边 141 个污染源，推动星湖水质持续改善。

——人民生活稳步提高。珠三角地区人均地区生产总值达到 130 182 元，已远超中等收入阶段,居民收入与经济同步增长,农村居民收入增长快于城镇居民收入增长,城乡居民收入差距缩小至 2.29∶1。常住人口、就业人口新增 100 万左右,居住证持有人与当地人口大体平等享有基本公共服务。广州市新增学前教育学位 3.89 万个、中小学学位 13.79 万个。惠州市城乡居民医保各级财政补助标准提高到每人每年 490 元,低保标准提高到每人每月 800元。深圳市成功举办"大潮起珠江——广东改革开放 40 周年展览",珠海市成功举办 2018 年亚洲帆板锦标赛暨亚洲风筝板锦标赛,佛山市成功举办第 27届中国金鸡百花电影节。中山市建成居家养老服务中心 85 个,镇区公共足球场 25 个,社区体育公园 15 个。肇庆市新建社区体育公园 10 个,行政村(社区)综合性文化服务中心实现全覆盖。

表 14　2018 年广东省珠三角九市主要经济指标

	地区生产总值		人均地区生产总值		第三产业增加值		地方一般公共预算收入	
	绝对数 (亿元)	增长率 (%)	绝对数 (元)	增长率 (%)	绝对数 (亿元)	增长率 (%)	绝对数 (亿元)	增长率 (%)
珠三角	81 048.50	6.9	130 182	4.3	46 400.62	6.6	7 915.51	6.2
广州	22 859.35	6.2	155 491	3.1	16 401.84	6.6	1 634.22	6.3
深圳	24 221.98	7.6	189 568	3.2	14 237.94	6.4	3 538.44	6.2
珠海	2 914.74	8.0	159 428	1.6	1 430.83	3.5	331.47	5.4
佛山	9 935.88	6.3	127 691	3.2	4 177.43	6.6	703.14	6.3
惠州	4 103.05	6.0	85 418	5.4	1 765.50	6.2	393.01	1.0
东莞	8 278.59	7.4	98 939	6.6	4 226.34	7.9	649.91	9.8
中山	3 632.70	5.9	110 585	4.6	1 790.88	7.6	315.23	0.8
江门	2 900.41	7.8	63 328	7.2	1 290.57	7.7	244.05	9.7
肇庆	2 201.80	6.6	53 267	5.8	1 079.29	6.9	106.04	11.8

（二）广州市

1. 概况。

2018 年，广州市地区生产总值 22 859.35 亿元，增长 6.2%。人均地区生产总值 155 491 元，增长 3.1%。三次产业结构为 1.0∶27.3∶71.7。社会消费品零售总额 9 256.19 亿元，增长 7.6%。地方一般公共预算收入 1 634.22 亿元，增长 6.3%。外贸进出口总额 1 485.05 亿美元，增长 3.7%。规模以上工业增加值 4 450.90 亿元，增长 5.5%。全体常住居民人均可支配收入 55 276.1 元，增长 8.8%。居民消费价格指数上涨 2.4%。

2. 珠三角优化发展情况。

——供给侧结构性改革深入推进，产业结构持续优化。现代服务业增加值占服务业比重达 66.5%；先进制造业增加值占制造业比重达 66.1%，占规模以上工业比重提高至 59.7%。全面确保无钢铁行业新增产能和"地条钢"死灰复燃等情况。降成本取得积极成效，修订实施《广州市降低实体经济企业成本实施方案》等政策，进一步优化项目投融资体制，停征 10 项由省设立的行政事业性收费项目的市、区两级收入，规范和降低口岸收费，推进广州港口降本增效改革。加快补短板重大工程建设，全力推进重大项目"攻城拔寨"行动。印发实施《2018 年市重点建设项目计划》，将 398 个市重点项目全部纳入"攻城拔寨"体系，并选取 184 个重大项目列为挂图作战项目。398 个市重点建设项目完成投资 2 812 亿元，完成年度投资计划的 107.2%，占全社会固定资产投资的 47.4%。其中，184 个挂图作战项目完成投资 1 847.2 亿元，完成年度投资计划的 109.3%。金融服务实体经济功能增强，新增上市企业 10 家。

——创新驱动发展战略深入实施，科技创新水平不断提升。科技创新企业发展迅速，国家高新技术企业净增 3 104 家，总数达到 11 794 家。重大创新平台布局取得突破，中科院空天信息研究院粤港澳大湾区研究院暨太赫兹国家科学中心、中科院自动化研究所广州人工智能与先进计算研究院、冷泉生态系统大科学装置、人类细胞谱系大科学研究设施等一批重大项目快速推进。科技成果转化加速，技术合同成交额较 2017 年翻一倍，超过 700 亿元。开放式创新广度和深度得以不断拓展，与香港科技大学、澳门大学建立战略合作关系，筹划设立粤港澳大湾区（粤穗）开放基金，全市建成对港澳科技合作平台 33 个；链接全球创新资源，积极参与"一带一路"科技合作，引进美国冷泉港实验室、白俄罗斯国家科学院、英国科控国际等落户。双创环境持续优化。成功举办《财富》全球科技论坛、小蛮腰科技大会、粤港澳大湾区创投 50 人交流会。

——营商环境持续优化，着力打造"广州样本"。加快推进广州市营商环境综合改革试点，出台改革试点实施方案，提出深化审批服务便利化改革等 8 个方面共 43 项改革"硬招""实招"，部署开展优化营商环境专项行动计划，召开全市优化营商环境大会，支持广州开发区创建国家级营商环境改革创新实验区。深入推进"放管服"改革，下放各类事权 123 项，清理证明事项 380 余项，新登记市场主体和企业分别增长 25.5% 和 35.3%。落实"民营经济 20 条"，民营经济增加值增长 6.7%，民营经济制造业投资增长 12.3%。率先推动部门整体预算绩效管理，形成全闭环管理机制。积极防范化解重大风险，银行机构不良贷款率 1.1%，国有企业资产负债率 59.2%，政府存量债务下降 16.0%，风险总体可控。

——枢纽型网络城市加快建设，城市功能进一步提升。大力推动国际航空与航运枢纽建设，推进落实广州建设国际航运中心三年行动计划。积极推进与珠海、中山、东莞、江门签订港口合作协议。推动南沙港区四期工程如期动工建设。广州港深水航道拓宽工程一期投入使用。国家重点项目天然气水合物钻采船（大洋钻探船）项目南部码头及岩心库已出具稳定风险评估意见。全面推进大交通综合网络建设，广湛高铁、广河高铁、广永高铁、广中珠澳等 6 条高铁纳入国家相关规划文稿，5 个国铁、6 个城际、9 个地铁在建项目按计划推进，全年完成投资 725 亿元；实现所有行政区通地铁，2018 年年底地铁累计开通运营里程达 478 千米；广深港高铁投入运营，内地与香港实现"一地两检"。

——打好污染防治攻坚战，生态环境更趋协调。关停广州发电厂、旺隆发电厂 7 台燃煤机组，推广应用纯电动公交车 1.1 万台，完成 262 家重点企业挥发性有机物综合治理。推动河长制湖长制见行动见成效，清理整治"散乱污"场所6万个，其中关停取缔3.6万个；建成污水处理厂3座，新建污水管网3 430千米；35条黑臭河涌"长制久清"，112条黑臭河涌治理主体工程完工。改善城乡环境面貌，完成5个老旧小区改造，77个老旧小区微改造、7条旧村改造、20个旧厂改造项目完工。强化固体废弃物处理，新建13座建筑废弃物消纳场，4座资源热力电厂试运营。新增立体绿化10万平方米、生态景观林带80千米，建成绿道100千米、森林公园2个、湿地公园1个，创建森林小镇3个，完成碳汇造林4.5万亩。

——民生事业大力推进，社会保障水平不断提高。低保标准从900元提高至950元，建成长者饭堂1 002个，新增租赁住房110.4万平方米。文教体卫事业不断推进。新增学前教育学位3.89万个、中小学学位13.79万个；推进落实中小学校三年提升计划，项目已开工195个、完工166个。华南理工大学广州国际校区项目一期基础工程完成施工，制定与暨南大学合作共建暨大二期协议。成功举办雪松广州黄埔马拉松赛、广州国际购物节等体育赛事和文化活动。出台取消公立医院医用耗材加成政策，广州市老人院、广州市烈军属疗养院、市受助人员安置中心等一批卫生民政项目顺利推进建设。

3. 推进粤港澳大湾区建设情况。

推动《粤港澳大湾区发展规划纲要》实施工作顺利开展。成立了由市委主要领导任组长的市推进粤港澳大湾区建设领导小组，组建了基础设施互联互通等9个专项小组。起草完成了广州市贯彻落实《规划纲要》实施意见、三年行动计划和2019年大湾区建设工作要点。共建国际科技创新中心和粤港澳大湾区综合性国家科学中心，大力推动中新广州知识城、南沙科学城等重要创新节点建设。促进交通基础设施互联互通，广深港高铁建成通车，广州南站至香港西九龙站的通勤时间缩短至47分钟，同时积极谋划推动广州香港中心城区的轨道联通。与香港开展马产业合作，内地规模最大、标准最高的国际马场类综合体——香港赛马会广州从化马场正式启用。大力推进穗港澳国际健康产业城建设，在广州设立粤港澳大湾区国际商业银行和创新型期货交易所取得省级层面的支持。提升人员往来便利化水平，积极落实《港澳台居民居住证申领发放办法》，将广东自贸区的六项出入境政策复制推广至全市范围。教育合作取得显著成果，市政府与香港科技大学、广州大学签署了合作协议，共建香港科技大学（广州）。

4. 区域发展和合作情况。

——广佛同城化迈向更高层次。广州、佛山两市签署了新一轮战略合作框架协议，协议提出要共建先进装备制造、汽车、新一代信息技术、生物医药与健康四个万亿级产业集群，并拟在广州南站周边共建广佛高质量发展融合试验区，致力打造同城化标志项目和大湾区核心发展平台。编制印发实施《广佛同城化建设 2018 年度重点工作计划》，广佛地铁（燕岗至沥滘段）、榄核镇西线公路延长段建成通车，广州地铁七号线西延顺德段、广佛环线（佛山西站至广州南站段）、广佛肇高速二期、海华大桥等加快施工建设。广州、佛山、中山三方共同投资、建设、经营的南沙港区四期工程动工建设，广佛港口资源整合工作顺利推进。广州、佛山两市共同签署《深化创新驱动发展战略合作框架协议》，建立了创新合作机制。花地河、牛肚湾涌等 16 条广佛跨界河涌综合整治工作全面完成，交界水环境质量稳步提升。深化和拓展荔湾—南海政务同城化，截至 2018 年年底，荔湾、南海两区跨城通办业务范围基本涵盖所有法人类事项，其中涉及荔湾区 16 个政府部门 351 个事项，涉及南海区 15 个部门 362 个事项。同时，白云—南海、番禺—顺德等广佛交界区也实现了部分政务事项在实体窗口或自主终端跨市办理。

——广清一体化实现高质量发展。广州、清远两市共同制订并印发了《高质量推进广清一体化发展工作方案》。广清城际一期工程（广州北站至清远段）进展顺利，计划 2019 年建成通车；广清城际二期工程（广州段）正在开展工程可行性研究。广联高速从化至连州段已纳入省重点项目并全线开工建设。广清大道南延线、太石路接花都红棉大道等项目有序推进。3 条广清跨市公交线路运行良好，日发班次共增至 68 班次。积极推动产业共建，截至 2018 年年底，广清产业园累计洽谈企业 763 个，签约企业项目 179 个，其中亿元以上项目 119 个，计划总投资 939.7 亿元。在此基础上，谋划共建广清经济特别合作区，包括广清产业园、广德（英德）产业园、广佛（佛冈）产业园和广清空港现代物流产业新城等三园一城。完成广清旅游集聚区战略发展课题研究，已通过专家评审会。

——"广佛肇+清云韶"经济圈建设深入推进。落实省关于构建"一核一带一区"区域发展新格局的战略部署，以广佛同城化、广清一体化为引领，加快"广佛肇+清云韶"经济圈建设。《广佛肇清云韶经济圈发展规划》编制工作基本完成。汕昆高速连平至怀集段建成通车，加快汕湛高速清远清新至云浮新兴段、怀阳高速怀集至郁南段等干线公路施工建设。珠三角新干线机场更名为珠三角枢纽（广州新）机场，拟选址佛山高明和肇庆高要交界处。继西江（界首至肇庆）航道扩能升级完成后，北江航道扩能升级工程也在加快推进，将有效提升西江、北江通航条件。共建广佛肇（怀集）经济合作区，合作区已开发 11 400 亩，累计投入约 15 亿元用于交通、水电、市政、通用厂房等基础设施建设；累计入园项目 129 个，投产 61 个，其中集美新材料、广东华昶实业、三胜五金等企业均来自广州。

——穗莞战略合作进一步深化。深入落实穗莞深化战略合作框架协议，共同推进高质量发展，广州、东莞两市共同开展《穗莞合作发展规划》编制，已形成初稿。编制印发实施《穗莞深化战略合作 2018 年度重点工作计划》，穗莞深城际新塘至洪梅段、花莞高速、南沙大桥等重大交通项目加快建设，深茂铁路深圳至江门段采用北线方案已获得同意。谋划地铁线网对接，按照最新规划，广州、东莞两市将有 5 条线路对接。以广州港为核心推动港口资源整合，共同打造广州—东莞组合港。共建广深港澳科技创新走廊，穗深莞三市知识产权局签署合作备忘录。促进上下游联动，加强对东江北干流及莲花山水道的保护利用。

——穗中战略合作正式启动。广州、中山两市共同签署《广州市人民政府 中山市人民政府战略合作框架协议》《广州市人民政府 中山市人民政府关于广州中山跨区域轨道交通规划建设框架协议》，标志着穗中合作正式启动。南沙新区与翠亨新区签署了《广州南沙新区中山翠亨新区战略合作框架协议》，广州港股份有限公司与中山市中航投资发展有限公司签署了股份转让合作框架协议。广州、中山两市将共同推进南沙港铁路、广州地铁 18 号线自万顷沙站延伸至中山、南中特大桥、广中江高速等重点合作项目，并加快推动两地港口资源整合。

5. 中新广州知识城建设情况。

——强化顶层设计，提升战略发展定位。完善总体发展规划编制，科学编制《中新广州知识城总体发展规划（2019—2035）》。主动融入粤港澳大湾区发展规划，抢抓战略机遇，纳入《粤港澳大湾区发展规划纲要》，将知识城打造为高水平科技创新载体和平台。

——贯彻"以人为本"理念，打造全球生态智慧城市样板。外联内通深入推进。加快推进 8 条轨道交通、5 条高速公路、7 条城市快速路规划建设，地铁 14 号线、知识城支线已开通运营，地铁 21 号线已开通增城广场至镇龙段，"知识城—白云机场""知识城—广州东站""知识城—南沙"等高速地铁正加快落地。公共配套设施加速建设，沿九龙湖规划布局世界一流国际会议中心、图书馆、博物馆等文化设施，引进知识城南方医院、巴塞罗那国际医院等一批高水平医疗设施，新加坡南洋中学、广州实验中学等 48 所中小学、幼儿园加快建设。目前，知识城已基本完成智慧政务、智慧城管等 47 项创建任务，成为全国首批智慧城市创建试点。大力建设海绵城市，以凤凰湖、九龙湖及河涌综合整治工程为重点，打造全国独特"大海绵体"。新加坡元素日益丰富，建设以知识城轨道站点 400 米服务半径风雨连廊系统，规划 18 个邻里中心，城南邻里中心基本建成，垂直绿化、新加坡风格景观绿化全面推广。

——聚焦战略性新兴产业，建设现代化经济体系。价值创新园区建设全面推进，按照广州市产业布局，结合知识城实际，围绕龙头项目高标准打造新一代信息技术、高端装备制造、生物医药等六大价值创新园区，推动战略性新兴产业集群发展。招商成效不断显现，知识城成功引进诺诚健华广州发展中心、广电战略性新兴产业项目、景驰无人驾驶、创维智能产业创新基地等重点产业项目，全年新注册企业 578 家，注册资本 366.88 亿元。企业筹建行动有力，全年新开工产业项目 27 个。百济神州主厂房、粤芯芯片制造项目主厂房已封顶，GE 生物科技园首期项目正在进行主体结构施工，中国联通互联网应用创新基地、中国电信创新孵化园南方基地等一大批高端项目正抓紧建设。

——深化国际合作，构筑全面对外开放新高地。双边工作机制初步确立，在国家、部委、省级三个层面分别设立副总理级、正部级、副部级的三级工作对接机制及组织架构，并将与新加坡共同打造中新国际科技创新合作区。政策红利强势集聚，积极复制推广自贸区153项政策和经验，提出知识产权、金融服务、生物医药、综合型自贸试验区四个方面的10项创新政策，打造知识城政策创新高地。构建"一带一路"合作新平台，深化同"一带一路"沿线国家与地区的交流合作，建设海丝开放合作引领区。

——践行创新驱动发展战略，建设知识产权最强保护区。创新平台重磅落地，聚集腾飞科技园、中慧科技园、国际领军人才集聚区、广州国际智慧产业中心等专业孵化载体，激发创新创业新活力。科技人才再添新军，中新国际联合研究院获评广东省2018—2019年新型研发机构，已建成6个研发平台、23个实验室，聚集科研人员超过200人。邀请许宁生、施一公等50多名国内外知名专家组建智库。擦亮知识产权品牌，国家知识产权局专利局专利审查协作广东中心顺利入驻，2018年完成专利审查结案量15.3万件，约占全国的1/5。北京大学粤港澳大湾区知识产权发展研究院成功落户。

（三）深圳市

1. 概况。

2018年，深圳市地区生产总值24 221.98亿元，增长7.6%。人均地区生产总值189 568元，增长3.2%。规模以上工业增加值9 109.54亿元，增长9.5%。社会消费品零售总额6 168.87亿元，增长7.6%。外贸进出口总额4 539.23亿美元，增长9.6%。金融机构本外币存款余额72 550.36亿元，增长4.1%；金融机构本外币贷款余额52 539.79亿元，增长13.4%。地方一般公共预算收入3 538.44亿元，增长6.2%。

2. 珠三角优化发展情况。

——产业结构持续优化。三次产业结构为0.1∶41.1∶58.8，形成了先进制造业、现代服务业和优势传统产业协调发展格局。制造业继续维持较快增长，规模以上工业实现增加值9 109.54亿元，增长9.5%，其中先进制造业增加值增长12.0%；建成投产华星光电第11代液晶面板等一批先进制造业重大项目，引进全普微激光等一批超 10 亿元重大产业项目。金融业持续稳健发展，中国人民银行金融科技研究院落户，新引进持牌金融机构 26 家，新增境内外上市公司 16 家。金融服务实体经济能力增强，成立总规模 150 亿元的全国首个政策性救助基金，设立总规模为 30 亿元的中小微企业融资担保基金，小微企业贷款余额增长 16.0%。

——创新驱动能力进一步增强。全年研究与试验发展经费投入 1 161.93 亿元，占地区生产总值比重达 4.80%。重大创新平台加快建设，光明科学城启动区开工建设，肿瘤化学基因组学国家重点实验室、生命信息与生物医药广东省实验室正式获批，鹏城实验室、第三代半导体研究院等重大科研机构启动建设；新增各类创新载体 189 家，累计达 1 877 家。创新成果不断涌现，国内有效发明专利拥有量达 11.89 万件，增长 11.2%；获中国专利金奖 4 项、国家科技奖 16 项、何梁何利基金科学与技术进步奖 1 项。创新主体规模持续壮大，新增国家级高新技术企业超过 3 000 家，累计突破 1.4 万家。人才集聚效应不断增强，新增全职院士 12 名，新认定高层次人才 2 678 名。创新环境不断优化，"基础研究＋技术攻关＋成果产业化＋科技金融"的全过程创新产业链进一步完善；成功举办第二十届高交会，50 亿元天使投资母基金投入运营。

——重点领域改革实现新突破。营商环境不断优化，出台"营商环境改革 20 条"，制定推进跨境贸易便利化、建设"数字政府"等 46 个配套文件，实施建设投资项目审批"深圳 90"改革。科技管理体制改革取得新进展，出台重大科技计划项目评审办法和财政科研项目资金管理意见，实施国内外同行专家主审制，"深港创新圈"项目资金实现"一地申请、跨境使用"。出台住房制度改革顶层设计文件及配套办法，构建面向 2035 年的多主体供应、多渠道保障、租购并举的住房供给和保障体系。国资国企改革成果丰硕，获批开展区域性（深圳）国资国企综合改革试验，5 家市属国企纳入国家国企改革"双百企业"名单，混合所有制改革扎实推进。

——全方位开放取得积极成效。全面落实粤港澳大湾区发展战略，广深港高铁全线通车，莲塘口岸基础设施完工。前海蛇口自贸片区开发建设加快，新城形象日新月异。出台实施前海深港合作专项行动计划，港交所前海联合交易中心开业，新华养老保险等一批总部项目落户，深港基金小镇投入使用，新引进港澳青年创业团队31个。参与"一带一路"建设取得积极成效，成功举办第十届泛太平洋海运亚洲大会及21世纪海上丝绸之路合作论坛等12场推介会，与沿线国家双边贸易总额达到850亿美元。实际利用外资514.56亿元。深汕特别合作区新开工重大产业项目10个，小漠国际物流港等项目加快推进。"深莞惠＋汕尾、河源"经济圈合作不断深化，深圳与哈尔滨33个对口合作项目加快实施。

——生态治理水平提升。中央环保督察组"回头看"交办的526宗案件基本办结，持续开展"利剑二号"专项执法行动，综合整治"散乱污危"企业9 329家。治水提质效果显现，全年共安排治水提质项目397个，完成投资392亿元，增长98.0％；新建污水管网2 855千米；完成河道整治152.6千米，基本消除全市146个黑臭水体，污泥无害化处理率达100％。完成7 146个小区正本清源改造，新增海绵城市达标面积55平方千米。淘汰老旧汽车约13万辆，化学需氧量、氨氮、二氧化硫、氮氧化物排放量分别下降7.0％、6.0％、3.8％、0.5％。新增推广新能源汽车9万辆，出租车基本实现纯电动化。城市绿化水平持续提升，新建和改造提升各类公园69个，成功获批"国家森林城市"称号。

——推动社会民生事业更好发展。九大类民生领域支出2 772亿元。新增养老床位1 000张，新开工建设及筹集人才住房和保障性住房8.9万套、供应4.6万套。教育发展取得新突破，新增新型公办幼儿园150所，新改扩建公办中小学42所，新增学位6.29万个；高考本科上线率达74％；深圳技术大学正式获教育部批准设立，中山大学深圳校区开工建设。医疗卫生发展取得新进展，新增社康机构41家、三甲和三级医院8家，新增床位2 555张，新引进"三名工程"高层次医学团队57个。文体事业发展迈出新步伐，规划建设深圳歌剧院等"新十大文化设施"，成功举办"大潮起珠江——广东改革开放40周年展览"，成功获得WTA年终总决赛10年承办权，WTA网球深圳公开赛、中国乒乓球公开赛等赛事影响力持续扩大。

3. 推进粤港澳大湾区建设情况。

——大力推进国际科技创新中心建设。把国际科技创新中心作为粤港澳

35

大湾区建设的重要发展目标，积极参与广深港澳科技创新走廊建设。加快推进粤港澳大湾区国际科技创新中心建设任务清单中涉及深圳的 71 项任务。以深港科技创新合作区、光明科学城、西丽湖国际科教城为重要载体，引进重大科技基础设施。依托中芯国际、华星光电、ARM 中国、比亚迪等龙头企业，大力发展战略性新兴产业。努力营造一流科技创新环境，加强知识产权保护，实施更有吸引力的人才引进政策，促进科技成果转移转化。

——积极促进要素自由流动。坚持进一步深化改革、扩大开放，以规则相互衔接为重点促进要素流动。谋划大湾区建设 121 项创新政策、68 个重大项目、21 个功能载体。以深港科技创新合作区为依托，做好与香港的创新政策对接。进一步便利湾区人员往来，实施 51 国人员 144 小时过境免签政策。探索简化科技设备通关模式，推动科技创新资金跨境流动。积极落实粤港澳大湾区涉外人才税收优惠政策，实行更加灵活的就业和人才发展政策。推动"中国深圳"和"中国前海"船籍港获批设立。

——推进深港澳紧密合作。促进深港高层及政府间往来沟通，建立合作会议制度，强化深港高层常态化沟通机制。推进前海、深港科技创新合作区等重大合作平台建设。推动深港协同发展，以对接香港规则、便利要素流动、支持香港居民就业创业为重点，争取在税收、专业资格和执业资格认可、教育医疗、口岸通关等方面创新突破。构建跨境新兴旅游模式，加强与港澳文化交流往来。

——推进基础设施互联互通。进一步增强港口的国际服务能力，深圳港集装箱年吞吐量近 2 600 万标准箱，开辟国际班轮航线 245 条。着力提升国际航空枢纽竞争力，深圳机场国际航线已达到 50 条，实现了五大洲全覆盖。打造陆路交通枢纽，加快赣深、深茂、深汕、穗莞深等高铁和城际轨道规划建设，推进深中通道、深汕第二高速等高速公路规划建设。大力提升口岸服务能力，推广 24 小时通关口岸范围。超前布局信息基础设施，逐步取消粤港澳大湾区内的手机长途费和漫游费。

——推进公共服务设施建设。深化与港澳各级各类教育交流合作，支持香港中文大学（深圳）建设发展。加快对接港澳优质医疗资源，吸引港澳医疗卫生服务提供主体在深设置医疗机构，深化深港澳中医药领域合作。聚焦服务港澳居民就业创业，建设 13 个港澳青年创新创业基地，不断完善港澳居民来深就业创业公共服务体系和政策措施。积极推进深圳国际邮轮港建设，推动太子湾邮轮母港建设中国邮轮旅游试验区，力争建设粤港澳国际游艇旅游自由港。

4. "深莞惠+汕尾、河源"经济圈建设情况。

——体制机制对接加强。同汕尾市制订对口帮扶汕尾五年规划，强化与汕尾机制对接和协调联动。共同参与粤港澳大湾区城市群建设，就粤港澳大湾区规划建设中共同关注的问题开展多层次、多渠道的交流。构建城市规划对接机制，推动轨道交通、高快速路、通信、电力、排水等基础设施规划布局一体化。

——产业合作发展深化。利用深圳科技产业发展优势和东莞、惠州传统制造业空间成本优势，稳步推进"总部+基地"合作模式，加强科技创新、研发智造、生产基地等产业链上下游协作。华为松山湖生产基地按期建设，形成产值超千亿元的通信产业链。进一步深化深莞惠汕河五市文化旅游产业合作，召开五市文化合作联席会议，共同推进公共文化交流等 13 项重点合作事项。充分发挥深圳文博会作为深莞惠汕河文化交流和招商引资的重要平台作用，推动五地文化创意产业交融互补。截至 2018 年年底，深圳累计协助河源、汕尾引进项目 625 个，计划投资 2 488 亿元，累计完成投资超过千亿元。深圳与汕尾、河源共建园区规模以上工业增加值分别占汕尾、河源两市规模以上工业增加值的 40%、60%。

——推动重大基础设施共建共享。建立"深莞惠+汕尾、河源"交通部门联席会议机制，联合开展经济圈区域路网衔接规划。加强高快速路网及公交网联通对接，开通东莞 2 路公交延伸至龙岗大运地铁接驳，规划新建深圳至汕尾（深汕特别合作区）的高速公路。联合推动深汕高铁规划建设，穗莞深城际、深茂铁路（深圳至江门段）有序推进。探索推动深惠汕水上旅游客运航线发展。

——环境联合治理加强。深化水务合作，协调推动龙淡河深惠交界段防洪整治工作。加强龙岗河、坪山河、石溪河等深莞惠跨界河流污染联合治理，加快确保水质实现达标。推进大气污染联防联控工作，积极推动与周边城市构建土方跨区域平衡处置一体化协作机制。

——公共服务合作深化。深莞惠汕河五市共同签署《深圳东莞惠州河源汕尾五市食品安全监管紧密合作机制协议》，加强食品安全综合协调和监管合作机制建设，建立食品安全信息及风险警示互通机制、食品安全联合行动机制以及食品安全应急合作机制。继续加强教育合作，上线优质课例视频资源，与河源、汕尾共享深圳市基础教育教学资源库。积极推动五市基层文化共建共享，联合举办了流动大舞台五地巡回演出、岭南美术名家名作联展等品牌活动。

5. 深汕特别合作区建设情况。

2018年，深汕特别合作区地区生产总值53.13亿元，增长4.0%。规模以上工业增加值26.92亿元，增长4.0%。地方一般公共预算收入3.44亿元，增长73.7%；地方一般公共预算支出1.26亿元，下降16.0%。

——体制机制调整持续推进。中共深圳市深汕特别合作区工作委员会、深圳市深汕特别合作区管理委员会调整成立。区纪工委、监察专员办和税务局、供电局等机构挂牌成立，深汕法院、检察院、公安分局获批复成立，消防执勤队进驻，国家金库合作区支库调整成立。海关、边检、海事等驻合作区机构调整和编制配备有序推进。加快"四镇一场"全面接收接管。代拟《广东省深汕特别合作区条例（草案）》，经市委常委会、市政府常务会审议通过并报送省政府。

——规划体系构建更趋完善。核心资源区域开发及管控思路基本敲定，确定以加拿大与深圳的设计联合体提交的《共生绿都》为设计方案。有序推进专规控规编制，基本完成土地利用总体规划、综合交通规划、基础设施专项规划、市政工程详细规划、滨海片区概念规划以及鹅埠片区、鲘门高铁片区控制性详细规划等。确立"一心、两轴、三带、四组团"的空间格局设计，着力打造具有国内标杆意义、全球一流水平的智慧新城。

——交通基础设施建设加快。推进区内道路基础设施建设，规划建设道路共计81条（段），总长约251千米。完成深东大道、望鹏大道等13个骨干道路项目的前期招标设计，实现同德路东延段、发展大道（鲘门段）等10条（段）道路通车，区内基本形成"五横六纵"的主干路网体系。深圳港小漠港区一期码头陆域形成工程已完成围堰合龙。深汕西高速公路鲘门段改线已明确线位，广汕铁路合作区段已进入隧道施工，深汕第二高速公路项目正进行工程可行性研究。启动水源工程建设，有序推进投入约70.7亿元的重点水源工程及集约型水厂建设，白盆珠水库引水工程前期研究取得新进展。

——产业项目引进力度加大。强化项目服务机制，实现23平方千米土地的验收和移交入库，对尚未完结的土地平整工程项目加强分类管理。加快推动新能源、新材料等战略性新兴产业集聚。大力开展招商引资，引进了浩能等10个产业项目。合作区供地产业项目71个（其中13个已竣工投产，32个正在进行主体施工，5个正在进行桩基施工，21个正在开展前期工作），64个来自深圳，全部达产后预计年产值超过620亿元，预计年税收约54亿元。

（四）珠海市

1. 概况。

2018年，珠海市地区生产总值2 914.74亿元，增长8.0%。其中，第一产业增加值50.09亿元，增长1.2%；第二产业增加值1 433.82亿元，增长12.6%；第三产业增加值1 430.83亿元，增长3.5%。三次产业结构为1.7∶49.2∶49.1。人均地区生产总值达159 428元，增长1.6%。社会消费品零售总额1 160.64亿元，增长7.4%。规模以上工业增加值1 083.74亿元，增长14.1%。地方一般公共预算收入331.47亿元，增长5.4%。

2. 珠三角优化发展情况。

——供给侧结构性改革深入推进。破除无效供给，基本实现"僵尸企业"市场出清，全面完成省下达的淘汰落后产能任务。加快培育新动能，全市新增商事主体7.1万户，其中企业3.9万户；先进制造业、装备制造业、高技术制造业增加值占规模以上工业比重分别达54.9%、39.0%、29.7%。落实减税降费政策，累计为企业减负262亿元。促进土地节约集约利用，出台完善工业用地供应、加强项目用地开竣工监管等政策，新增建设用地702公顷，收储土地186公顷，处置闲置用地622公顷。出台实施"金融十四条"，综合施策支持普惠金融发展，着力缓解企业融资难融资贵问题，中小微企业通过

"政企云"投融资增信子平台获得贷款 101.35 亿元。

——改革力度持续加大。深入推进"放管服"改革。下放市级事权 108 项，取消证明事项 134 项。优化"一门式一网式"服务，348 项办理事项实现"最多跑一次"，1 302 个政务服务事项实现"全城通办"，完成商事主体登记"多证合一"改革。实施营商环境综合改革行动方案，企业开办时间和社会投资项目审批时间进一步缩减。完善国企改革发展政策体系，落实省"民营经济十条"，新增 2 个国家中小企业公共服务示范平台、3 个省级小微企业双创示范基地，新设民营企业 3.2 万户、增长 36.3%。落实省、市"外资新十条"，新设外资企业 3 973 户，增长 153.9%；实际吸收外资 156.30 亿元，增长 26.9%。横琴自贸片区改革提速，新推出 18 个方面 66 项改革创新举措，首创税务诚信报告免责体系，首个互联网金融仲裁平台投入运行，率先实施自贸区供用电规则。

——创新驱动战略深入实施。落实科技创新三年行动计划，全年研究与试验发展经费投入占地区生产总值比重达 3.16%。PCT 申请量 693 件，增长 59.3%；每万人口发明专利拥有量 66.49 件。扎实推进创新平台载体建设，新增 2 家国家级、17 家省级技术中心、56 家省级工程技术研究中心和 2 家省级制造业创新中心。复旦创新研究院、横琴科学城加快建设，华南理工创新研究院、智慧产业园先导区投入使用，国家耗材、船舶及海工质检中心服务能力不断提升。规模以上工业企业研发机构覆盖率达 41.0%。成功举办中国集成电路设计业年会。创新主体蓬勃发展，高新技术企业总数突破 1 900 家。出台珠海英才计划，举办系列人才主题活动，配建人才住房 1 171 套，引进各类人才 2.7 万名、增长 50.0%。5 人入选国家创新人才推进计划，新增博士后工作站 6 家、博士工作站 24 家。

——社会保障水平持续提升。九项民生支出 399.93 亿元，增长 12.9%。城乡居民基本养老保险基础养老金提高至 400 元，城乡低保标准提高至 980 元。出台"促进就业十条"，城镇新增就业人数 47 095 人。公共服务体系不断完善，全市新增普惠性幼儿园学位 3 838 个、义务教育公办学位 7 860 个，华中师大珠海附中签约落地。高等教育加快发展，在校研究生、引进院士数量增长均超过 20%，成功举办第四届中国教育创新成果公益博览会。新增医疗机构 126 家、健康细胞单元 127 个，新建国家级胸痛中心、国医大师工作室等高水平诊疗中心。20 个社区体育公园建成使用，13 个文化站升级改造，28 个市民艺术中心加快建设。成功举办 2018 年亚洲帆板锦标赛暨亚洲风筝板锦标赛、2018 Soccerex 全球足球产业峰会、2018 珠海 WTA 超级精英赛、2018 环中国国际公路自行车赛（珠海站）和 2018 珠海体育文化博览会。

——开放水平不断提升。自贸区制度创新提速。新推出 18 个方面 66 项改革创新举，其中一批制度创新成果领先全国，首创税务诚信报告免责体系，首个互联网金融仲裁平台投入运行，率先实施自贸区供用电规则，主导制定综合管廊运维管理国际标准，远程可视自助办税平台案例获国务院办公厅通报表扬，国际互联网数据专用通道获批，首家内地与港澳三地联营设计顾问机构挂牌运作。出台实施稳外贸系列政策，新增 2 家国家级外贸转型升级基地，获国务院批准建设跨境电商综合试验区。外贸结构持续优化，高新技术产品进出口增长 24.5%，对"一带一路"沿线国家地区进出口增长 8.3%。城市对外交往影响力进一步提升，成功举办全球服务外包大会、中德人工智能大会、中以科技创新投资大会、中拉企业家高峰会等活动。

3. 推进粤港澳大湾区建设情况。

加快交通基础设施建设，港珠澳大桥及口岸正式开通，"合作查验、一次放行"新模式落地实施。积极推动金融、贸易、教育等领域开放，新签订金融、投资贸易、青年实习等珠澳合作协议，新成立珠澳青年交流促进会、珠港澳物流联盟，新增珠港、珠澳姊妹学校 15 所。加快公共配套设施建设，在全省率先为港澳台同胞提供住房公积金服务，第四条对澳供水管道基本完工，对澳供电全电缆线路通道投入使用。澳门单牌机动车入出横琴配额达 2 500 辆。启用琴澳跨境视频调解平台，跨境消费维权实现"零跑动"。万山区与澳门共建的海洋功能食品研发中心、珊瑚研究中心、海洋海岛教学研究基地加快推进。大力推动产业平台融合发展，横琴粤港澳紧密合作示范区加快建设，新注册港澳企业 774 家、总数达 2 744 家；粤澳合作中医药科技产业园累计注册企业 111 家、孵化区科研总部大楼等投入使用；澳门青年创业谷新引进港澳项目 47 个、累计孵化港澳项目 181 个。成功举办粤港澳大湾区妇女创新创业大赛、首届"粤菜师傅"技能大赛。

41

4. 珠海西部生态新区规划建设情况。

——交通基础设施加快建设。珠海机场 2018 年旅客吞吐量为 1 100 多万人次，正积极推进第二跑道建设和申请开通国际口岸。高栏港吞吐集装箱 185 万标箱，进一步提升运输效率和港口物流服务能力。内河航运能力不断提升，磨刀门水道、泥湾门—鸡啼门水道整治项目及出海航道整治项目已完成竣工验收。以西部沿海高速、珠峰大道、珠海大道重要干线道路为横向骨架，以高栏港、机场高速、江珠高速、机场北路为纵向骨架，形成"三横四纵"区域交通网络，对接珠三角交通网，港珠澳大桥西沿线、香海大桥、金海大桥等东西通道、省道 S272 升级工程加快推进。

——新区产业发展初具规模。产业格局初步形成，西部生态新区拥有 1 个国家级经济技术开发区、3 个国家新型工业化示范基地、2 个省级工业园区，园区集聚效应初步显现，已成为全市发展先进装备制造业、生物医药、电子电器等高新技术产业和特色产业的重要基地。重大项目加快集聚，初步形成海洋工程、通用航空、生物医药、电子电器、新能源汽车等产业集群。创新要素逐步集聚，珠海国际健康港成功开港。创新环境不断优化，吉林大学珠海学院等高校与软件技术研发基地等机构共建省部产学研示范基地，与澳门科技大学合作建立珠澳实验动物产学研协同创新平台。

——城市建设全面启动。公共服务设施、市政基础设施建设加快推进，建成首批主干路网、公共服务设施项目。金湾片区全年完成投资 55.64 亿元，核心区公共文化中心已竣工，产业服务中心、市民艺术中心、国际商务中心加快建设。斗门片区完成投资 41.03 亿元，完成遵义五院、斗门区实验二小等公建项目。富山片区完成投资 21.51 亿元，科创中心、第一小学、幼儿园等公共服务设施加快建设。平沙片区完成投资 20.92 亿元，基本建成路网骨架，完成平沙一中和平沙医院等公共服务设施扩建。

——生态文明建设加快推进。西部生态新城起步区中央水系工程、1#主排河人工湿地公园、机场东路东绿地整治工程、机场东路西绿地整治工程等项目加快推进。中心河堤岸工程及湿地公园工程在最大限度保留原湿地景观及现状河塘的基础上，修复原生态景观，构建滨水景观带，白藤山生态修复湿地公园一期工程加快推进，金湖公园已全部完工。

（五）佛山市

1. 概况。

2018年，佛山市地区生产总值9935.88亿元，增长6.3%。社会消费品零售总额3287.54亿元，增长8.9%。外贸进出口总额697.66亿美元，增长8.6%。规模以上工业增加值4590.05亿元，增长6.3%。地方一般公共预算收入703.14亿元，增长6.3%；地方一般公共预算支出806.54亿元，增长4.1%。金融机构本外币存款、贷款余额分别为15372.81亿元、10457.65亿元，分别增长9.5%、11.5%。居民消费价格指数累计上涨2.0%。

2. 珠三角优化发展情况。

——深入推进供给侧结构性改革。金融服务实体经济能力提升，新增上市企业5家、"新三板"挂牌企业6家、私募股权投资基金100家。降低生产要素成本及制度性交易成本，为企业减负426.02亿元。制造业转型升级取得新成效，三次产业结构为1.5∶56.5∶42.0；规模以上工业增加值增长6.3%；规模以上先进制造业增加值增长7.4%，占规模以上工业比重为49.0%，提高2.1百分点。新签约投资超亿元内资项目462个，计划投资3039亿元。服务业发展提质增效，现代服务业增加值增长7.6%，占第三产业比重为59.8%，提高0.3百分点。成功举办第四届珠江西岸先进装备制造业投资贸易洽谈会、第四届中国（广东）国际"互联网＋博览会"、第十届国际发明展、中国安全产业大会等重大展会活动。全域旅游发展格局加快形成，全年接待过夜游客1695.31万人次，增长13.2%；实现旅游总收入809.14亿元，增长13.8%。

——深入实施创新驱动发展战略。财政科技投入54.65亿元，研究与试验发展经费投入占地区生产总值比重为2.56%。季华实验室主体工程动工，清华大学佛山先进制造研究院揭牌，中科院苏州纳米所佛山研究院、佛山（华南）新材料研究院等新型研发机构落户。新增国家高新技术企业1350家，累计达3900家。规模以上工业企业研发机构建有率为51%。新增省级企业重点实验室5家，累计达26家；新增省级工程中心83家，累计达711

家。建有科技企业孵化器 85 家、众创空间 62 家。区域创新平台建设提速，推进珠三角国家自主创新示范区建设，出台"一环创新圈"战略规划和三龙湾高端创新集聚区综合规划。出台"人才新政 23 条"，新引进领军人才超过50 人，新增省级创新创业团队 1 个、市级创新创业团队 48 个。中国（佛山）知识产权保护中心正式运营，专利申请量增长 27.9%，授权量增长 38.7%。加快科技成果转移转化，技术合同成交额 7.46 亿元，增长 179.0%。

——坚持深化改革开放。深入实施"放管服"改革，取消和调整 218 项权责事项。开展"减证便民"事项清理，取消 132 项证明事项。在全国率先实施"3+5"商事制度改革模式和启用全程电子化"零见面"24 小时智能商事登记系统，成为全国"企业开办全程网上办"改革试点城市，在全省率先复制"证照分离"改革试点经验。"一门式一网式"政府服务改革获"中国法治政府奖"，"区块链+共享社区"入选中国"互联网+政务"优秀实践案例。深化国资国企改革，新增混合所有制企业 15 家。积极参与"一带一路"建设，举办中国—以色列跨境投资大会等国际交流活动。举办第三届"香港·佛山节"等活动，推动成立粤桂黔高铁经济带高新区协同创新联盟。广佛同城化深入推进，共建广佛科技创新产业示范区，广佛放射线二期、番海大桥等项目启动建设。

——城市治理取得新成绩。城市治理三年行动计划稳步推进，968 个项目已完工 374 个、开工 460 个，累计完成投资 2 580 亿元。实施中心城区城市形态提升三年专项行动，已开工 28 个项目，完成投资 116.67 亿元。特色小镇建设成效初显，岭南文荟小镇、仙湖氢谷小镇等 12 个小镇入选省级特色小镇创建名单。现代化基础设施建设稳步推进，珠三角枢纽（广州新）机场前期工作启动，地铁 2 号线一期、3 号线、广州地铁 7 号线西延顺德段建设顺利，广佛地铁全线开通；累计建成地下综合管廊 42 千米，海绵城市达标面积53.23 平方千米；新增光纤用户 39 万户，基本实现 4G 网络城乡全覆盖。

——生态环境治理持续推进。单位地区生产总值能耗、主要污染物排放量下降幅度完成省下达的目标任务。落实河长制和湖长制，推进广佛跨界河流整治项目 160 个，饮用水源水质保持 100% 达标。完成 44 间污水处理厂提标改造，新建（改造）污水管网 304.82 千米。创新实行岛长制，开展 48 个河心岛生态修复工作。大湾区高品质森林城市建设初见成效，新增绿化面积3.27万亩，市域森林覆盖率37.4%，建成区绿化覆盖率44.3%，新增（改造）公园绿地318.70公顷、绿色建筑1 098.34万平方米。

——加快发展民生社会事业。财政民生支出612.64亿元，增长6.8%，占地方一般公共预算支出的75.9%。全市城镇新增就业8.57万人。最低生活保障标准提高至每人每月980元，城乡居民养老保险基础养老金提高至每人每月220元。政府投资建设的公租房累计分配19 900套，分配率96.9%。完成新（改、扩）建幼儿园43所，新增学前教育学位1.7万个，普惠性幼儿园占比达76.0%。新（改、扩）建义务教育阶段学校41所，新增学位4.2万个。实施"登峰计划"，启动11家高水平医院建设，积极打造珠江西岸医疗高地。佛山大剧院和国际体育文化演艺馆投入使用，成功举办第27届中国金鸡百花电影节。

3. 推进粤港澳大湾区建设情况。

——完善相关工作机制。成立指导和统筹协调推进粤港澳大湾区建设的议事协调机构——佛山市推进粤港澳大湾区领导小组，统筹协调推进粤港澳大湾区建设的政策实施、体制机制创新、工作责任落实。成立佛山市推进粤港澳大湾区建设领导小组办公室，作为市委议事协调机构的办事机构，组织开展大湾区建设日常工作。

——扎实制定相关配套文件。研究出台《佛山市推动粤港澳大湾区建设实施方案》，并配套开展《深化广佛合作，联手打造粤港澳大湾区极点研究报告及实施方案》《佛山与深圳产业协同发展研究报告及实施方案》《佛山市推进"香港＋佛山"合作发展实施方案》《进一步扩大澳门与佛山合作工作方案》等相关方案的制订，初步确立了"广州＋佛山""深圳＋佛山""香港＋佛山"及"澳门＋佛山"的重点合作发展方案。

——推进相关硬件支撑。全力推进三龙湾创新集聚区、粤港澳高端服务示范区等重点创新、合作平台和季华实验室等高水平科技创新载体建设。加大力度推动基础设施互联互通，加快推进珠三角枢纽（广州新）机场、广湛高铁、佛山地铁2号线等重要交通基础设施的建设。深入开展制造业转型升级综合改革试点，积极打造珠江西岸先进装备制造产业带，推动美的库卡智能科技园、碧桂园机器人谷、佛山科力远 CHS 项目、长江汽车氢动力（佛山）研发中心等重点产业项目开展，构建湾区具有国际竞争力的现代产业体系。

——着力提升软件协同。深化"放管服"改革，发展"互联网＋政务服务"模式，积极打造"不是自贸区的自贸区"，深化商事制度改革，完善"一门式一网式"政府服务模式，为粤港澳大湾区建设营造良好的营商环境。推进三龙湾创新集聚区、粤港澳大湾区青年创新中心、季华实验室等高水平科技创新载体建设，加强与香港高等院校和科研机构的互动，推动企业与高校在技术领域的合作。加大人才吸引及培养力度，进一步放宽重点产业人才落户条件，打造佛山高新技术企业人才综合服务平台。加强生态环保力度，重点推进打造生态防护屏障、创新绿色低碳发展模式、建设高品质森林城市等领域工作。

4. 推进"广佛肇＋清云韶"经济圈建设情况。

广佛同城化深入推进，携手打造万亿级产业集群，签署《深化广佛同城化战略合作框架协议》，广佛地铁全线贯通，番海大桥开工建设。加快推进"广佛肇＋清云韶"经济圈合作发展，打造珠三角带动粤东西北振兴发展的示范区，加快建设广州地铁 7 号线西延顺德段、广佛肇高速。广佛肇（怀集）经济合作区起步区入园项目 128 个，总投资 110 亿元。大力推动粤桂黔高铁经济带合作试验区建设，加快试验区（广东园）核心区建设。把握粤港澳大湾区规划建设机遇，全面落实"香港＋佛山"合作机制，成功举办第三届"香港·佛山节"，建立健全"澳门＋佛山"合作机制，加强经贸、文化、金融等领域的合作。

5. 佛山中德工业服务区建设情况。

——产业发展稳步推进。广东省智能制造创新示范园、中德智能制造国际合作示范区启动建设，打造国际机器人产业生态圈、粤港澳大湾区工业展览中心和佛山中欧城市化合作示范点。广东云天生物创新产业中心一期工程即将竣工验收投入使用，乐从北围和乐产业园等生物医药产业孵化平台引进南方医科大学等多家机构入驻，建设国际创新转化生物产业孵化中心。此外，服务区成功引入中科院生物物理研究所佛山分所，建设中科院国际创新转化生物产业孵化中心，建成生物化学实验平台和仪器设备研发平台；成功引入佛山中科院产业技术研究院生物医药高端团队，打造佛山中国科学院生命健康中心。

——重点项目进展顺利。积极集聚各类创新资源，聚焦智能制造、生物医药、现代服务业等领域。广东伊之密精密机械股份有限公司成功研发SPACE A 机器人柔性增材制造系统并上市，美的库卡智能制造产业基地现代化厂房建成，潭州国际会展中心二期工程加紧建设。与德国机械学会未来联盟（ZAM）正式签署协议，建立战略合作关系。

——配套设施建设日益完善。交通基础设施配套方面，加快推进广州地铁 7 号线、广佛环线、广佛江珠线、佛山地铁 3 号线等轨道建设，积极推进岭南大道南延线、华阳路南延线、裕和路（汾江路至百顺道）等改造工程建设，广佛线燕岗—沥滘段开通，交通路网逐步完善。公共配套设施方面，图书馆、艺术馆、青少年宫、科学馆以及世纪莲体育中心等场馆均已对外开放，成功举办中德文化节、佛山 50 千米徒步、乡村文化节等文体活动。环境建设方面，积极对标欧洲先进城市，已建成 12 千米长的城市综合管沟、8 千米长的滨河生态景观带，融剪纸画廊、露天泳场、湿地花海、龙舟广场、休闲体育设施等为一体，重点开发区绿地面积超过 40%；开展海绵城市建设，核心区的雨水就地消纳率达到 80.0%。

（六）惠州市

1. 概况。

2018 年，惠州市地区生产总值 4 103.05 亿元，增长 6.0%。三次产业结构为 4.3∶52.7∶43.0。人均地区生产总值 85 418 元，增长 5.4%。规模以上工业增加值 1 731.57 亿元，增长 6.6%。地方一般公共预算收入 393.01 亿元，增长 1.0%。金融机构本外币存款、贷款余额分别达到 6 171.35 亿元、4 886.82亿元，分别增长 12.5%、21.8%。全体常住居民人均可支配收入 33 929.9元，增长 9.1%。居民消费价格指数累计上涨 1.8%。

2. 珠三角优化发展情况。

——全方位开放格局逐步形成。全市外贸进出口总额 505.58 亿美元，增长 0.3%。其中，外贸出口 334.62 亿美元，增长 1.5%。新增 7 个海外经贸文化联络处，中欧班列延伸至仲恺高新区。新设立外商直接投资项目 2 006 宗，合同外资金额 181.05 亿元，分别增长 203.5%、91.3%。累计在 17 个国家和地区设立 115 家企业，对外投资 8.02 亿美元。推进粤港澳大湾区建设迈出坚实步伐。分别与香港贸易发展局、澳门贸易投资促进局签署《粤港澳大湾区合作协议》和《惠州澳门联合参与粤港澳大湾区经贸合作备忘录》。承办首届粤港澳大湾区卫生与健康合作大会，11 个项目签约落户惠州；举办第七届粤港云计算大会暨第二届粤港澳大湾区 ICT 大会。中韩（惠州）产业园建设有序推进，全市工商登记韩资企业 192 家。

——产业竞争力持续增强。制造业核心竞争力不断增强，先进制造业、高技术制造业增加值占规模以上工业比重分别达 70.6%、40.4%。中海惠炼二期全面建成投产，TCL 模组整机一体化、伯恩光学新基地等一批项目加快建设，成功引进中电北斗芯创谷、仲恺梧村人工智能产业园等一批重大项目落户。推动 480 家企业完成技术改造，新增机器人应用 2 250 台（套）。新增国家智能制造试点示范项目 2 个。现代服务业加快发展，现代服务业增加值占服务业比重达 54.9%。惠州机场开通 26 条航线，全年旅客吞吐量达 188 万人次，增长 96.4%；港口货物吞吐量达 8 757 万吨，增长 21.4%。惠州西湖成功创建国家 5A 级旅游景区，新增 3A 级旅游景区 5 家，全年接待过夜游客 2 693.32 万人次，实现旅游总收入 500.36 亿元，分别增长 8.7%、13.9%。

——创新能力不断增强。重大创新平台建设有序推进，珠三角（惠州）国家自主创新示范区规划建设扎实推进，仲恺高新区"357 创新产业带"建设取得积极进展，潼湖生态智慧区成功引进碧桂园创新小镇、赛格潼湖国际半导体产业基地等一批重大项目落户。自主创新能力不断增强，新认定高新技术企业 435 家，总量达 1 108 家。共建成众创空间 32 家、科技企业孵化器 36 家、在孵企业 1 220 家，"珠江人才计划"创新创业团队增至 6 个。产学研合作取得新进展，南方地热研究院、粤港澳大湾区先进半导体研究院、中科院高能所实验工厂等签约落户。省级新型研发机构累计达 11 家，省级以上创新平台达 281 家。创新成果加速转化，2018 年，PCT 专利申请量达 351 件，万人发明专利拥有量达 12.99 件，获第二十届中国专利金奖 1 项、优秀奖 5 项，成功举办第二届中国高校科技成果交易会。

——重点领域改革持续深化。供给侧结构性改革深入推进，国有"僵尸企业"刚性任务全部出清，全面完成钢铁、电解铝行业可能新增产能企业的彻底清查任务，降低实体经济企业成本 202.3 亿元，补短板工程累计完成投资超过 70 亿元。"放管服"改革持续深化，全市公共资源交易实现一个平台、一套系统运行以及"一门式一网式"办理。经济体制改革不断深化，市国资系统 42 户企业公司制改制任务全部完成。社会领域重点改革有序推进，成功创建广东省现代职业教育综合改革示范市试点市，建成各种形式医联体 23 个，惠阳区图书馆、龙门县文化馆总分馆制省级试点通过验收，建立供排污一体化水务管理运行新机制。

——生态文明建设水平持续提升。全年共否决不符合环保要求项目 164 个，否决率达 10%；完成 65 个重点减排项目。新增 8 家国家级绿色工厂，累计达 11 家。6 个省级试点园区循环化改造加快推进，博罗产业转移工业园列入省循环化改造试点园区，大亚湾石化循环经济工业园获评省循环经济工业园。累计推广应用新能源汽车约 5 400 辆，新增纯电动公交车 517 辆。东江西枝江沿岸建成农村污水处理设施 107 座，城市建成区 27 条黑臭水体全面开工整治，沙墩头沥、梅湖沥、大湖溪沥等 9 条黑臭水体达到"初见成效"标准。珠三角森林城市群建设深入推进，成功创建 3 个省森林小镇，累计达 5 个。国家生态园林城市创建工作全面铺开，植物园一期建成并对外开放。

——民生福祉全面提升。就业局势保持稳定，城镇新增就业人员 7.2 万人，失业人员再就业 1.8 万人。城乡居民医保各级财政补助标准提高到每人每年 490 元，低保标准提高到每人每月 800 元。教育事业均衡发展，新增幼儿园 61 所，新增学前学位 2 万个。医疗卫生事业加快发展，市第一人民医院扩建工程加快推进，10 家县级公立医院升级改造动工建设，建成 93 家中医馆。文体活动广泛开展，惠州苏东坡祠对外开放，新增国家级"非遗"传承人 2 人，成功举办全国青少年花样游泳锦标赛、全国柔道大奖赛、台球世界冠军城市巡回表演赛等重大赛事。

3. 推进粤港澳大湾区建设情况。

——扎实推进基础设施互联互通。惠州机场改扩建工程加快推进，同步推进千万级机场建设前期工作。主动对接广深莞等地路网规划，谋划拓展 3 条对接广深港澳科技创新走廊的快速通道，北通道沿东江连接广州科学城，中通道连接东莞松山湖，南通道连接深圳和香港莲塘口岸。厦深铁路实现捷运化，赣深铁路、广汕铁路惠州段如期推进，正与深圳市研究深惠城际实施方案。

——加快构建"2＋1"现代产业体系。海油惠炼二期全面建成投产，成功引进埃克森美孚惠州乙烯项目、惠州石化三期炼化一体化等重大项目落户。TCL 模组整机一体化项目一期、旭硝子显示玻璃二期试产，华星光电高世代模组投产，成为全国重要电子信息产业基地。生命健康产业加快培育壮大，平安不动产项目、华夏顺泽等项目签约落户，引进葛洪中医院、瑞士吉尼列尔医疗机构、北京大学医疗产业园等。

——着力加强创新能力建设。中科院"两大科学装置"项目全面动工建设，能源科学与技术实验室筹建工作有序推进。珠三角（惠州）国家自主创新示范区、珠三角（惠州）国家科技成果转移转化示范区建设有序推进。2018 年，研究与试验发展经费投入占地区生产总值比重为 2.30%，高新技术企业增长 40.0%，规模以上工业企业研发机构覆盖率达 46.0%。潼湖生态智慧区成功引进碧桂园创新小镇、潼湖国际半导体产业基地等一批重大项目落户，潼湖科技小镇首期开园。正在谋划与香港合作开发建设科技创新园。

——全面深化与港澳交流合作。截至 2018 年年底，累计批准设立港资企业 10 207 家，合同利用港资 296.4 亿美元，实际利用港资 184.4 亿美元。TCL集团与香港大学就新型印刷 OLED 材料及技术设立联合实验室达成一致意见。与港澳中小学校缔结了 32 对姊妹学校关系。成立了惠港国际医疗中心，连续举办了 4 届惠港健康与医疗合作论坛、8 届海峡两岸客家文化夏令营、3 届粤港澳台微影视作品文化交流周活动、8 届惠港澳青少年篮球友谊赛。惠州与香港中国旅行社合作开设惠州旅游（香港）营销推广中心，并在香港举办旅游推介会。

4. 推进"深莞惠＋汕尾、河源"经济圈建设情况。

——大力推动机制共建。推动建设深莞惠区域协同发展试验区，助推珠三角打造世界级城市群。五市共同签署《深圳东莞惠州河源汕尾五市食品安全监管紧密合作机制协议》，加强食品安全综合协调和监管合作机制建设。推动五市旅游联合宣传推介长效机制以及经济圈一体化联合发展智库建设，建立"深莞惠＋汕尾、河源"交通部门联席会议机制。加快实施"海绵行动"，顺利完成68项重点工作任务，推进建设77个重点项目，项目年度总投资达291.5亿元。

——推进基础设施互联互通。加快推动惠州新干线机场建设，惠州机场确定为珠三角地区5个新干线机场之一，服务范围覆盖惠州、河源、汕尾和深圳东、东莞东。深惠城际轨道惠州段交通规划已经基本完成，河惠汕高速公路正在进行道路规划，惠州和汕尾两市将共同加快推进高潭潮惠高速连接线工程建设，促进惠东高潭与汕尾革命老区连片发展。在跨市公交方面，深莞惠三市已开通跨市公交班线28条，其中惠深两市开通19条。

——产业共建共享日益深化。推进"总部＋基地"合作模式，实施"深圳成果、惠州转化"发展策略，与深圳华星光电形成产业配套，TCL集团模组整机一体化智能制造产业基地项目试生产，成为"深圳孵化＋惠州转化"模式的典型案例。积极探索深惠产业共建新模式，全面承接深圳创新产业资源外溢。加快百里国际滨海旅游长廊建设，主动对接深圳东部国际黄金海岸旅游带。

5. 县域经济发展情况。

惠州全市陆地面积1.13万平方千米，海域面积4 520平方千米，海岸线长281.40千米。现辖惠城区、惠阳区、惠东县、博罗县、龙门县5个县区，设有大亚湾经济技术开发区、仲恺高新技术产业开发区2个国家级开发区，全市常住人口483万人。惠东、博罗、龙门3个县总土地面积8 649平方千米，占全市总面积的76.2%。2018年，全市县域地区生产总值1 448.92亿元，占全市地区生产总值的35.3%。

表 15 2018 年惠州市县域经济发展状况

地区	地区生产总值 （亿元）	社会消费品零售总额 （亿元）	地方一般公共预算收入 （亿元）	三次产业结构
惠东县	623.93	300.62	34.74	7.5 : 36.8 : 55.7
博罗县	650.18	205.71	44.77	8.4 : 49.8 : 41.8
龙门县	174.81	69.44	10.83	15.6 : 33.8 : 50.6

——惠东县。2018 年，惠东县地区生产总值 623.93 亿元，增长 4.5%。人均地区生产总值 66 717 元，增长 4.4%。地方一般公共预算收入 34.74 亿元，下降 8.4%。全体常住居民人均可支配收入 25 260.0 元，增长 9.3%。全年接待游客 1 309.40 万人次，实现旅游总收入 69.60 亿元，分别增长 15.8%、21.1%。

——博罗县。2018 年，博罗县地区生产总值 650.18 亿元，增长 5.0%。人均地区生产总值 60 714 元，增长 5.0%。规模以上工业增加值 180.50 亿元，增长 4.3%。地方一般公共预算收入 44.77 亿元，增长 1.5%。全体常住居民人均可支配收入 27 475.0 元，增长 9.9%。全年实现旅游总收入 67.20 亿元，增长 12.0%。

——龙门县。2018 年，龙门县地区生产总值 174.81 亿元，增长 3.0%。外贸进出口总额 16.60 亿元，增长 74.6%；其中出口总额 14.40 亿元，增长 94.9%。地方一般公共预算收入 10.83 亿元，增长 15.9%。全体常住居民人均可支配收入 21 189.3 元，增长 11.5%。全年接待游客 1 200.07 万人次，增长 12.4%；实现旅游总收入 80.10 亿元，增长 22.8%。

6. 惠州环大亚湾新区建设情况。

——新区顶层设计不断完善。出台《关于加快推进环大亚湾新区建设的意见》《新区建设"四年行动计划"（2014—2017 年）》，明确新区建设的任务书、时间表和路线图，扎实推进新区经济建设。2018 年，环大亚湾新区地区生产总值 1 512.50 亿元，增长 10.1%，占全市地区生产总值的 36.9%；规模以上工业增加值、地方一般公共预算收入分别增长 19.9%、12.9%，分别高于全市平均水平 13.3、11.9 百分点。

——产业发展势头向好。加快推进 47 宗重点产业项目建设，全年完成投资 177.2 亿元，完成年度计划的 122.0%。新引进实体经济项目 232 宗，签约金额 428 亿元，158 宗项目开工建设，74 宗建成投产。三大起步区共安排建设项目 26 宗，年度计划投资 40.7 亿元，全年完成投资 39.5 亿元。目前，临深片区"1+N"创新产业集聚区已落户企业 100 多家，投资额约 300 亿元；在谈项目 28 宗，意向投资额 132.87 亿元。惠阳 S357、S358 新兴产业带规划印发实施，沿线布局 39 个产业园区，打造新兴产业集聚发展区。

——交通设施建设加快推进。共同推进 18 宗年度计划投资 53 亿元的区域性大型跨境通道建设，全年完成投资 35.8 亿元。其中，惠州机场扩容扩建工程动工建设，广汕铁路进行桥梁及隧道施工，惠州港 5 万吨级石化码头进行主体施工。大亚湾与深圳对接的"四横"中，龙海三路完成总工程量的 83.5%，惠阳与深圳对接的秋溪路、白云大道改造进入施工阶段。积极配合做好深圳地铁 14 号线、16 号线惠州段规划工作，组织完成新区轨道交通线网规划研究和对接深圳东进战略、推动新区交通及城市升级发展研究。

——创新能力不断提升。中大惠州研究院获评中国产学研合作创新示范基地，北化工惠州产学研基地落户，金百泽云创工场获评国家级众创空间，惠阳与中科院合作的"粤港澳大湾区战略先进半导体研究院"正在筹建，惠州云谷（云计算）、大亚湾创业壹号（互联网＋）等创新平台正加快建设。惠东鞋业科技创新中心成立，成功引进广工大物联网协同创新研究院等科研院所。人才引进工作进一步加强，中国工程院闻雪友院士团队落户新区，中大惠州研究院石化行业 VOCs 治理团队入选省珠江人才计划本土创新团队。

7. 惠州潼湖生态智慧区建设情况。

——新区顶层设计日臻完善。《惠州潼湖生态智慧区总体规划（2017—2035 年）》获省政府正式批复，《惠州市惠城区土地利用总体规划（2010—2020）修改方案（中韩〔惠州〕产业园起步区）》完成上报，陆续完成了创新与总部经济区、高新企业集聚园、大数据产业园中区、科教园东区等重点片区的控制性详细规划（调整）编制。

——重点项目建设稳步推进。2018 年，潼湖生态智慧区共安排重点项目

6个（4个省重点项目、1个省重点预备项目、1个市重点项目），计划总投资额45.50亿元，已完成投资额41.56亿元，完成度91.3%。其中，思科科学城年度计划投资10亿元，已完成投资29.47亿元，完成度294.7%；创新与总部经济区首批市政道路年度计划投资5亿元，已完成投资6.88亿元，完成度137.7%；智慧大道项目已完成年度投资1.11亿元，目前正在调整建设方案；碧桂园创新小镇年度计划投资20亿元，目前已完成投资4.10亿元，完成度20.5%。中韩（惠州）产业园起步区完成2.5平方千米的土规调整、林地核减、1 800亩用地报批以及西区、东区控规编制和项目供地计划等工作。

——基础设施建设取得新进展。潼湖生态智慧区创新与总部经济区首批市政道路工程基本实现通车；智慧区第二批市政道路、中韩（惠州）产业园起步区"两横两纵"及支路道路工程、潼湖湿地公园、红岗新河综合整治工程明确了代建主体，陆续完成了科研、勘察、设计、招标等前期工作。区内污水厂、综合管沟、高压线迁改、临时排水渠及道路横断面的调整设计稳步推进，首期道路综合管廊展示中心建成使用。

——招商引资实现新突破。成功引进了惠州深科达智能装备项目、汉弘集团惠州研发、生产及供应链基地项目等一批高成长型高端制造项目，初步圈定落户中韩（惠州）产业园起步区的工业项目约20宗。先后引进了清华紫光展锐惠州实验室、广东省新一代工业大数据研究院等10余家研发机构。创新小镇一期建成开园，已引进英唐智控、华力特电气、民德电子总部或研发基地项目34宗。智慧区下属国企智谷公司联合碧桂园集团设立了总量达20亿元的科技产业基金，用于智慧区科技产业扶持。

（七）东莞市

1. 概况。

2018年，东莞市地区生产总值8 278.59亿元，增长7.4%。人均地区生产总值98 939元，增长6.6%。三次产业结构为0.3∶48.6∶51.1。社会消费品零售总额2 905.61亿元，增长8.1%。规模以上工业增加值3 904.57亿元，增长6.4%。外贸进出口总额2 033.49亿美元，增长12.3%。地方一般公共预算收入 649.91 亿元，增长 9.8%。全市金融机构本外币存款余额14 157.22 亿元，增长 13.3%；全市金融机构本外币贷款余额 8 209.70 亿元，增长 17.5%。

2. 珠三角优化发展情况。

——重点领域改革不断深化。供给侧结构性改革持续深入，企业减负力度加大，全年为企业减负 500 亿元；全市商品房去库存周期约为 12 个月，处于合理区间。金融风险处置稳控有力，全市银行业金融机构不良贷款余额 115.2 亿元，比上年减少 25.2 亿元；不良贷款率 1.4%，比上年下降 0.6 百分点。全面推进建设工程项目审批制度专项改革，审批项目数量压缩 63.0%，审批项目时间压缩 50% 以上。深化商事制度改革，工商登记 1 个工作日内办结，推行"证照分离"改革和粤港、粤澳"银政通"，试点香港公证文书简化版。实施外商投资企业商务备案与工商登记"一口办理"。加快推进"三规合一"改革，选取道滘镇和滨海湾片区作为全市试点，科学布局发展利用空间。

——产业布局不断优化。谋划五大重点新兴领域十大产业发展方向，规划"一核三带十区"发展布局。制定出台"重特大项目招商十条""高质量利用外资十条"等政策。高规格举办产业招商大会，招引 29 项重大产业项目，总投资额超过 4 000 亿元。着力打造智造供给全生态链，建成智能制造示范线 109 条，资助自动化改造项目 311 个，单位产品成本平均下降 8.9%，劳动生产率平均提高 2.4 倍。营商环境持续优化，出台非公经济 50 条扶持政策，全年解决重大项目建设问题 501 个，全年重大建设项目累计完成投资 631.4 亿元，增长 22.9%。

——创新能力不断增强。积极参与粤港澳大湾区国际科技创新中心和广深港澳科技创新走廊建设。开展中子科学城—中山大学深圳校区通道与深圳光明科学城对接前期研究。全市高新技术企业总数增至 5 798 家，专利申请量、授权量分别增长 18.4%、46.0%。全年研究与试验发展经费投入占地区生产总值比重达 2.85%，完成技术服务与成果转化收入 75.62 亿元。全面启动南方光源测试平台项目前期工作，启动散裂中子源二期系列谱仪建设和南方光源项目预研与测试平台建设。高水平谋划松山湖材料实验室，成立学术委员会和国际顾问委员会，成功组建粤港澳交叉科学中心，集聚了一批材料领域的著名科学家，首批进驻 10 个科研团队。科技金融深入结合，累计发放科技金融产业"三融合"贷款 68 亿元，惠及企业 1 012 家。

——开放合作优势持续巩固。制订实施方案和三年行动计划，明确粤港澳大湾区机制创新领域重大改革任务和任务清单。中俄贸易产业园先行启动区建设加快推进，广东（石龙）铁路国际物流基地正式开展多式联运业务。中欧班列实现常态化运营。对"一带一路"沿线国家进出口 2 389.50 亿元，增长 26.5%。成功举办"海博会""加博会""智博会"。组织和指导企业参加 23 场境内展会，东莞参展企业意向成交金额 62.6 亿元。全市跨境电商进出口 350 亿元，增长 120.0%；获批设立虎门港综保区，全市保税物流进出口总值达 2 300 亿元，增长 15.0%。

——生态文明建设加快推进。淘汰整治"散乱污"企业 13 073 家，治理 VOCs 企业 4 870 家，压减煤炭消费量 118.8 万吨。新建成截污管网 1 525 千米，验收移交通水 1 427 千米。完成 102 条污染河涌整治，推进 6 家污水厂新建扩建、35 家提标改造；推进全市 44 条重污染河涌整治示范项目建设，39 条基本消除黑臭。完成 10 座垃圾填埋场综合整治，建成东南部卫生填埋场（一期），建筑垃圾资源化实现零突破。503 个村（社区）成功创建为市级生态村（社区），覆盖率达 84.8%。

——人民生活质量持续改善。教育事业扩容提质，全市新增中小学幼儿园 53 所，增加学位近 7 万个。东莞理工学院被确定为新增硕士学位授予单位。深化公立医院综合改革，推进 5 所医院建设区域中心医院，常平医院、塘厦医院、麻涌医院纳入市属公立医院管理。全省首创成功举办东莞市第一届市民运动会。全年共为低保对象支出低保金 6 815 万元、社会基本养老保险个人缴费补助金 1 834 万元。持续深入开展"扫黑除恶"专项斗争，破获涉恶案件 1 537 宗，打掉涉黑社会性质犯罪组织 6 个、恶势力犯罪团伙 440 个。

3. 推进粤港澳大湾区建设情况。

——区域创新能力进一步增强。全年有 3 家企业的 4 项专利获得中国专利奖银奖。松山湖高新区实现地区生产总值 638.60 亿元。中子科学城加快谋划建设，散裂中子源通过国家验收并投入使用，目前建成的 3 条谱仪已完成来自剑桥大学、香港大学、中山大学等单位的 40 余项用户课题研究。松山湖材料实验室粤港澳交叉科学中心揭牌成立。

——现代产业体系加快构建。规划"一核三带十区"，布局经济发展新增长点。在香港举办莞港产业合作联合推介会，达成签约项目 39 个，计划投资金额 350 亿元人民币。先进制造业增加值 2 043.77 亿元，高技术制造业增加值 1 520.62 亿元，占规模以上工业比重分别达 52.3% 和 38.9%。233 家正式试点工业企业实现工业增加值 450 亿元，增长 11.9%，快于规模以上工业企业增速。

——基础设施互联互通水平提升。途径东莞的广深港高铁建成通车，推动深茂铁路途经东莞滨海湾新区并设站，地铁 1 号线加快推进，2 号线三期、3 号线一期工程前期工作进展顺利。在虎门站新增 20 多趟列车停靠，市民无须换乘便可直接乘高铁至香港、北京、上海。环莞快速二期、虎门二桥（南沙大桥）主线桥全线贯通，环莞三期华为段动工。莞番高速、深圳外环高速东莞段等加快建设。

——对接湾区重大平台加快规划建设。滨海湾新区建设纳入大湾区国家战略，"二横五纵"骨干路网加快推进，与香港、澳门有关机构签订了《东莞市滨海湾新区管理委员会 香港资讯科技联会关于推进科技产业合作的备忘录》等 7 份框架协议。全面启动中子科学城建设，谋划建设中子科学城至中山大学深圳校区通道（东莞段）工程。水乡管委会与香港生产力促进局签署合作备忘录。银瓶新区完成海绵城市规划编制，粤海产业园一期建成开园。

——开放经济水平持续提升。虎门港综合保税区获批。允许港澳台创新创业人才在东城试点商事制度改革试验基地投资设立集群企业。获批粤港投资跨境登记全程电子化暨公证文书简化版试点地区，启用简化版香港公证文书。2018 年，东莞与港澳地区跨境人民币结算量达到 1 674 亿元，增长 20.3%。

——便利港澳居民政策措施加快实施。将港澳人员纳入失业登记管理服务体系，港澳人员凭港澳通行证或居住证即可办理社会保险登记。推进松山湖港澳青年创业基地建设，入驻 10 个港澳项目，松山湖国际机器人基地引进了以香港科技大学李泽湘团队为代表的创新创业力量，在孵科技实体 90 家、国家高新技术企业 12 家。全年接待港澳来莞交流团组 48 批共计 4 315 人次。

4. 推进"深莞惠+汕尾、河源"经济圈建设情况。

——深化交通基础设施互联互通。全力推动深圳外环高速、金龙路等城市对接路网项目建设。加快赣深客专、穗莞深城际轨道的建设，重点加快推进东莞 1 号线与深圳 6 号线支线、深圳 10 号线东延线等条件较为成熟线路的规划建设，全面开展 2 号线三期、3 号线一期工可研究工作，加快实现与深圳城市轨道交通的连通。

——推进区域生态环境共保共治。重点抓好茅洲河、石马河流域综合整治，加快跨界河流域截污次支管网建设。茅洲河、石马河流域分别累计建成管网 46.8 千米、218 千米。在茅洲河、石马河流域分别关停企业 346 家、2 925 家，完成整治 42 家、820 家。继续全力推进谢岗涌污染整治，切实改善潼湖流域水环境质量。落实《深莞惠经济圈（3＋2）大气污染联防联控工作机制协议》，不断加大大气污染综合整治工作力度，落实蓝天保卫战行动计划 32 条强化措施。

——加强区域科技交流合作。东莞中子科学中心与深圳南方科技大学合作共建中子谱仪，培养中子散射高端人才；与惠州合作研究加速器驱动嬗变研究装置（CIADS）和强流重离子加速器（HIAF）等大科学装置，开展大科学装置前沿关键技术；与中国核工业二三建设有限公司惠州分公司等单位开展靶站安装建设合作。积极与深圳协同推进松山湖材料实验室建设，相继引进深圳弈投孵化器、中国科技开发院、中集集团、粤迪孵化器等一批企事业单位在莞建设科技企业孵化器。

——推动文化旅游体育领域共建共享。加强深莞惠文化宣传和交流，策划推出 2018 年东莞文化四季之对外文化交流季系列活动，会同经济圈其他城市参加全国图书馆参考咨询联盟、珠江三角洲数字图书馆联盟等全国性、区域性文献共享平台。经济圈五市旅游主管部门组织举办了两场以"活力广东·缤纷深莞惠汕河"为主题的联合旅游推介会。

5. 重大区域发展平台建设情况。

——水乡特色发展经济区。2018 年，园区实现地区生产总值 648.00 亿元，增长 8.7%；规模以上工业增加值 355.00 亿元，增长 6.5%；社会消费品零售总额362.00亿元，增长34.0%；地方一般公共预算收入70.10亿元，增长40.5%。一是统筹发展机制日益完善。重点落实优化市直管镇体制改革部署，成立水乡功能区。二是水乡新城开发稳步推进。加快水乡大道升级改造、望沙路升级改造、水乡横向中通道等周边重点交通设施建设。围绕东莞西站核心区域，开展水乡新城首期启动区土地整备工作。三是招商引资统筹取得实效。2018年，水乡功能区引进亿元以上内资项目15宗，协议金额超过800亿元；引进千万美元以上外资项目7宗，协议金额2亿美元。四是城市环境品质加快提升。重点推进水污染治理，累计新建截污管网161千米，完成21条内河涌整治任务，完成"散乱污"企业整治改造196家、关停取缔1 187家，海心沙资源综合利用中心项目加快推进。

——粤海银瓶合作创新区。2018年，新区实现地区生产总值90.50亿元，增长5.3%；人均地区生产总值92 173元，增长8.0%；三次产业结构为1.7∶68.2∶30.1；规模以上工业增加值36.00亿元，增长1.5%；社会消费品零售总额16.30亿元，增长10.5%；外贸进出口总额64.40亿元，下降10.4%；地方一般公共预算收入8.10亿元，增长14.9%；全体居民人均可支配收入38 140.0元，增长16.1%。一是加快道路交通网络建设。爱民大道、29号路、粤海大道3条道路建设不断加快，谢岗大道、大黎路段涉铁工程已获得铁路部门批复。二是加强园区产业招商工作。成功引进电子电气互连产业园项目、碧桂园智造创新中心项目等7个签约项目，投资总额共36.70亿元。三是推动项目落地投产。粤鲲智能制造项目主体工程已基本完成，已有中广核、双宇、奇智3家企业入驻。粤海工业智造项目一期厂房主体结构全部封顶，已有德彩、顶峰2家企业入驻。四是提升公共服务配套。谢岗医院新院区二期、谢岗镇中心小学曹乐校区、东莞粤海银瓶合作创新区公租房、谢岗镇人民公园生态整治服务项目一期工程启动建设。

——滨海湾新区。2018年，新区被省定位为粤港澳协同发展先导区、广深港澳科技创新走廊核心平台。滨海湾全年实现地区生产总值65.00亿元，规模以上工业增加值40.30亿元，地方一般公共预算收入8.73亿元。一是全面铺开基础设施建设。交椅湾板块"二横五纵"骨干路网建设开始动工，海芯大道完成2 900万元投资额，湾区大道完成2 500万元投资额，滨海大道、海湾大道等道路陆续启动前期工作，"湾区1号"项目启动建设。协调深茂铁路途经滨海湾站，争取深圳地铁20号线、广州地铁22号线接入滨海湾站，打造"三铁合一、综合交通、站城一体"的滨海湾站城市综合体。二是招引一批重大产业项目。成功引进紫光芯云产业城、OPPO智能制造中心、欧菲光电影像产业等一批重大产业项目，涉及投资总额达2 830亿元。三是启动城市更新和空间拓展。沙角电厂A1、B2两台燃煤机组如期关停，开展沙角半岛、威远岛土地资源调查和地籍详查。四是强化粤港澳合作与协调发展。已与香港、澳门等知名协会、企业、高等院校签订一系列合作框架协议和备忘录。主动与广州南沙、深圳前海、珠海横琴等自贸区对接。

（八）中山市

1. 概况。

2018年，中山市地区生产总值3 632.70亿元，增长5.9%。人均地区生产总值110 585元，增长4.6%。三次产业结构为1.7：49.0：49.3。规模以上工业增加值1 093.53亿元，增长3.1%。社会消费品零售总额1 490.79亿元，增长4.5%。外贸进出口总额355.09亿美元，下降6.7%。地方一般公共预算收入315.23亿元，增长0.8%。全体常住居民人均可支配收入46 865.0元，增长7.6%。居民消费价格指数上涨1.4%。

2. 珠三角优化发展情况。

——供给侧结构性改革深入推进。现代产业体系加快构建，先进制造业、高技术制造业增加值占规模以上工业比重增长至44.7%、19.1%。实施高端装备制造、新一代信息技术、健康医药三大产业发展行动计划。出台优势传统产业转型升级行动计划，争取省级技改资金2.7亿元，安排市级技改资金2.2亿元。新增1个国家级、14个省级智能制造试点示范项目。"去降补"取得阶段性成效，"去产能、去库存、去杠杆"进展顺利，淘汰印染行业落后产能7 980万米，向粤东西北地区梯度转移项目52个；"降成本"成效显著，通过落实各项惠企减税政策、加大涉企行政事业性收费减免力度、降低企业融资成本等系列措施，全年为企业减负约141.8亿元；"补短板"扎实推进，推进 16 类 138 项补短板重大项目建设，完成投资 253.8 亿元。金融服务实体经济能力提升，全年新增上市公司 3 家、"新三板"挂牌企业 6 家，新增直接融资额为 99 亿元左右。

——创新势能加速形成。自主创新能力不断提升，火炬开发区、翠亨新区双创示范基地加快建设，新增高新技术企业 669 家，总量超过 2 300 家。建成技术转移和知识产权交易协同创新中心，新增国家级知识产权优势企业 8 家。有效发明专利拥有量达 7 050 件。创新平台加快建设，积极参与粤港澳大湾区国际科技创新中心建设，"两区一湖"创新区、翠亨科学城加快建设，推动国科大创新中心、中科院药物所华南分院、德国 VDE 测试认证院等一批科技创新平台落地，省级以上创新平台增至 456 家，新增国家和省级企业技术中心 11 家。打造人才集聚高地，完善人才政策体系，市级以上创新创业团队增至 40 个，共培养引进国家和省重大人才 33 人、国务院特殊津贴专家 41 人，博士及博士后工作平台增至 67 个。

——城市综合承载力增强。统筹土地利用规划，稳步推进土地收储，优先保障重大交通和产业项目用地需求。推动组团发展和重大产业平台建设，九大市级产业平台动工项目 77 个，总投资超过 481 亿元。交通枢纽功能不断强化，深中通道全线动工，中开高速、东部外环高速、西环高速等重大交通基础设施建设加快推进，完成干线公路建设投资 30.9 亿元，阜民路阳光大道段主线、新沙水公路南头至东凤段、黄圃快线岭栏路至南三公路段、长江路主线南段实现通车，改造提升康华路、景观路等中心城区主干道路 23 条。城市运行保障能力持续提升，粤电中山三角电厂燃气热电冷多联供工程等电源项目加快推进，小榄供电所列入国家第三批增量配电业务改革试点项目，推进 20.6 千米综合管廊和缆线管廊项目建设。土地存量资源有效盘活，完善"三旧"改造政策体系，完成"三旧"改造 167.8 万平方米，处置闲置土地 928 万平方米。

——改革开放不断深化。外贸转型升级加快，外贸进出口总额 355.09 亿美元，其中外贸进口、出口总额分别为 81.87 亿美元、273.22 亿美元，一般贸易出口额占出口总额的比重为 53.5%。积极融入粤港澳大湾区发展，加快中山粤港澳青年创新创业平台建设，推进澳门科技大学中山办学项目。与广州签订战略合作框架协议，推动南沙新区与翠亨新区合作。国际市场多元化延伸，新增斯里兰卡、瑞典、老挝、以色列4个对外投资目的地，对"一带一路"沿线国家和地区出口额达448.1亿元。"放管服"改革纵深推进，实施营业执照"二十四证合一"，推进火炬开发区"证照分离"改革试点；在全省率先公布政务服务"马上办、网上办、一次办、就近办"改革清单，创新实施"容缺预受理"机制。推进"数字政府"建设，实现政务服务"一张网"。落实"实体经济十条"政策措施，民营工业增加值占规模以上工业比重提高至46.2%，全市各类市场主体达38.3万户。

——生态环境整治力度加大。建成大气环境网格化监管系统，全区域实施高污染燃料禁燃，空气质量达标率85.5%。全面落实河长制，分流域推进黑臭（未达标）水体治理，整治内河涌98千米。开展土壤污染防治，推进中心和北部组团垃圾处理基地扩容工程。获"国家森林城市"称号，新造林9 327亩，森林覆盖率达23.1%，省级森林小镇增至9个，划定生态保护红线区域175.2平方千米。累计推广新能源汽车7 516辆，充电桩总数达2 548个，实现充电设施镇区全覆盖。单位地区生产总值能耗下降3.78%。

——民生福祉持续优化。失业保险金标准提高至最低工资标准的90%。低保标准提高至976元，发放低保金6 395万元。启动社工改革，设立社工服务站点98个；完善社区居家养老服务，建成居家养老服务中心85个。深入推进安全生产责任体系建设，扎实推进省食品安全示范城市创建。优质教育供给能力持续提升，新增公益普惠性幼儿园18所、幼儿园学位6 135个，新建改建扩建公办中小学40所。深化公立医院综合改革，推广小榄医改经验，推进市镇医疗共同体建设，启用双向转诊信息平台。文体事业蓬勃发展，中山纪念图书馆主体工程完工，新博物馆动工建设，新建21个街区自助图书馆；建成镇区公共足球场25个、社区体育公园15个，岐澳古道向市民开放。

3. 推进粤港澳大湾区建设情况。

——大力推进科技创新合作。全面对接广深港澳科技创新走廊，积极争取国家重大科技基础设施、国家实验室等落户，实施极具竞争力、吸引力的人才政策。着力将翠亨科学城建设成为大湾区科技创新合作重大平台。创建大湾区生物医药科技国际合作创新区。建设中山科技大学、香山大学等高水平大学。加快建设中国科学院药物创新研究院华南分院、香港大学生物医药技术国家重点实验室广东药科大学分中心、香港大学—广东药科大学中山生物医药创新平台等一批高水平科技创新平台。

——全面开放新格局逐步形成。加强港澳合作，全面对接国际高标准市场规则体系，共建"一带一路"重要支撑区。持续深化营商环境综合改革，打造稳定、公平、透明、可预期的一流营商环境。申报综合保税区。创新"互联网＋政务服务"模式、推广应用"单一窗口"，创建跨境电商综合试验区。加快中德生物医药产业园、中瑞（欧）工业园等国际经贸合作园区建设。谋划将黄圃铁路国际物流园打造成为"一带一路"货运重要节点。

——加快重要交通枢纽建设。完善深中通道登陆中山侧路网，加快中开高速、东部外环高速、西部外环高速等建设，构建"四纵五横"高速公路网络。完善市域轨道交通规划，加快南沙港铁路建设，推动深茂铁路深江段年内动工，推动广中珠澳高铁启动前期工作，推进广州地铁18号线，建设轨道交通综合枢纽中山站。加快中山港新客运码头建设，打造珠江口西岸异地候机客运中心。

——产业发展布局持续优化。突出优势主导产业，打造智能家电、高端电子信息、汽车及零部件、工业机器人等世界级先进制造业产业集群。推进国家服务业综合改革试点，以金融、旅游、会展和高端商务服务为突破口，推动现代服务业大发展。推进产业合作平台建设，谋划将翠亨新区打造成为参与大湾区建设的重大合作平台。建设生物医药科技国际合作创新区。扎实推进粤澳全面合作示范区建设，推进与澳门在经济、社会、文化等方面深度合作，拓展经济适度多元化新空间。

——城市建设取得成效。打造教育高地和人才高地，共建国际一流大学和国际化优质教育培训机构，建设完善人才创新创业生态园。共同打造健康湾区和休闲湾区，建设大湾区西翼国际医疗中心，举行棒球赛等国际性体育赛事，推动岐澳古道与澳门历史城区步行系统连接。积极吸纳港澳企业家参与商会调解组织建设，充分发挥澳门街坊总会等港澳中山社团作用。深度挖掘和弘扬孙中山文化资源，打造孙中山文化国际交流中心，大力发展弘扬岭南特色文化、香山文化、商业文化。

——携手推进生态文明建设。坚持将生态保护放在推进大湾区建设的优先位置，实行最严格的生态环境保护制度，携手加强污染联防联控联治，推动形成绿色发展方式和生活方式。积极申报国家生态文明建设示范市。推进五桂山片区规划整体提升，加强五桂山生态保护区管理，打造大湾区"绿肺"。继续实施黑臭（不达标）水体综合整治工程，城市建成区基本消除黑臭水体，大力整治水质劣Ⅴ类或不达标的入海河流。

4. 中山翠亨新区建设情况。

——基础设施建设加快推进。交通基础设施建设全面提速，全力推进"一环""四纵""五横"等起步区基础路网建设。环岛路完成投资2亿元，一标段施工进展顺利，一号、三号、八号桥动工建设；翠城道完成投资2.5亿元（含管廊），一号桥已开工建设；翠海道、翠微道工程已正式开工建设；翠澜道（和信路至和清路）工程已完工通行；和信路（翠城道至翠珠道）道路改造工程按期完工；和丽路（横四线延长线）完成部分路面结构层施工；协助推进国家和省市重点工程深中通道、中开高速、中山港新客运码头港池建设。城市配套设施建设加快推进，临海科技新城一期专家楼主体结构封顶，二期完成部分地基基础；翠亨新区智创中心全面开工建设，人才公寓主体结构完工，临海工业园宿舍B、C区分配率为95.3%以上。

——产业发展水平不断提高。一是产业布局不断优化。推动深圳医疗器械产业园、装备园、生物医药产业园和精密制造（钟表）产业园等园区建设，初步形成"3+1"（即先进装备制造、生物医药、新一代信息技术+现代服务业）产业发展格局。二是产业发展平台建设取得突破。以翠亨新区园为总抓手，按照"园中园"模式，加快哈工大智能装备产业园、中科院科技成果转化产业园、中瑞（欧）工业园、中德生物医药产业园翠亨分园等专业园区建设。以翠投公司为主体，启动翠亨新区医药器械产业园建设。加快哈工大机器人集团华南总部建设，成立哈工大无人装备与人工智能研究院。成功引进中科院兰化所固体润滑项目，中科富海、中科赛凌项目落地建设，中科奥辉项目正式投产。中科院药物创新研究院华南分院、深中科技创新产业园、澳中青年创新创业平台等产业创新平台落户新区。

——创新驱动能力增强。高企培育稳步推进，通过高企认定8家，累计

21 家。企业研发机构建设提速，新增市级工程技术中心 3 家，累计 14 家。企业创新活力不断增强，新增专利授权 192 件。创新科研团队建设不断突破，达石药业、中科富海等 9 个项目申报市级创新创业科研团队，增长 29.0%。成功引入清华智行者智能网联车、华润燃气、康方制药等 16 个产业项目，投资总额超过 60 亿元，办理购地类项目准入 13 个。大力实施人才发展"展翅计划"，先后成立了欧洲、美国波士顿和硅谷、加拿大等 4 个海外人才工作站，全年引进高端人才团队 3 个。

——公共服务日益完善。按照"3 + 3 + 3"（"金融资本、科技资本、人才资本" + "投资强度、产出强度、税收强度" + "节能门槛、环保门槛、安全生产门槛"）的总要求，修订出台 7 个项目准入管理办法。依托火炬区，完善起步区城市综合执法、消防、交通管理、质安监等专职队伍。开发投资审核系统，与广州南沙政务办签订"异地同城"审批受理协议。以项目"双促进"（促动工、促投产）为目标，开发企业全生命周期服务系统。与中山智海和国际人才网等人力资源机构合作，共举办和参加 43 场各类招聘会，帮助园区企业招聘引入博士、硕士等高素质人力资本。

——生态环境优势显现。全面落实河长制，以滨河整治水利景观工程、翠亨国家湿地公园和翠湖公园为重点，依托横门水道、茅龙涌、翠湖、伶仃洋等丰富水系，加快滨海近水亲水生态环境建设。成立翠亨国家湿地公园管理工作领导小组和公园管理中心，初步建成公园西岸部分。滨河整治水利景观工程稳步推进，示范试验段开工建设。加快完善翠湖公园配套设施，有序推进公园美食街项目建设。

（九）江门市

1. 概况。

2018 年，江门市地区生产总值 2 900.41 亿元，增长 7.8%。人均地区生产总值 63 328 元，增长 7.2%。社会消费品零售总额 1 407.58 亿元，增长 10.0%。外贸进出口总额 223.19 亿美元，增长 9.2%。规模以上工业增加值 1 085.24 亿元，增长 9.4%。地方一般公共预算收入 244.05 亿元，增长

9.7%。金融机构本外币存款、贷款余额分别为 4 528.88 亿元、3 140.85 亿元，分别增长 6.0%、12.3%。全市接待过夜游客 2 709.62 万人次，实现旅游总收入 586.84 亿元，分别增长 20.0%、19.1%。

2. 珠三角优化发展情况。

——产业结构逐步优化。三次产业结构为 7.0：48.5：44.5，高端装备制造、新一代信息技术、新能源汽车及零部件、大健康、新材料五大新兴产业加快发展。新引进投资超亿元的装备制造业项目 61 个，投资总额 448.84 亿元，其中投资超 10 亿元项目 16 个，投资总额 338.9 亿元；新增省智能制造试点示范项目 6 个，总数达 8 个；新增工业类、服务业类省名牌产品 23 个。中车广东公司股权调整工作取得突破性进展，获得 CRH6A 三级检修资质，新签订珠三角城际、深圳 6 号线等订单 39.71 亿元；台山核电 1 号机组具备商业运营条件，成为"EPR 全球首堆工程""中国经验世界共享"的典范。

——创新发展步伐加快。台山市入选首批国家创新型县（市）建设名单。高新技术企业突破 1 200 家，增长 70.0%，增速连续两年位居珠三角第一；新增省级工程技术研究中心 104 家；科技型小微企业达 3 126 家，增长47.5%；规模以上工业企业研发机构覆盖率达 56.5%。新增科技企业孵化器 9家、众创空间 11 家、科技支行 10 家。2 名企业家获得国家级"科技创新创业人才"荣誉称号。新引进博士后 40 人，新设立 2 家国家级博士后科研工作站，实施"百名博（硕）士引育工程"，各类人才资源总量突破 100 万。江门"人才岛"首期项目顺利开工，完成年度投资 25 亿元。高技能人才连续 8 年每年增加万人以上，总数达 13.68 万人。

——改革开放持续深化。供给侧结构性改革扎实有效，深入推进财政预算体制改革，"去降补"工作加快推进。政府债务等重点领域风险防控工作成效显著，PPP 工作在全省领先；进一步降低企业经营成本，为企业减负超过100 亿元。市重点项目完成投资 783.6 亿元，为年度投资计划的 126.8%。"放管服"改革走在前列，"证照分离"改革全域推进 134 项涉企后置审批分类改革，"多证合一"改革持续深化，商事登记实现"同城通办、境外可办、网上能办"。营商环境优化，全市新发展市场主体 19.29 万户，增长 200.2%，主体总量达 47.5 万。在美国成功举办第六届世界江门青年大会，促成涉侨涉外经贸合作项目25个，总金额145亿元；新设立13个境外国际经贸代表机构，累计达19个。江港澳合作进一步深化，分别在香港、澳门举办了"携手共建粤港澳大湾区推介会"系列活动。积极应对中美贸易摩擦，全年完成外贸进出口总额223.19亿美元，增长9.2%。

——民生事业水平提升。全市各级财政投入民生259.05亿元，增长13.7%。全市城镇新增就业4.88万人，城镇失业人员再就业3.34万人。扶贫线与低保线"两线合一"机制不断完善，城乡最低生活保障标准提高到每人每月800元。社会事业全面进步，17所义务教育"三二一"工程学校全部建成，提供优质学位2.7万个；新成立2个市直学前教育集团和6个蓬江区义务教育集团，新办5所优质民办学校。16家紧密型医联体试点分院建设基本完成，大力推进基层医疗服务能力提升工程。江门体育中心投入运营，成功举办首届江门市民运动大会。

——环境治理力度空前。主城区重点行业企业淘汰搬迁工作扎实推进，完成关停117家，完成或正在搬迁12家，狠抓燃用高污染燃料设施和"散乱污"企业淘汰工作。压实河长、湖长责任，积极推进西江、潭江流域综合治理，完成41座城镇污水处理厂和1358个农村污水处理设施站点的建设，市区6条黑臭水体水质明显改善。深入开展固体废物约谈整改工作，严厉查处111宗涉固体废物违法犯罪案件，一批固体废物焚烧、填埋和利用设施加快建设。全市共有5个镇（街）被认定为"广东省森林小镇"。新增省级绿色矿山7个、省级森林公园2个、省级湿地公园1个。

3. 推进粤港澳大湾区建设情况。

——大力深化产业合作。务实推进粤澳（江门）产业合作示范区建设，其中环保产业园累计投入22亿元，签约入园企业超百家，先后引入总投资3.5亿元的冢田正川科技项目、总投资1亿元的欧普照明项目以及宏丰电子等重点项目。工商银行澳门分行与江门高新区签订了金融合作协议。

——加强区域人才合作。落实"1+15"人才新政体系，全市目前已建有院士工作站7家、博士后科研工作站11个、博士后创新实践基地49个。江门"人才岛"加快建设，省市投入共计21亿元支持五邑大学建设高水平理工科大学，投资6000万元建设博士（博士后）珠西先进产业优秀人才"双创园"；江门市技师学院通过国际合作办学成功创建"中欧高技能人才培训合作示范学院"；江门职业技术学院与澳门旅游学院签订了《合作框架协议》，共同举办了3期江门市旅游行业中高级人才培训班。

——加强科技交流合作。落实与省科学院的战略合作协议，省科学院下属广东省智能制造研究所在江门市设立新型研发机构——广东省智能制造研究中心江门分中心。成功举办江港创新科技合作对接会。全市备案创业投资机构数量达7家，地方财政设立创业引导基金的额度规模达4.65亿元。开展科技贷款贴息备案工作，通过形式审核的项目208项；新增备案科技支行10家，全市科技支行达到18家。

4. 推进区域合作情况。

——加强对深莞、广佛等地区的产业对接。积极参与在深圳举办的投资合作交流会和招商引资推介会，引进电子信息、装备制造、新材料、汽车零部件等深圳优势产业项目共36个，占全市引进深圳投资项目数量70.0%。在深圳举办2018年新能源电池新材料（江门）技术与资本对接会，建立新能源电池产业专家智库，推动深圳普兰德—广东芳源—法国威立雅合作投资25亿元三元正极材料、投资10亿元电池梯度回收项目，道氏新能源材料等项目落户。同时大力推动深江合作载体——深江产业园的开发建设。深茂铁路深圳至江门段项目江门境内线站位方案基本确定，计划于2019年内动工建设。

——推动"珠中江＋阳江"经济圈建设。加快推进基础设施一体化，深茂铁路江门至茂名段正式通车，江门至深圳段前期工作进展顺利；中开高速、开春高速加快建设；珠江肇高铁被纳入《粤港澳大湾区城际铁路建设规划》远期项目。区域合作平台加强，与珠海在黄茅海通道两岸谋划共建高端产业集聚发展。

5. 县域经济发展情况。

江门市下辖台山、开平、鹤山、恩平4个县级市，县域面积达7 719.57平方千米，占全市总面积9 505平方千米的81.2%。2018年，全市县域地区生产总值1 360.22亿元，占全市地区生产总值的46.9%。

表16　2018年江门市县域经济发展情况

地区	地区生产总值（亿元）	社会消费品零售总额（亿元）	地方一般公共预算收入（亿元）	三次产业结构
台山市	432.59	255.21	29.24	15.3：54.6：30.1
开平市	373.79	212.01	26.20	9.0：49.5：41.5
鹤山市	355.52	198.63	30.12	6.3：51.7：42.0
恩平市	198.33	108.80	11.40	10.4：29.9：59.7

——台山市。2018年，台山市地区生产总值432.59亿元，增长7.5%。规模以上工业增加值148.24亿元，增长12.2%。外贸进出口总额137.60亿元，增长5.4%。地方一般公共预算收入29.24亿元，增长9.6%。全体常住居民人均可支配收入22 132.0元，增长10.5%。全年接待游客1 283.28万人次，实现旅游总收入105.82亿，分别增长12.3%、20.9%。

——开平市。2018年，开平市地区生产总值373.79亿元，增长7.4%。规模以上工业增加值114.43亿元，增长9.5%。地方一般公共预算收入26.20亿元，增长12.3%。外贸进出口总额163.70亿元，增长8.0%。全体常住居民人均可支配收入24 978.0元，增长8.0%。全年接待游客766.00万人次，实现旅游总收入92.00亿元，分别增长12.1%、21.0%。

——鹤山市。2018年，鹤山市地区生产总值355.52亿元，增长8.5%。人均地区生产总值69 751元，增长7.8%。规模以上工业增加值132.86亿元，增长9.8%。地方一般公共预算收入30.12亿元，增长10.0%。外贸进出口总额179.00亿元，增长11.6%。吸引外资工作实现新突破，全市实际利用外资10 104万美元，增长73.6%。

——恩平市。2018年，恩平市地区生产总值198.33亿元，增长8.0%。规模以上工业增加值10.62亿元，增长15.4%。地方一般公共预算收入11.40亿元，增长8.5%。外贸进出口总额36.80亿元，增长12.1%。全年接待游客705.50万人次，实现旅游总收入46.72亿元，分别增长12.3%、20.5%。

6. 江门大广海湾经济区建设情况。

——战略地位不断提升。大广海湾经济区先后被写入《关于深化泛珠三角区域合作发展的指导意见》《深化粤港澳合作推进大湾区建设框架协议》等多个国家和广东省重要文件，《粤港澳大湾区规划纲要》中也提出支持江门与港澳合作建设大广海湾经济区，拓展各领域的合作。

——交通基础设施建设加快。围绕全市构建"一枢纽、两中心、三通道"的综合交通格局，夯实大广海湾作为珠三角辐射粤西和大西南枢纽型节点的功能定位，深入实施交通大会战。深茂铁路江门至深圳段动工建设，珠江肇高铁、南深高铁持续推进。高恩高速、开春高速按计划进行，江门大道南东线动工，银洲湖高速已完成项目公司组建，黄茅海通道前期工作正式启动。崖门万吨级航道整治工程完成工可编制，广海湾作业区防波堤工程和广海湾作业区进港航道工程被列入交通部水运"十三五"发展规划，台山广海湾鱼塘港及开放口岸建设加快推进。

——产业集聚逐渐加强。围绕把江门打造成为珠江西岸新增长极和沿海经济带上的江海门户的定位，各有侧重推动大广海湾经济区内银洲湖、广海湾、镇海湾三大片区的开发建设。重点推动轨道交通产业园、新会经济开发区、广海湾工业园等核心园区提质增效，规划建设粤澳（江门）产业合作示范区、珠西新材料集聚区。目前，银洲湖先导区投资企业超过100家，广东轨道交通产业园累计完成投资超过50亿元，已有10多家配套企业落户。广东省农产品加工示范区加快建设，台山中国农业公园正式开园。镇海湾生态区已形成超过30万亩沿海养殖区，区内的红树林湿地公园正式对外开放。

（十）肇庆市

1. 概况。

2018年，肇庆市地区生产总值2 201.80亿元，增长6.6%。人均地区生产总值53 267元，增长5.8%。其中，第一产业增加值347.86亿元，增长4.8%；第二产业增加值774.65亿元，增长7.0%；第三产业增加值1 079.29亿元，增长6.9%。社会消费品零售总额866.70亿元，增长10.2%。地方一般公共预算收入 106.04 亿元，增长 11.8%。金融机构本外币存款余额 2 495.80 亿元，增长 10.4%；金融机构本外币贷款余额 1 825.47 亿元，增长 21.5%。

2. 珠三角优化发展情况。

——工业发展步伐加快。招商引资实现预期目标，成功举办 2018 "肇庆金秋"、中国环境上市公司峰会、中国民商论坛、中国工业论坛等高端经贸交流活动和深圳、北京、杭州等招商推介活动。新引进产业合同项目 219 宗，计划投资总额 2 060 亿元；国信通等 6 个超百亿项目签约落户，华侨城项目实现当年引进当年动工。园区建设进展顺利，新开发及盘活工业园区用地 10.3 平方千米，新建成及盘活改造通用厂房 181 万平方米，其中科技孵化器面积 91 万平方米。承接珠三角产业梯度转移项目 74 个，计划投资总额 363 亿元。高要、广宁、封开产业转移集聚地被认定为省级产业转移工业园。项目落地成效明显，总投资 419 亿元的 30 个产业项目直接落地。小鹏、鼎星等新能源汽车项目建设加快，新开工新投产超亿元先进装备制造项目 33 个，德通环保设备等节能环保产业项目顺利投产。100 个计划新增落地开工项目全部动工，年度投资完成率 118.6%。

——创新驱动发展取得新突破。发展新动能进一步增强，高新技术企业净增 124 家，总数达到 413 家，增长 43.0%；309 家企业通过国家科技型中小企业评价入库；新增省级新型研发机构 2 家、创新平台 33 家，规模以上工业企业研发机构覆盖率超过 40.0%；新增科技企业孵化器 15 家、众创空间 4 家。肇庆高新区创新能力持续提高，高新技术企业增加至 116 家，哈尔滨工业大学新能源汽车轻量化复合材料工程技术研究院、武汉大学粤港澳环境技术研究院等新型研发机构进驻运行，国腾量子公司获批省重大科技专项；新签投资协议项目 58 宗、计划投资总额超过 500 亿元。高层次人才引育力度加大，深入实施 "西江人才计划"，成功举办 2018 亚太地区可持续发展论坛暨首届肇庆人才节；引育国家 "万人计划" 专家 2 名，柔性引进长江学者等国家级高层次人才 25 名；引进第二批西江创新团队 8 个、领军人才 6 名；肇庆学院引进百名港澳台博士，为 124 名高层次人才颁发 "人才绿卡"。

——改革开放注入新动力。积极融入粤港澳大湾区建设，主动开展政府间合作交流，谋划建设大湾区具有重大影响力的合作平台。加快构建 1 小时交通圈，肇庆到深圳高铁班次增加到每天 4 对 8 趟，汕昆高速肇庆段建成通车，汕湛高速、怀阳高速、广佛肇高速二期大旺至广州石井（肇庆段）加快建设。"数字政府"改革走在全省前列，初步实现"一门受理、一网通办、一次办成"。政务服务网全面使用，实现 314 项事项"零跑动"办理、980 项事项"一次办成"，不动产交易登记最快 3 天出证。新登记各类企业 1.1 万户，增长 44.0%。"放管服"改革力度加大，取消调整市级行政职权 720 项，确保高要区有完整的县级行政职权，继续向端州区和高新区委托或下放行政职权。深化投资项目建设审批制度改革，企业、政府投资项目审批时间分别压缩到 29、32 个工作日。深入推进"减证便民"，取消各类证明事项 158 项。

——城市建设进入快车道。肇庆火车站、肇庆东站综合体投入运营，东进大道一二期、江滨堤路、紫云大道、鼎湖大道等建成通车。肇庆新区累计完成投资 338 亿元，65 平方千米先行区主要骨架路网初步建成，18 平方千米起步区城市框架基本形成，8 平方千米核心区基本成型。建成城市干道 53 千米、地下综合管廊 26.5 千米、城市绿地 1 500 亩。府城保护与复兴项目累计投入近 15 亿元，基本完成府城二期房屋征拆、包公府衙片区考古调查勘探，府城公园一期建成开放。精准创文推动城市管理上新台阶，实施"八大整治提升行动"，清拆户外广告超过 17 万平方米，端州城区 50 条"瓶颈路"完成征拆 44 条、通车 32 条。

——污染防治攻坚战扎实开展。狠抓空气污染五大源头整治，城区空气质量进一步改善。全面落实各级河长制湖长制，排查治理北岭山违法用水和星湖周边 141 个污染源，推动星湖水质持续改善。羚山涌、石咀涌黑臭水体有效整治，鼎湖、四会违法禽畜养殖场清理工作基本完成。实施瓷土矿资源开发秩序专项整治，不新批采矿权，27 个到期矿权全部停产，复垦复绿面积 1 100 多亩。肇庆环保能源发电项目动工建设。造林 13.7 万亩，建成 3 个省级森林小镇。国家生态文明建设示范市创建工作稳步推进。

——民生事业持续进步。财政投入民生类支出 228.00 亿元，占地方一般公共预算支出的 72.4%。城镇新增就业 4.4 万人。新建、扩建义务教育学校 19 所，新增义务教育学位 2 万多个。市妇幼保健院综合楼等项目加快推进，新增床位 3 600 张，组建医联体 21 个。创建省卫生镇 4 个、省卫生村 397 个。城乡居民基本养老保险和基本医疗保险覆盖率均超过 99%。棚户区改造住房建成 3 901 套，累计分配公租房 10 217 套。新建社区体育公园 10 个，行政村（社区）综合性文化服务中心实现全覆盖。公共交通"四大畅通工程"加快推进，新开通及调整延伸公交线路 19 条，开通定制线路 35 条，新增纯电动公交车 356 辆。

3. 推进粤港澳大湾区建设情况。

——加快交通及物流基础设施建设。一是加快高速公路建设。汕昆龙怀高速公路建成通车，加快推进广佛肇高速二期、汕湛清云高速、怀阳高速（怀郁段）等高速公路项目建设以及对接佛山路网工程、肇庆大桥扩建等项目。二是推动轨道交通建设。广湛铁路还建四会水铁联运物流基地项目已签订框架协议，开通肇庆东至香港西九龙高铁以及怀集至深圳动车。三是打造大湾区智慧物流中心。加强与招商局集团合作，以"前港、中区、后城"的模式，促进肇庆港口发展和园区开发建设。积极配合做好珠三角枢纽（广州新）机场前期工作，谋划建设空港经济区，重点推进肇庆新港物流园、广东（四会）国际多式联运物流园等规划建设。

——积极开展产业合作共建。市商务局分别与香港贸易发展局、澳门贸易投资促进局签署《面向全球携手打造粤港澳大湾区经贸合作备忘录》《联合参与粤港澳大湾区经贸合作备忘录》，未来三年将分别与港澳在产业融合、产业研究、产业转型升级、开拓国际市场、投资环境推介和投资项目服务工作等多个领域进行全面合作。全力推动粤港澳大湾区（肇庆）特别合作试验区落地，印发《推进粤港澳大湾区（肇庆）特别合作试验区建设工作分工方案》。

——加强金融机构对接交流。市大湾区办主动做好推动大湾区项目建设工作，以《重点项目库》为基础，汇总整理各地、各部门报送的融资需求项目 121 个，融资需求金额总计 1 073.41 亿元，已与建设银行、广州银行、农发行等金融机构进行初步对接，积极推动大湾区建设重点项目进行融资。

——推动生态旅游城市建设。按照建设健康湾区、休闲湾区和建设成为宜居宜业宜游的优质生活圈要求，谋划推动广宁县绥江文旅项目和高端医疗康养产业园、德庆县粤港澳大湾区南药健康产业园、鼎湖区康养旅游基地等的建设，结合府城复兴以及鼎湖森林小镇的建设，建设粤港澳大湾区休闲健康和生态旅游城市。

4. 推进区域合作情况。

积极推进与相关区域的沟通与合作。一是省际合作不断深化。组团参加泛珠区域高铁经济带建设工作现场会暨第四届粤桂黔高铁经济带合作联席会议，审议并签署了《粤桂黔高铁经济带乡村振兴共同行动倡议》，大力推进"粤桂黔高铁经济带合作试验区"建设。二是深入推进肇梧战略合作。粤桂合作特别试验区全面对接粤港澳大湾区，打造"东融示范平台"；《粤桂合作特别试验区总体规划（2017—2035年）（广东片）》已获批复，两省区共同印发《粤桂扶贫协作和区域合作工作清单（省级层面）》。三是"广佛肇+清云韶"经济圈建设加速。召开"广佛肇+清云韶"经济圈环保专责小组联席会议，共同研究加强广佛肇清云韶区域流域环境整治、大气污染联防联控、联合执法机制等。

5. 县域经济发展情况。

肇庆市全市户籍人口444万，常住人口408万，面积1.5万平方千米，下辖端州、鼎湖、高要3区，广宁、德庆、封开、怀集4县，代管四会1个县级市，设立国家级的肇庆高新区、省级肇庆新区和两广合作的粤桂合作特别试验区。2018年，全市县域地区生产总值1 286.79亿元，占全市的58.4%。

表17 2018年肇庆市县域经济发展状况

地区	地区生产总值（亿元）	社会消费品零售总额（亿元）	地方一般公共预算收入（亿元）	三次产业结构
四会市	572.36	139.98	15.06	9.4：48.2：42.4
广宁县	159.31	51.31	5.02	26.4：30.3：43.3
德庆县	146.72	48.97	4.25	20.6：31.4：48.0
封开县	163.71	37.48	4.98	28.6：31.9：39.5
怀集县	244.69	68.07	5.83	32.8：18.5：48.7

——四会市。2018 年，四会市地区生产总值 572.36 亿元，增长 7.1%。人均地区生产总值 97 076 元，增长 5.7%。规模以上工业增加值 111.65 亿元，增长 9.3%。地方一般公共预算收入 15.06 亿元，增长 9.0%。外贸进出口总额完成 149.13 亿元，增长 18.4%。金融机构本外币各项存款、贷款余额分别为 370.49 亿元、295.77 亿元，分别增长 11.0%、23.3%。

——广宁县。2018 年，广宁县地区生产总值 159.31 亿元，增长 5.8%。人均地区生产总值 35 929 元，增长 5.2%。工业总产值 167.01 亿元，增长 5.0%。规模以上工业增加值 33.60 亿元，增长 4.5%。农业总产值 58.15 亿元，增长 7.2%。地方一般公共预算收入 5.02 亿元，增长 12.8%。

——德庆县。2018 年，德庆县地区生产总值 146.72 亿元，增长 7.5%。人均地区生产总值 41 039 元，增长 6.9%。规模以上工业总产值、增加值分别为 155.20 亿元、32.16 亿元，分别增长 10.8%、11.0%。地方一般公共预算收入 4.25 亿元，下降 20.9%。全体常住居民人均可支配收入 21 197.0 元，增长 6.0%。

——封开县。2018 年，封开县地区生产总值 163.71 亿元，增长 5.3%。人均地区生产总值 39 373 元，增长 4.7%。规模以上工业增加值 18.47 亿元，增长 2.8%。地方一般公共预算收入 4.98 亿元，增长 15.8%。全体常住居民人均可支配收入 15 924.0 元，增长 6.3%。

——怀集县。2018 年，怀集县地区生产总值 244.69 亿元，增长 7.3%。人均地区生产总值 28 757 元，增长 6.8%。规模以上工业增加值 11.86 亿元，增长 8.4%。地方一般公共预算收入 5.83 亿元，增长 10.3%。金融机构本外币各项存款、贷款余额分别为 181.10 亿元、109.60 亿元，分别增长 12.9%、27.3%。

6. 区域发展平台规划建设情况。

——肇庆新区。一是以商引商，培育发展现代产业集群。大力开展招商引资，成功导入总投资近 500 亿元的先进装备制造、超 240 亿元的新能源汽车、超 400 亿元的数字经济产业集群，已成功签约京东华南运营中心、国际科创中心等优质产业项目 15 宗，总投资 921.5 亿元。提速建设工业园区，工业园永安片区市政配套工程、新区水质净化厂一期工程及永安污水处理厂首期工程建设顺利启动。加快推动项目落地，全年肇庆新区动工产业项目 16 宗，总投资 1 028.5 亿元。二是规划建设公共服务设施。新区体育中心顺利竣工并交付使用，肇庆新区实验学校、肇庆新区商务中心、创客综合体已投入使用，中山大学附属第三医院肇庆医院、港澳青年创新创业示范基地等项目正加紧建设。三是城市格局加快构建。投资 91 亿元建设城市地下综合管廊，投资 70 亿元开展六大水系综合整治，辖区环境进一步优化。快速推进道路交通设施建设，已建成道路 22 条、总长 53 千米，建成中型以上桥梁 13 座，建成地下综合管廊 26.5 千米，完成 5.5 千米河堤改造和砚阳湖、长利涌等水系工程周边约 1 500 亩绿地建设。

——粤桂合作特别试验区。一是基础设施加快建设。污水处理厂土建部分已基本完成，正在调试设备。110 千伏红庄变电站已完成场地平整工作，自来水引水工程管道已接入工业园区。园区规划建设企业员工宿舍楼 3 栋，已全部封顶，首栋宿舍楼已装修并交付使用，其余两栋正抓紧装修。园区道路主一路已完成盈田智谷至长实电缆厂路段路面铺设以及蟠龙河桥梁建设，正在进行平凤镇区至盈田智谷路段的路基回填。二是通用厂房稳步推进。试验区引进全国最大的标准化厂房园区运营商——重庆盈田置业集团投资 16 亿元，占地面积 635 亩，建设标准厂房 62.8 万平方米。已封顶通用厂房 58 栋，建成面积 41.31 万平方米。三是招商引资取得成效。试验区累计共引进顺盈森能源、宿龙高科等 12 个项目，投资总额 34.1 亿元。2018 年德帝机电、林科超声波洗净设备 2 个项目可签约，追风马电子通信、金凯博电子等 21 个项目正在洽谈。

——广佛肇（怀集）经济合作区。一是加快基础设施建设。起步区累计投入资金约 12.2 亿元用于路网、土地平整、给排水综合管网、市政绿化亮化等"三通一平"基础设施建设。110 千伏闸岗输变电工程已建成并投入运营；A 区污水处理厂工程已完成；天然气管道铺设工程已基本完成；主干道和各支线道路路网基本形成并完成市政配套设施建设。二是大力推进重大产业项目建设。广佛肇（怀集）经济合作区规划面积 200 平方千米，分 3 个功能区开发建设，其中，现代工业产业园区规划面积 53 平方千米，是承接广佛肇产业转移和优化提升传统产业以及发展新兴产业的重点区域；现代商贸物流片区规划面积 52.6 平方千米，依托二广高速、昆汕高速、贵广高铁等交通干线，重点发展现代物流、生态旅游、商贸商务等产业；生态农业示范片区规划面积 94.4 平方千米，依托优越的生态环境资源，重点发展现代生态农业和观光休闲旅游产业。

二、粤东地区

（一）发展概述

2018 年，粤东地区生产总值 6 652.12 亿元，增长 6.3%。其中，第一产业增加值 485.02 亿元，增长 4.5%；第二产业增加值 3 324.24 亿元，增长 6.5%；第三产业增加值 2 842.85 亿元，增长 6.2%。人均地区生产总值 38 340 元，增长 6.0%。社会消费品零售总额 4 085.44 亿元，增长 9.0%。地方一般公共预算收入 300.07 亿元，下降 1.4%。城镇常住居民人均可支配收入 26 694.2 元，增长 6.7%；农村常住居民人均可支配收入 15 013.2 元，增长 9.3%。

——产业结构优化取得新成效。2018 年，粤东地区三次产业结构为 7.3∶50.0∶42.7。规模以上工业增加值 1 941.30 亿元，增长 6.1%，占全省规模以上工业增加值的 5.9%。汕头、潮州、揭阳、汕尾市规模以上工业增加值分别为 822.68 亿元、311.49 亿元、587.58 亿元、219.56 亿元，分别增长 9.5%、3.7%、4.3%、11.8%。汕头市全年新增规上限上企业 293 家，新认定省高成长中小企业 40 家，新增"新三板"挂牌企业 3 家，在广东证监局备案和在证监会排队准备上市企业共 13 家；产融合作加强，新设立融资租赁公司 5 家、私募基金 3 家；大力发展电子商务等新业态，全市共计淘宝镇 13 个、淘宝村 93 个，分别列广东省第一、四位。潮州市上市公司、"新三板"挂牌企业、区域性市场挂牌企业增至 55 家，规模以上工业企业增至 923 家，产值超亿元企业增至 344 家，完成"个转企"1 072 家；产业转移工业园"一园六区"新引进项目32个，超亿元项目17个。揭阳市实施重点产业园区建设发展三年行动计划，组织实施627个工业技术改造项目，新增省级质检站2家、省级工程技术研究中心8家；揭阳滨海新区积极引进海上风电研发、风机制造等配套项目，打造海上风电产业基地。汕尾市全年完成工业投资252.3亿元，其中技改投资94.3亿元；加快金融业发展，全市金融机构本外币存款余额、贷款余额分别增长12.4%、4.3%；旅游业总收入增长24.3%；投入产业园区建设资金10.2亿元，电子信息、新能源汽车、电力能源等主导产业不断壮大。

——交通基础设施建设实现新突破。汕头市交通建设投资加大，广梅汕铁路增建二线及厦深联络线、汕头火车站综合枢纽首期工程建成运营，汕汕高铁开工建设，揭惠高速全线建成通车，汕湛高速、潮汕环线高速全面铺开建设，汕头海湾隧道、牛田洋快速通道、中山路东延、凤东路等重大交通市政基础设施加快建设。潮州市完成交通建设投资44.6亿元，广梅汕增建二线潮州段及厦深联络线顺利通车，潮汕站站改扩容工程全面推进，大潮高速、潮汕环线高速分别完成工程量的46.8%、48.5%，宁莞高速潮州东联络线前期工作顺利推进，潮州港扩建货运码头项目即将完工。揭阳市梅汕客专揭阳段及站场工程加快建设，新建汕汕高铁揭阳段先行开工，揭惠高速建成通车，潮汕环线、汕湛高速、兴汕高速建设有序推进，潮汕国际机场跑道延长及站坪扩建工程启动建设，大南海公共码头航道工程达到开工条件，神泉示范性渔港工程建设项目不断完善。汕尾市深汕高铁、龙汕铁路前期工作进展顺利，兴汕高速主体线形基本成型，广东滨海旅游公路汕尾段、珠东快速前期工作有序推进，启动汕尾至香港海上客运航线复航规划研究。

——固定资产投资持续增长。2018年，粤东地区固定资产投资增长15.3%，高出全省平均水平4.6百分点。其中，汕头、潮州、揭阳、汕尾市固定资产投资分别增长19.2%、3.4%、12.3%、16.6%。粤东地区安排省重点项目年度计划投资561亿元，全年完成投资588亿元，为年度计划投资的104.8%。开工建设揭阳神泉海上风电场项目、汕尾海丰威翔航空等47个项目，建成投产汕尾信利半导体有限公司新建第五代TFT—LCD生产线高端车载及智能终端显示屏工厂建设等5个项目。

——民生保障水平不断提高。2018年，粤东地区全体常住居民人均可支配收入 21 754.2 元，增长 7.9%。其中，汕头、潮州、揭阳、汕尾市全体常住居民人均可支配收入分别为 24 428.0 元、20 895.1 元、20 042.3 元、21 001.1 元，分别增长 8.5%、7.5%、6.9%、8.7%。汕头市民生支出占地方一般公共预算支出的 76.0%，实现贫困人口预脱贫 2.2 万人，新增城镇就业 5.3 万人，城镇登记失业率 2.46%，在全省率先建立乡村小学全科教师培养制度。潮州市民生领域投入资金 145.8 亿元，占地方一般公共预算支出的 78.8%；新增城镇就业 1.5 万人，城镇登记失业率控制在 3.5% 以内；脱贫攻坚精准发力，有劳动能力的贫困户人均可支配收入达到 9 586 元，新增预脱贫 8 700 多人。揭阳市民生支出 253.3 亿元，占地方一般公共预算支出的 80.7%；新增城镇就业 3.2 万人，企业、居民养老金人均待遇标准分别提高 4.3%、23.3%，新增达到脱贫条件人口 2 万人。汕尾市市本级财政下拨 10.2 亿元支持基层建设，争取国家、省各项转移支付资金 155 亿元，获批政府债券 53 亿元；坚持"真扶贫、扶真贫、真脱贫"，实施产业扶贫项目 1.9 万个，实现 2.1 万贫困人口脱贫，基本完成贫困户危房改造。

表18　2018年广东省粤东四市主要经济指标

	地区生产总值		人均地区生产总值		第三产业增加值		地方一般公共预算收入	
	绝对数（亿元）	增长（%）	绝对数（元）	增长（%）	绝对数（亿元）	增长（%）	绝对数（亿元）	增长（%）
粤东	6 652.12	6.3	38 340	6.0	2 842.85	6.2	300.07	-1.4
汕头	2 512.05	6.9	44 672	6.3	1 125.41	5.0	131.52	-12.4
潮州	1 067.28	5.3	40 219	5.1	472.67	7.3	47.37	6.2
揭阳	2 152.47	5.3	35 358	5.4	865.06	7.1	79.34	9.0
汕尾	920.32	8.0	30 825	7.5	379.71	6.4	41.83	13.8

（二）汕头市

1. 概况。

2018 年，汕头市地区生产总值 2 512.05 亿元，增长 6.9%。人均地区生产总值 44 672 元，增长 6.3%。社会消费品零售总额 1 769.63 亿元，增长 8.8%。外贸进出口总额 84.28 亿美元，下降 4.3%。地方一般公共预算收入 131.52 亿元，下降 12.4%。全体常住居民人均可支配收入 24 428.0 元，增长 8.5%。金融机构本外币存款余额 3 579.40 亿元，增长 7.1%；金融机构本外币贷款余额 1 955.95 亿元，增长 26.1%。

2. 粤东西北振兴发展情况。

——打造沿海经济带创新极工作成效突出。2018 年，研究与试验发展经费投入 23.25 亿元，增长 20.4%。化学与精细化工省实验室挂牌，已与 9 个院士团队及境内外 22 家高校、科研院所建立合作关系。新增省级工程技术研究中心 48 家，光华科技国家企业技术中心获国家认定，汕头市机器人与智能制造研究院挂牌成立。全市新增国家级高新技术企业 198 家、总数达到 718 家，实现三年翻两番。全年新增专利授权 10 352 件，增长 35.8%，全市万人发明专利拥有量达到 4.3 件。创业创新纵深推进，汕头大学管轶团队获得国家科技进步奖特等奖，龙湖科创中心、潮创智谷、柏亚工业设计城、潮汕双创大街等创新创业载体加快建设。

——大力推进产业集聚发展。工业技改投资规模、增速分列全省第三、第二位，境内上市公司增至 32 家，"新三板"挂牌企业 62 家。上海电气风电集团海上智能制造项目落地建设，比亚迪二期 3D 玻璃项目部分投产，中海信（汕头）创新产业城一期项目基本建成，高技术制造业增加值增长 15.9%。生产性服务业增加值增长 11.7%，占服务业比重为 51.1%。产业平台加快发展，龙湖工业园、澄海岭海工业园和潮阳贵屿循环经济产业园被认定为省产业转移工业园。汕头保税物流中心封关运营，成为粤东地区唯一入中心即可退税的海关特殊监管场所。滨海旅游业蓬勃发展，全市接待过夜游客 2 164.43 万人次，增长 15.1%；实现旅游业总收入 534.47 亿元，增长 20.0%。

——交通基础设施互联互通水平有效提升。2018年，交通基础设施投资首次突破百亿大关。广澳港区西防波堤主体工程完工，10万吨级航道基本建成，二期工程两个10万吨级集装箱码头主体工程基本完成。广梅汕铁路增建二线及厦深联络线、汕头火车站综合枢纽首期工程建成运营，汕汕高铁开工建设。揭惠高速全线建成通车，汕湛高速、潮汕环线高速全面铺开建设。完成国省道改造110千米。汕头海湾隧道、牛田洋快速通道、中山路东延、凤东路等重大交通市政基础设施加快建设，海滨路东延一期工程动工建设，泰山北路建成通车。

——改革开放深入推进。42个单位985个事项进驻网上办事大厅，办理时限缩短50%以上。深入推进"一门式一网式"政府服务模式改革，形成"综合窗口＋专业窗口"服务模式，实现实体办事大厅"一站式服务"功能。新登记企业数增长16.8%。推进农信社改制农商行工作，南澳农商行挂牌开业。推进农村改革，基本完成农村土地确权颁证和澄海区农村集体产权制度改革试点工作。作为省提升跨境贸易便利化水平试点地区，率先开展18项口岸业务改革。国际贸易"单一窗口"上线应用功能达20项，实现口岸业务流程无纸化。推进中欧国际物流新通道发展，汕头—明斯克国际货运班列开通试运行。吸收外资大幅增长，全年实际利用外商直接投资金额6.47亿元。

——加强生态环境保护体系建设。全面落实中央环保督察组"回头看"整改要求，环保基础设施加快建设，持续开展练江流域生活垃圾堆放点、畜禽养殖污染、"散乱污"企业整治、干支流"五清"、环境违法打击五大专项行动。全面实行河长制、湖长制，积极开展百河千沟万渠大整治。牛田洋片区沿海滩涂建成11千米、面积23.5万平方米的全省最长红树林景观林带，南澳"蓝色海湾"整治项目成为生态修复典型范例。

——促进区域协同发展。开展大汕头湾区建设研究，提出构建大汕头湾区层面交通一体化网络、产业布局、基本公共服务项目安排、生态共建和区域机制等方面若干支撑和保障。加快推进汕潮揭临港空铁经济合作区建设。加强与广东沿海经济带城市合作、与海峡西岸经济区及港澳地区合作、与东南沿海腹地城市全面合作，积极构建经济合作发展新格局。

3. 汕潮揭同城化进展情况。

——推进同城化发展战略平台落地。积极牵头潮州、揭阳两市，充分征求三市有关部门意见，梳理重点建设任务，分解落实责任单位，研究形成《贯彻落实〈汕潮揭临港空铁经济合作区发展总体规划（2017—2030年）〉行动计划》（送审稿）。

——推动交通网络互联互通。广梅汕铁路龙湖南至汕头段增建二线及厦深联络线项目全线建成通车；《海峡西岸城市群粤东地区城际铁路网规划》已获得国家发展改革委批复，汕汕铁路开工建设；广东、福建二省已达成共识，共同推进汕漳铁路前期工作。揭惠高速建成通车，实现汕潮揭境内4条高速公路（沈海、汕昆、宁莞、揭惠）互联互通；全力推进潮汕环线高速公路建设，着力打造汕潮揭1小时交通圈。加快分别连接潮州、揭阳市的新国道暨228线凤东路和汕南大道建设，推进潮汕大桥、汕揭大桥项目前期工作开展。

——促进公共服务同城共建共享。卫生医疗合作不断拓展，实现汕潮揭三市医保定点医院异地就医即时结算，建立三市医疗事故、医疗损害的异地专家鉴定及医患纠纷异地专家协调制度，建立三市大医院和基层医疗机构对口支援长效机制。合作推进人力资源开发培养，组建汕潮揭人力资源市场。文化体育教育交流密切，汕潮揭三市广播电视互相落地播出，启动汕头文化艺术学校与韩山师范学院对接试点职业院校中高职衔接工作，推动韩山师范学院与三市共建教师专业发展学校，联合举办潮汕冠军杯足球赛、潮汕骑行节等体育活动。共建"平安潮汕"，三地警方加强日常警情动态及敏感案件信息情况交流，开展跨市追捕、调查取证和追逃追赃等方面的刑事案件协查、协作。

——加强生态环境保护合作。积极推进韩江榕江练江水系连通工程，与揭阳市联合开展练江流域"引水济练江"专题研究工作，加大韩江流域保护力度，与潮州市联合开展韩江饮用水源突发环境污染事件应急演练。

——加强科技领域交流合作。汕潮揭三市积极共建化学与精细化工广东省实验室。实验室建设期前三年将投入30亿元，采用"主体＋分中心"模式，汕头市承建主体实验室，在潮州、揭阳市设分中心，拟引进形成研究团队30个以上，推动广东省实验室创新资源共享共用，推动基础研究、应用研究和产业化相互融通，带动粤东地区相关产业跨越式发展。

4. 县域经济发展情况。

2018 年，南澳县地区生产总值 24.66 亿元，增长 5.0%。其中，第一产业增加值 8.81 亿元，增长 4.0%；第二产业增加值 6.54 亿元，增长 5.1%；第三产业增加值 9.31 亿元，增长 5.7%。三次产业结构为 35.7∶26.5∶37.8。全县人均地区生产总值 39 487 元，增长 4.7%。地方一般公共预算收入 2.62亿元，增长 13.2%。外贸进出口总额 9 904.00 万元，增长 22.1%。

（三）潮州市

1. 概况。

2018 年，潮州市地区生产总值 1 067.28 亿元，增长 5.3%。人均地区生产总值 40 219 元，增长 5.1%。社会消费品零售总额 588.03 亿元，增长 8.8%。规模以上工业增加值 311.49 亿元，增长 3.7%。地方一般公共预算收入 47.37 亿元，增长 6.2%。全市金融机构本外币存款、贷款余额分别为 1 369.72亿元、417.44 亿元，分别增长 8.1%、4.4%。接待过夜游客达 2 007.23 万人次，实现旅游业总收入 306.35 亿元，分别增长 30.8%、30.5%。

2. 粤东西北振兴发展情况。

——重点领域改革纵深推进。"放管服"改革成效明显，"绿色通道"列入事项 157 项，提速率达 50.1%，开办企业、不动产交易登记办结时间分别压缩至 4.5、5 个工作日以内，工程建设项目审批时间压缩一半以上，整体通关时间压缩 1/3。农信社改制顺利推进，成功压降不良贷款 15.4 亿元，网点资产确权发证 197 宗。融资服务力度加大，依托中小微企业贷款风险补偿基金、转贷风险补偿基金等平台，累计引导促成 1 682 家企业融资近 120 亿元。国税地税征管体制改革稳妥推进，市县镇三级税务机构完成合并挂牌。执法机制改革加紧推进，"一单两库一细则""双随机一公开"监管模式实现全覆盖，清理无照经营并核发营业执照 1.6 万多户。"信用潮州"系统完成数据归集超过 91 万条，实现全市信用系统区域全覆盖和全省信用数据"一网通查"。

——产业结构有效优化。三次产业结构为 7.1∶48.6∶44.3。先进制造业增加值占规模以上工业比重增至 20.0%。凤泉湖高新区、樟溪低碳工业园等产业园区建设竞相推进，年度累计投资达 7.2 亿元。"一园六区"新引进项目 32 个，超亿元项目 17 个，益海嘉里等一批百亿级项目落地建设，雅士利、恒洁等一批本土企业回归。饶平县现代农业（茶叶）产业园列入 2018 年省级首批建设名单，全市农业合作社达 935 家。电子商务发展迅猛，饶平县获评全国"电商示范百佳县"。"全域旅游示范区"创建工作全面推进，潮安区被授予"中国十佳特色文化旅游名区"，凤凰茶旅小镇和太安堂医养小镇入选省级特色小镇创建名单。全市接待海内外游客 2 007.23 万人次，实现旅游业总收入 306.35 亿元，分别增长 30.8%、30.5%。

——对外开放全面拓展。一是构建"带区"联动、山海协作的格局。主动与梅州协作推进大埔至潮州港疏港铁路作为瑞梅铁路延伸线建设，以铁路"绿色交通"串联沿海经济带东翼与粤北、赣南生态发展区。二是深化泛珠三角区域合作。加强与中山市的对口帮扶合作，推进产业项目、人才驿站和创新平台建设。深化与大湾区的产业对接合作和经贸交流，中山（潮州）产业转移工业园"一园六区"产业共建扎实推进，2018 年新引进项目 32 个，超亿元项目 17 个。三是深入参与"一带一路"建设。出台《潮州市进一步扩大对外开放积极利用外资若干措施》，新增外资项目 67 个，累计实际利用外资 3.27 亿元，增长 43.7%。

——交通设施建设加速推进。全年完成交通建设投资 44.60 亿元，梅汕客专、护堤路枫溪段等项目征拆工作全面完成，广梅汕增建二线潮州段及厦深联络线顺利通车，潮汕站站改扩容工程全面推进，大埔至潮州港疏港铁路完成预可研报告并通过专家评审。高速公路建设施工里程达 74.7 千米，大潮高速、潮汕环线高速分别完成工程量的 46.8%、48.5%，宁莞高速潮州东联络线前期工作顺利推进。潮州港扩建货运码头项目即将完工，公用航道一期工程顺利推进，金狮湾港区规划获省批准。

——自主创新成果丰硕。全面推进科技创新"十大工程"。全国唯一的国家级餐具炊具知识产权快速维权中心开通运营，外观设计专利审查、授权时间缩短 80% 以上。先进陶瓷材料创新研究中心建成投用，化学与精细化工广东省实验室潮州分中心启动建设。高新技术企业突破 100 家，增长 43.0%。

新型研发机构增长一倍，新增省级工程中心6家、省级企业技术中心3家。每万人发明专利拥有量居粤东西北各市第二位。三环公司获省科学技术奖一等奖。

——民生事业全面发力。全市民生领域投入资金145.80亿元，占地方一般公共预算支出的78.8%。新增城镇就业1.5万人，城镇登记失业率控制在3.5%以内。教育现代化先进市创建步伐加快，已投入资金16.70亿元，组建联盟化办学共同体，成立韩山师范学院实验学校教育集团。实施公立医院综合改革，多形式医联体建设成效明显。大力繁荣文化事业，村级综合文化服务中心实现全覆盖，成功举办省民歌民乐大赛和首届潮州市骑行节等文体活动。新增国家级非遗传承人6名、省级非遗项目4个，被授予全国唯一的"中国民间工艺传承之都"。对涵碧楼、茂芝会议旧址等9个红色革命遗址和红色纪念场馆进行修复保护利用，建成一批红色文化讲习所。

3. 推进汕潮揭同城化发展情况。

加快交通基础设施建设，召开潮汕环线高速公路建设工作推进会，要求沿线各镇、有关部门和项目业主单位要认真履行职责，敢于担当抓落实，攻坚克难破难题，着力强化项目要素保障，聚力加快项目建设，确保项目按期完工。汕潮揭人力资源网平台正式上线，该平台将从实体市场和网络市场两方面实现汕潮揭三市人力资源服务同城化，进一步促进粤东地区有限的人力资源合理流动和优化配置。强化大气污染防治联防联控和预警应对工作，加强同周边城市的沟通和协调，配合汕头市不断完善汕潮揭三市区域大气污染联防联控工作方案。积极实施汕潮揭临港空铁经济合作区发展规划，促进重大发展平台体制机制创新，推动高铁新城加快融入汕潮揭一体化发展。

4. 县域经济发展情况。

2018年，饶平县地区生产总值266.13亿元，增长6.2%。其中，第一产业增加值49.09亿元，增长6.1%；第二产业增加值104.81亿元，增长6.6%；第三产业增加值112.23亿元，增长6.0%。三次产业结构为18.4：39.4：42.2。人均地区生产总值30 401元，增长6.0%。规模以上工业增加值69.61亿元，增长6.8%。外贸进出口总额5.44亿美元，下降6.0%。地方一般公共预算收入8.15亿元，增长6.1%。

5. 潮州新区建设情况。

——大力推进基础设施建设，着力改善新城发展环境。加快推进新城区域内公共基础设施建设，潮州大桥、如意大桥正式建成通车。潮州东大道计划将于2019年春节前建成通车。潮州市中心医院易地新建项目（首期）、一江两岸文化生态提升工程、韩江新城防洪综合整治工程、凤城生态水乡水利整治、省级新农村连片示范等项目正全面推进。积极做好"绿化、亮化、硬化、净化"四化工程，着力改善优化新城发展环境。

——健全协调联动新机制，稳步推进重点项目建设。2018年，韩江新城21个重点项目现已动工10个，正在进行前期准备工作的项目11个，预计总投资额392.33亿元，已累计完成投资约143.98亿元。

——完善优化投融资体系，促进新城开发建设持续发展。积极理顺新区投融资平台公司管理体制，潮州新区管委会正式接管潮州市韩东新区建设投资开发有限公司，健全韩江新城"领导小组＋管委会＋开发管理公司"的管理架构，有效提升韩江新城开发建设资本运作和融资能力。同时，研究制定《潮州新区政府投资项目融资资金使用管理暂行办法》，以制度规范新区项目融资资金使用管理。

6. 闽粤经济合作区规划建设情况。

2018年，闽粤经济合作区实现规模以上工业总产值84.66亿元，规模以上工业增加值34.43亿元，外贸进出口总额30.73亿元，税收4.37亿元。

——扎实推进项目建设，加快产业集聚发展。以"百日攻坚"活动为载体，实行"一个项目、一名领导、一套人马、一抓到底"服务专班制度，全力保障益海嘉里粮油加工生产基地等5个重点项目落地建设。益海嘉里粮油加工生产项目正式开工建设；华瀛液化天然气接收站项目已完成规划选址、用地预审、用海预审、社会稳定风险评估和用地清拆等工作；粤东名贵木材集散基地项目已完成部分用地回填平整、地质勘测、修建性详细规划和施工图设计，正在进行桩基础施工。潮州港扩建货运码头工程项目正在进行公用航道疏浚和港区外疏道路建设。

——补齐配套短板，优化园区发展环境。着力完善园区各项规划，狠抓园区的交通、管网等配套设施建设，落实环保整治要求，启动生态修复工作。

进港公路延长线南堤至金狮湾浴场道路工程已完成立项，广东滨海旅游公路、进港公路连接石化园区道路工程已形成初步设计方案，临港产业园 LNG 接收站项目连接省天然气管网工程已完成管道报批路线图，大埔至潮州港疏港铁路的预可行性研究报告已评审通过。临港污水处理工程完成全部主体工程建设。文胜围湿地公园已完成初步实施方案，西澳岛黄嘴白鹭保护区调整已获省环保厅批复同意。

——抓实招商工作，增强园区发展后劲。以益海嘉里粮油加工生产基地为依托，开展产业链精准招商，加快临港食品加工、能源等产业大项目布局发展，定向引进正大康地、东凌控股等粮油、饲料关联项目，加快推动粮油生产、储存、销售等产业一体化融合发展，致力打造食品产业集群。依托临港园区石化基地和 LPG 码头，引进华瀛、华丰中天等大型天然气项目，规划建设粤东 LNG 储配站和 LNG 接收站，培育新能源产业集群。

（四）揭阳市

1. 概况。

2018 年，揭阳市地区生产总值 2 152.47 亿元，增长 5.3%。人均地区生产总值 35 358 元，增长 5.4%。三次产业结构为 7.6∶52.2∶40.2。规模以上工业增加值 587.58 亿元，增长 4.3%。社会消费品零售总额 1 118.42 亿元，增长 9.0%。外贸进出口总额 51.97 亿美元，下降 17.1%。地方一般公共预算收入 79.34 亿元，增长 9.0%。全体常住居民人均可支配收入 20 042.3 元，增长 6.9%，其中，农村居民人均可支配收入 14 421.7 元，增长 9.2%。

2. 粤东西北振兴发展情况。

——加快推进产业转型升级。加快产业平台建设，依托大南海石化工业区、惠来临港产业园、粤东新城三大板块，全力加快推进揭阳滨海新区建设。推动制造业和服务业同步发展，中石油炼化一体化项目和大南海石化工业区全面启动，组织实施 627 个工业技术改造项目，新增省级质检站 2 家、省级工程技术研究中心 8 家。优化布局高新区"一区四园"，启动建设化学与精细化工广东省实验室揭阳分中心，培育新增高新技术企业 30 家。营利性服务业增长66.7%，第三产业对经济增长贡献率达到62.0%。深化产业合作，举办第四届中德（欧）中小企业合作交流会、第十七届中国（揭阳）玉文化节，务实推进与大兴安岭地区对口合作。推动滨海旅游资源开发建设，发展海洋娱乐，打造海洋运动旅游枢纽，积极发掘大南山革命根据地红色文化资源。

——基础设施建设不断完善。加快潮汕机场跑道延长及站坪扩建工程建设，完成机场航站区二期扩建及综合交通换乘中心建设项目可研编制。中石油产品码头和原油码头工程进展顺利，前詹海上风电专用码头全面复工，大南海公共码头航道工程达到开工条件，神泉示范性渔港工程建设项目不断完善。梅汕客专揭阳段及站场工程加快建设，新建汕汕高铁揭阳段先行开工。揭惠高速建成通车，潮汕环线、汕湛高速、兴汕高速建设有序推进。实施新一轮信息基础设施建设三年行动计划，全市新增光缆里程2 800皮长公里，新增光纤接入户18.7万户，光纤入户率提升至92.0%。开工建设粤东LNG配套管线、西气东输三线闽粤支干线等管道工程，推进气化揭阳新能源工程。

——各项改革深入推进。制订实施揭阳滨海新区创建新时代改革创新先行区等一批改革行动方案。开展财政预算体制改革，探索建立以支出项目和支出科目统筹所有财政资金的分地区、分行业、保重点的财政工作体系。加强政府投资项目管理，严格落实基本建设程序，开展建设项目审批制度改革，稳步推进代建制。深化"放管服"改革，取消行政审批事项30项，清理规范各类行政职权中介服务事项118项，推进政务数据系统对接、数据共享和服务事项"智能办""指尖办"。

——生态文明建设有序开展。集中力量整治练江流域污染，成立练江母亲河保护基金；组织实施榕江水环境改善和东湖、龙石国考断面达标攻坚措施，排查整治重点支流（河涌）68条；坚持"五河毓秀、枫江先行"，加大力度拆违整治和解决枫江流域水环境问题。强化大气污染防治，重点加强工业源、移动源污染防治，空气质量6项指标全面达标。强化生态环境保护考核，压实河长制。全市查处环保违法案件293宗，取缔非法排污企业128家，清理禁养区禽畜养殖场（户）1.28万家，封堵非法排口120个。

——民生实事全面推进。全市财政民生类支出253.30亿元，增长9.9%，占地方一般公共预算支出的80.7%。支持创业带动就业，全年城镇新增就业

3.2 万人。社会保险五大险种新增扩面 28.23 万人次，企业、居民养老金人均待遇标准分别提高 4.3%、23.3%。落实医保支付方式改革，全面取消公立医院耗材加成。社会事业全面发展，积极推进与武汉理工大学合作办学，支持揭阳职业技术学院改革发展，新（改、扩）建中小学校 509 所、普惠性幼儿园 115 所；新建 300 个基层综合性文化服务中心示范点、20 个乡镇（街道）文体广场；新增省级非物质文化遗产 7 项，"三山国王"祖庙成为省海峡两岸交流基地。

3. 推进汕潮揭同城化情况。

——交通网络互联互通加快推进。大力推进轨道交通建设，重点加快汕汕高铁、梅汕高铁、广梅汕铁路改线规划建设。大力推进高速公路建设，加快汕湛高速、潮汕环线和兴汕高速等建设，揭惠高速公路已全线建成通车。大力推进潮汕机场扩建项目建设，加快国省道干线公路改建工程建设。

——合作平台搭建不断完善。加快实施《汕潮揭临港空铁经济合作区发展总体规划》，全力推动海港、空港及高铁联动发展，合力打造汕潮揭临港空铁经济合作区。推进区域海洋资源整合，加快推进揭阳新区和揭阳滨海新区规划建设，加快推进大南海石化工业区等重大平台建设，构建各具特色的汕潮揭滨海发展布局。

——基本公共服务一体化不断完善。依托汕潮揭统一的人力资源平台，加强人力资源开发和培养合作，实现人力资源交流服务网络化。推进交通运输服务管理同城化，提高跨市公交的运输服务能力。推动平安潮汕建设，建立重大警情通报制度，健全应急管理和维稳协作机制，加大打击跨区域违法犯罪活动。推进汕潮揭三市教育资源共享，继续开展粤东基础教育研究、粤东基础教育改革论坛等活动。推动汕潮揭三市医疗机构开展合作，推进资源共享。

——合作机制进一步巩固。完善汕潮揭同城化工作机制，加大关键环节协调力度，推动引韩供水工程、粤东 LNG 配套外输管线等重要线状基础设施建设。加强知识产权保护，积极开展形式多样的联合执法活动。深化区域产学研合作，加强科技创新交流合作。加强金融信息互通，鼓励引进发展服务汕潮揭三市的金融机构，鼓励符合条件的地方金融法人机构互相设立分支机构。推动医疗卫生资源共享，完善互联互通的居民健康信息平台，实现汕潮揭三市居民健康信息共享。

4. 县域经济发展情况。

揭阳市县域包括普宁市、揭西县、惠来县，总面积 4 209 平方千米，占全市的 80.3%。2018 年，全市县域地区生产总值 1 241.45 亿元，占全市的 57.7%。

表 19　2018 年揭阳市县域经济发展状况

地区	地区生产总值 （亿元）	社会消费品零售总额 （亿元）	地方一般公共预算收入 （亿元）	三次产业结构
普宁市	706.13	378.72	23.65	4.6：63.1：32.3
揭西县	251.53	142.15	5.26	13.9：53.4：32.7
惠来县	283.78	133.64	4.82	17.0：57.4：25.6

——普宁市。2018 年，普宁市地区生产总值 706.13 亿元，增长 5.1%。三次产业结构为 4.6：63.1：32.3。人均地区生产总值 33 344 元，增长 5.1%。规模以上工业增加值 149.39 亿元，增长 5.2%。地方一般公共预算收入 23.65 亿元，增长 11.4%。全年接待游客 1 187.34 万人次，增长 18.8%；实现旅游业总收入 72.62 亿元，增长 18.6%。电子商务快速发展，电子商务交易额共 463 亿元，增长 9.8%。

——揭西县。2018 年，揭西县地区生产总值 251.53 亿元，增长 3.7%。三次产业结构为 13.9：53.4：32.7。人均地区生产总值 29 337 元，增长 3.8%。规模以上工业增加值 37.44 亿元，增长 0.8%。地方一般公共预算收入 5.26 亿元，增长 14.3%。全体常住居民人均可支配收入 14 252.8 元，增长 7.5%。全年接待游客 1 193.90 万人次，增长 11.7%；实现旅游业总收入 67.68 亿元，增长 12.5%。

——惠来县。2018 年，惠来县地区生产总值 283.78 亿元，增长 2.5%。三次产业结构为 17.0：57.4：25.6。规模以上工业增加值 49.82 亿元，增长 0.6%。外贸进出口总额 11.17 亿元，增长 10.2%。地方一般公共预算收入 4.82 亿元，下降 6.0%。金融机构本外币各项存款余额 217.97 亿元，增长

8.2%。全年接待游客 575.60 万人次，实现旅游业总收入 13.80 亿元，分别增长 17.0%、15.0%。

5. 揭阳新区规划建设情况。

揭阳新区规划总面积 595 平方千米，核心区是榕江新城，面积 44.2 平方千米，起步区位于核心区范围内，面积约 19 平方千米，榕江新城开发建设全面加快，新城聚集效应不断凸显。

——交通基础设施建设强劲发力。环岛路一期续建道路工程及绿化景观工程、发展大道南段、新城大道、建设大道等 8 条在建道路加速推进。环岛路工程重新启动建设，其中一期续建道路工程已建成，二期新建道路绿化景观工程已启动建设。望江北路提升改造工程、吉祥路中段、崇学路、进贤门大道延伸线等道路工程正有序推进前期工作，"一环两纵四横"骨干路网已逐渐成形。

——宜居项目建设加快集聚。世界 500 强企业碧桂园、华润置地、恒大、保利集聚新城，恒大绿洲、恒大翡翠华庭、恒大中央公园、南方（揭阳）潮汕文化创意产业园、保利锦绣家园、保利西海岸、碧桂园江山帝景等 9 个大型宜居项目全面加快建设，榕江新城宜居宜业指数不断提升。

——公共配套设施日臻完善。揭阳潮汕妇女儿童医院、揭阳粤东肿瘤医院、空港一中二期工程、炮台镇中心卫生院医技综合大楼建设项目、渔湖镇中心卫生院新住院楼建设工程等公共配套项目建设不断推进，绿源、揭阳市公交集团新能源汽车站建成运营。

6. 揭阳滨海新区规划建设情况。

揭阳滨海新区包括揭阳大南海石化工业区和惠来县惠城、隆江、东陇、华湖、神泉、前詹 6 个镇，规划总面积 369 平方千米，其中粤东新城面积 51.30 平方千米，起步区按照港口、产业园区、中心城区有机融合要求，分为新城起步区、产业起步区，总面积 19.70 平方千米。

——推进粤东新城规划建设。省政府与招商局集团、市政府与招商蛇口分别签订合作框架协议，省政府常务会议审议通过《关于支持揭阳滨海新区粤东新城加快开发建设的若干意见》，粤东新城起步区首期土地调规基本完成。汕汕高铁启动建设。粤东 LNG 管线全面铺开，惠来段已完成近 10 千米。

——全力推动重点项目建设。推动中国石油广东石化炼化一体化项目重启建设。中石油大南海炼化一体化项目全面启动建设，同步引进吉林石化ABS 60 万吨/年、昆仑能源 LNG 350 万吨/年等配套项目，总投资超过 800 亿元。加快揭阳海上风电项目建设，惠来海上风电项目取得历史性突破，全年核准海上风电项目 10 个，总装机 640 万千瓦。其中，国家电投揭阳 90 万千瓦海上风电项目及配套码头正式开工建设，中广核近海深水区 280 万千瓦海上风电项目完成公司注册登记，明阳海上风电运维基地项目即将动工，GE（中国通用）海上风电机组项目抓紧推进。

（五）汕尾市

1. 概况。

2018 年，汕尾市地区生产总值 920.32 亿元，增长 8.0%。其中，第一产业增加值 134.03 亿元，增长 5.1%；第二产业增加值 406.58 亿元，增长 10.3%；第三产业增加值 379.71 亿元，增长 6.4%。三次产业结构为 14.5：44.2：41.3。人均地区生产总值 30 825 元，增长 7.5%。规模以上工业增加值 219.56 亿元，增长 11.8%。社会消费品零售总额 609.36 亿元，增长 9.7%。外贸进出口总额 26.89 亿美元，下降 8.3%。地方一般公共预算收入 41.83 亿元，增长 13.8%。

2. 粤东西北振兴发展情况。

——产业结构不断优化。发展临海高端制造产业，规划建设汕尾（陆丰）临港工业园以及海洋工程及装备制造产业基地。发展沿海战略性新兴产业，主动对接大湾区优势企业，接受以深圳为主的大湾区城市产业外溢辐射带动。发展沿海现代能源产业，有序推进核电、煤电、海上风电等骨干电源建设，打造汕尾骨干电力基地。优化现代农业布局，启动省级现代农业产业园创建工作。改造提升传统渔业产业，推进渔业龙头企业向精深加工外销转型升级，加快打造"互联网＋水产品加工"流通经营模式；推进捷胜现代渔港项目基础设施建设，开工建设陆丰市碣石二级渔港升级改造项目。积极打造美丽特色小镇，红海湾滨海运动小镇、海丰红城文旅小镇分别列入省第一批、第二批特色小镇创建名单。

——交通基础设施建设加快推进。广州至汕尾铁路、汕尾至汕头铁路等项目建设进展顺利，龙汕铁路项目及汕尾疏港铁路建设工作加快推进，湖东作业区港口疏港铁路已委托中铁四院开展项目前期研究论证工作。兴宁至汕尾高速公路海丰至红海湾段、兴宁至汕尾高速公路五华至陆河段、沈海高速公路深圳至汕尾段改扩建工程加快推进，广东滨海旅游公路汕尾段项目已完成工可编制。启动汕尾民用运输机场建设前期工作。红海湾东洲港航道疏浚、防波堤修复已开展前期工作，小漠国际物流港、陆丰（粤东）核电厂重件码头项目建设加快推进，陆丰甲湖湾电厂10万吨级配套码头工程建成试运行。

——产业合作共建继续深入推进。谋划布局省级产业共建集中集聚区，打造承接珠三角辐射东翼的战略支点和战略平台。深化深汕合作机制，积极承接深圳产业转移，重点发展电子信息、高端装备和海洋新兴产业，培育发展大数据、云计算等信息服务业，全力打造承接珠江东岸产业转移的核心区。积极融入粤闽海洋经济合作圈，主动对接珠三角地区，全面参与海峡西岸城市群发展建设，重点推进与闽在海洋装备制造、海洋生物医药、现代海洋渔业、滨海旅游等领域的合作。

——创新驱动战略大力推进。增强海洋科技创新驱动力，加快汕尾海洋渔业科技产业园建设，规划建设汕尾（马宫）渔港经济区。大力推进创新平台建设，加快推进汕尾高新区创建国家级高新区，现有孵化企业14家、科技企业孵化器4个、众创空间4个，孵化总面积约4.5万平方米；现有省工程技术研究中心13家、市级研究开发中心87家；现有新型研发机构10家，其中省级新型研发机构4家；新增认定高新技术企业14家，增长66.7%。高新技术产业产值370亿元，全年共有36家企业成功入库国家科技型中小企业库。

——生态文明建设扎实推进。率先在全省完成地级饮用水水源地环境问题"清零"，大湖鸟类自然保护区内14家高位养殖场全部拆除，基本完成奎山湖、奎山河黑臭水体整治。全面落实河长制、湖长制，清理河道1394千米。陆丰东南生活垃圾焚烧发电厂建成运营，新建污水管网162千米。强化陆海生态系统保护，严格把关不符合区域规划的用海项目，积极开展海洋倾废污染、海洋工程和海岸工程环境监管工作。加强自然保护区监管，推进生物多样性保护工作，推进陆河花鳗鲡保护区洄游通道建设，连续两年开展"绿盾"专项行动。

——民生社会事业取得新进步。市本级财政下拨 10.20 亿元支持基层建设，争取国家、省各项转移支付资金 155 亿元，获批政府债券 53 亿元。《海陆丰革命老区振兴发展规划》政策红利初显，仅省"三个全额负担"和县级财力补助减轻负担 10.72 亿元。五大险种累计参保人次达 549.5 万人。深圳帮扶的城区田家炳中学、盐町头小学、华侨中学 3 所学校和陆河东坑等 6 家乡镇卫生院投入使用，市级教师技能实训中心、市健康医疗数据中心动工建设，新增名校长、名教师、名班主任工作室 25 个，组建城区医疗集团、市人民医院医疗集团等医联体。举办广东（汕尾）红色文化旅游主题系列活动，汕尾渔歌、西秦戏晋京展演，白字戏《公烛》获省群众戏剧曲艺花会金奖。

3. 融入"深莞惠＋汕尾、河源"经济圈情况。

一是完善机制共建。建立"深莞惠＋汕尾、河源"食品安全综合协调和监管合作机制、交通部门联席会议机制以及五市旅游联合宣传推介长效机制，共同组建经济圈一体化融合发展智库。二是推进交通运输基础设施建设。加快推进河惠汕高速公路、龙汕铁路、高潭潮惠高速连接线工程建设，深汕高速改扩建工程已顺利开工，推动深圳至深汕特别合作区高速公路前期工作开展，继续推进紫金至汕尾（途经龙窝、苏区）高速公路的规划建设。三是促进民生事业合作。进一步深化与深圳水务集团的合作，加强卫生医疗合作，推动深圳市基础教育教学资源库共享。

4. 县域经济发展情况。

2018 年，全市县域地区生产总值 650.86 亿元，占全市的 70.7%。农业总产值为 172.93 亿元，占全市的 78.7%。社会消费品零售总额为 477.15 亿元，占全市的 78.3%。地方一般公共预算收入 19.42 亿元，占全市的 46.4%。

表20 2018 年汕尾市县域经济发展状况

地区	地区生产总值（亿元）	社会消费品零售总额（亿元）	地方一般公共预算收入（亿元）	三次产业结构
海丰县	273.59	222.68	8.56	12.0 : 39.4 : 48.6
陆丰市	297.03	213.85	7.43	20.1 : 42.9 : 37.0
陆河县	80.24	40.62	3.44	13.8 : 38.6 : 47.6

——海丰县。2018 年，海丰县地区生产总值 273.59 亿元，增长 8.2%。人均地区生产总值 36 207 元，增长 7.8%。规模以上工业增加值 65.40 亿元，增长 11.0%。农业总产值 55.43 亿元，增长 5.8%。地方一般公共预算收入 8.56 亿元，增长 11.4%。全体常住居民人均可支配收入 23 870.0 元，增长 8.4%。

——陆丰市。2018 年，陆丰市地区生产总值 297.03 亿元，增长 8.0%。人均地区生产总值 21 096 元，增长 7.6%。规模以上工业增加值 53.10 亿元，增长 7.8%。农业总产值 98.51 亿元，增长 5.5%。地方一般公共预算收入 7.43 亿元，增长 10.2%。全年接待游客 523.00 万人次，增长 10.6%；实现旅游业总收入 28.39 亿元，增长 28.5%。

——陆河县。2018 年，陆河县地区生产总值 80.24 亿元，增长 18.0%。人均地区生产总值 27 473 元，增长 17.4%。规模以上工业增加值 25.19 亿元，增长 115.5%。农业总产值 18.99 亿元，增长 4.9%。地方一般公共预算收入 3.44 亿元，增长 15.6%。全体常住居民人均可支配收入 16 536.0 元，增长 10.0%。

5. 汕尾新区规划建设情况。

2018 年，汕尾新区常住人口 51.20 万。全年地区生产总值 233.30 亿元，下降 1.7%。规模以上工业增加值 75.83 亿元，下降 26.8%。地方一般公共预算收入 19.32 亿元，增长 14.8%。汕尾新区起步区（包含核心区）范围共 13 平方千米，分别为红草产业园区 4 平方千米、中央商务区（汕尾火车站片区）6 平方千米、金町湾滨海旅游区 3 平方千米。

——红草园区建设快速推进。红草园区累计投入开发资金 26.78 亿元，开发面积已达 7 000 亩，完成道路建设 9.07 千米，具备通水、电、气、路等"七通一平"条件，形成"两横两纵"路网。园区先后引进比亚迪、信利国际、国信通科技、香雪制药等 51 个产业项目，总投资额超过 400 亿元。全年固定资产投资完成年度任务的 269.0%。新试产投产工业项目 8 个，新落地工业项目 13 个。园区已初步形成电子信息、新能源新材料、生物医药三大产业集群，成为汕尾市经济发展新引擎。

——中央商务区建设进展顺利。2018 年，中央商务区在建项目有汕尾城乡金融中心大厦项目、汕尾火车站站前广场及周边配套道路等市政公用工程、汕尾市区站前路市政工程等。城乡金融中心大厦 1#楼、2#楼、3#楼已竣工，汕尾火车站站前广场周边道路包括站前横路、站前路首期、纵一路、纵三路、广场东路、广场西路、应急通道等共 3 140 米沥青路面全部完成。

——金町湾滨海旅游度假区初具规模。度假区总投资 200 亿元，总占地面积 4 500 亩，建筑规模近 150 万平方米。截至 2018 年年底，金町湾滨海旅游度假区已建设完成希尔顿逸林酒店，开放商业运营区、沙滩娱乐区、水上活动区。2018 年接待游客量 40 万人次，2020 年规划接待游客量 80 万人次。金町湾滨海旅游度假区正积极申报 4A 级景区，不断完善各项配套设施。

三、粤西地区

（一）发展概述

2018 年，粤西地区生产总值 7 450.88 亿元，增长 5.4%。其中，第一产业增加值 1 248.22 亿元，增长 4.4%；第二产业增加值 2 729.16 亿元，增长 3.8%；第三产业增加值 3 473.51 亿元，增长 7.3%。人均地区生产总值 46 203 元，增长 4.5%。社会消费品零售总额 3 987.68 亿元，增长 9.4%。外贸进出口总额 100.97 亿美元，增长 9.5%。地方一般公共预算收入 320.59 亿元，下降1.6%。

——产业发展水平持续提升。2018年，粤西地区三次产业结构为16.8：36.6：46.6。粤西地区规模以上工业增加值1 697.36亿元，增长2.6%，占全省规模以上工业增加值的5.2%。湛江、茂名、阳江市规模以上工业增加值分别为769.97亿元、708.10亿元、219.29亿元，增速分别为5.0%、2.3%、3.2%。湛江市实施工业企业技术改造三年行动计划，新增规模以上工业企业120家；产业园区完成规模以上工业总产值1 989亿元、增加值568亿元，分别增长12.0%、13.0%；承接珠三角转移项目18个，新落地项目34个，完成投资25.3亿。茂名市产业发展加快突破，新引进超千万元项目450个，旅游业总收入增长29.7%，农产品加工总产值突破1 000亿元；6个省级园区投产项目24个，承接珠三角梯度转移项目30个，实现规模以上工业增加值114.00亿元，增长10.9%。阳江市合金材料产业集群初具规模，66家紧固件企业抱团进驻；风电产业生态体系逐步形成，粤水电等3个项目竣工投产；绿色食品产业加速集聚，美味鲜等5个项目建成投产。

——交通基础设施日益完善。湛江市完成交通建设投资166.6亿元，增长61.0%，湛江市国际机场航站楼动工建设，茂湛高速改扩建工程开工，玉湛高速、东雷高速、汕湛高速吴川支线加快建设，东海岛港区杂货码头、中科炼化项目配套码头、徐闻港区南山客货滚装码头主体工程加快建设。茂名市完成交通建设投资71.6亿元，云茂高速茂名段全面建设，沈海高速茂名段扩建工程动工建设，茂名—高州—信宜城际列车开通运营，南排大道、中德大道等项目建成通车，茂化快线东延线加快建设。阳江市完成交通建设投资83.0亿元，江湛铁路、汕湛高速阳春段顺利建成通车，广东滨海旅游公路阳江段、沈海高速阳茂扩建工程、阳江港10万吨级进港航道改造等4个项目动工建设。

——重点项目建设稳步推进。2018年，粤西地区固定资产投资增长7.4%。湛江、茂名、阳江市固定资产投资分别增长12.8%、1.8%、4.3%。粤西地区安排省重点项目年度计划投资631亿元，全年完成投资745亿元，为年度计划投资的118.1%。开工建设玉林至茂名一级公路茂名段改建工程、湛江钢铁冷轧超高强钢制造技术与装备开发工程等20个项目，建成投产阳江高新区明阳智慧风机叶片项目等18个项目。

——民生事业取得新成效。2018年，粤西地区全体常住居民人均可支配收入21 691.0元，增长8.4%。其中，湛江、茂名、阳江市全体常住居民人均可支配收入分别为21 426.9元、21 349.9元、23 281.8元，分别增长9.1%、7.4%、8.6%。湛江市民生支出占地方一般公共预算支出比重达82.6%，新增城镇就业7.9万人，失业人员再就业3.6万人，城镇登记失业率2.4%；教育支出98.2亿元，新增学前教育学位2.26万个；城乡居民基础养老金每人每年增加336元，每千名老人拥有养老床位34.8张。茂名市新增城镇就业6.5万人；全年教育投入123.63亿元，增长6.4%；新增社会办医疗机构57家、床位358张。阳江市民生支出占地方一般公共预算支出比重为74.5%，城镇新增就业3.68万人，城镇登记失业率控制在2.41%；10所义务教育学校启动建设，资助学生7.8万人，发放补助资金6 567.6万元。

表21　2018年广东省粤西三市主要经济指标

	地区生产总值		人均地区生产总值		第三产业增加值		地方一般公共预算收入	
	绝对数（亿元）	增长（%）	绝对数（元）	增长（%）	绝对数（亿元）	增长（%）	绝对数（亿元）	增长（%）
粤西	7 450.88	5.4	46 203	4.5	3 473.51	7.3	320.59	-1.6
湛江	3 008.39	6.0	41 107	5.6	1 388.16	7.2	121.84	-9.7
茂名	3 092.18	5.5	49 406	3.9	1 418.22	8.0	136.14	4.6
阳江	1 350.31	4.1	52 969	3.6	667.12	5.7	62.62	3.2

（二）湛江市

1. 概况。

2018年，湛江市地区生产总值3 008.39亿元，增长6.0%。人均地区生产总值41 107元，增长5.6%。三次产业结构为17.7∶36.1∶46.2。社会消费品零售总额1 697.30亿元，增长10.3%。外贸进出口总额57.42亿美元，增长 12.5%。规模以上工业增加值 769.97 亿元，增长 5.0%。地方一般公共预算收入 121.84 亿元，下降 9.7%。全体常住居民人均可支配收入 21 426.9 元，增长 9.1%。居民消费价格指数累计上涨 1.6%。

2. 粤东西北振兴发展情况。

——产业转型升级全力推进。重点项目完成投资 420 亿元，其中省重点项目完成投资 380 亿元，完成年度计划的 118.3%。产业园区持续扩能增效，完成园区规模以上工业总产值 1 989 亿元、增加值 568 亿元，分别增长 12.0%、13.0%；承接珠三角转移项目 18 个，新落地项目 34 个，完成投资 25.3 亿元。现代旅游业蓬勃发展，全年接待过夜游客 2 639.41 万人次，增长 18.3%；实现旅游业总收入 510.89 亿元，增长 21.2%。现代金融加快发展，新增金融机构 4 家，总数达 127 家；金融机构本外币存款余额 3 343.59 亿元、贷款余额 2 164.16 亿元，分别增长 9.2%、15.8%。创新驱动发展成效明显，湛江海洋科技产业创新中心启动运营；专利申请 5 794 件、增长 20.6%，专利授权 4 441 件、增长 71.8%；新增两家省企业重点实验室；新增高新技术企业 74 家，总数达 198 家，增长 58.4%，高新技术产业总产值突破 700 亿元，增长 15.0%。

——现代化立体交通脉络成型。全年完成交通基础设施建设投资 166.60 亿元，增长 61.0%。湛江国际机场预可研报告获国务院批准，航站楼动工建设，同步规划配套铁路和空港经济区。广湛客专可研报告通过评审，张海高铁完成初步方案研究。高铁西站投入使用，东海岛铁路湛江西至钢厂段建成通车。湛徐高速徐闻港支线、徐闻港进港公路改扩建工程建成；广东滨海旅游公路湛江段完成工可报告编制。茂湛高速改扩建工程开工，玉湛高速、东雷高速、汕湛高速吴川支线加快建设。湛江港 40 万吨级航道进入施工、监理招标阶段，霞山港区通用码头工程动工、散货码头竣工验收，东海岛港区杂货码头、中科炼化项目配套码头、徐闻港区南山客货滚装码头主体工程加快建设，大唐雷州电厂配套码头建成。

——重点领域改革全面深化。"放管服"改革持续深化，清理规范中介服务事项 38 项，取消调整行政职权 27 项；推进"减证便民"行动，取消 66 项市政府部门证明事项；推行企业"二十四证合一""一口办理"。完成 72 家国有"僵尸企业"出清重组。落实减税降费政策，降低企业税费成本 48.2 亿元，减免涉企行政事业性收费 5.7 亿元，降低实体经济企业综合成本 65 亿元。新增市场主体 5 万户，增长 22.7%；新设外商投资企业 143 家，增长 6.5 倍；新增"个转企" 3 554 户，增长 19.3 倍。

——对外开放不断扩大。开放平台建设有序推进，启动湛江综合保税区申报工作，深入探索自由贸易试验园区。跨境电商发展迅速，跨境电商直购进口商品申报清单 72 699 票，总值 3 565 万元。加快中国（广东）自由贸易试验区改革创新经验的复制推广工作，确保政策落地出实效，目前已复制并产生实效共 80 项。开放发展呈现新面貌，与"一带一路"沿线国家贸易总额达 86.00 亿元，成功举办中国海博会，达成合作交易意向 1 100 亿元；积极融入粤港澳大湾区建设，与深圳南山区签订高新技术产业园合作框架协议。

——民生事业力度加大。全市财政社会民生支出 394.20 亿元，占地方一般公共预算支出比重达 82.6%。新增城镇就业 7.9 万人，失业人员再就业 3.6 万人，城镇登记失业率 2.4%。城乡居民基础养老金每人每年增加 336 元，城乡居民医保各级财政补助标准每人每年提高到 490 元。新建、改扩建幼儿园 145 所，新增市区公办义务教育学位 4 805 个、学前教育学位 2.26 万个。行政村（社区）综合性文化服务中心实现全覆盖，14 个镇（街）文体广场示范点建成，41 个镇（街）文化站达标升级。16 家县级公立医院升级建设项目按期推进，7 间中心卫生院升级建设项目主体工程基本完工。大型雷剧《挖宝记》入选广东反映改革开放 40 周年题材四大剧目。

3. 区域合作情况。

——与北部湾经济区合作情况。加快推进合浦—湛江铁路建设以及玉林至湛江高速公路建设。推动北部湾城市群对接粤港澳大湾区，加快推进防城港 30 万吨级码头及配套航道工程、钦州港 20 万吨级集装箱码头及配套航道工程、湛江港 30 万吨级航道改扩建工程、茂名港博贺港区 30 万吨进港航道工程、阳江港进港航道改造工程、八所港 2 万吨石化泊位等重点项目建设。加快北部湾城市群与粤港澳大湾区的先进生产力对接，积极共建北部湾临海产业园，进一步加强先进制造业、现代服务业等领域合作，协作发展海洋经济，共建海洋经济示范区。探索设立北部湾城市群产业发展基金，支持城市群重大项目建设和产业发展。

——粤桂琼合作发展情况。有序开展张家界—桂林—玉林—湛江—海口高铁项目规划建设前期工作，积极推进琼州海峡两岸的航运设施及徐闻南山港作业区建设。推进跨界污染治理，完善城市群生态环境治理联动机制，加强生态环境联防联控。推动重大开放通道和平台建设，加快推进琼州海峡南北两岸港航资源整合，促进琼州海峡港航一体化，推进琼州海峡高速客滚船航线开通前期工作。促进产业联动发展，探索产业园区合作共建新模式，按照优势互补、共同出资、联合开发、利益共享的原则，积极发展"飞地"经济。

4. 县域经济发展情况。

湛江市下辖吴川市、雷州市、廉江市（3个县级市）和徐闻县、遂溪县（2县），5个县（市）土地面积为1.16万平方千米，占全市总面积的87.88%；常住人口561万人，占全市常住人口总量的76.5%。2018年，湛江市县域地区生产总值1 670.11亿元，占全市生产总值的55.5%。

表22　2018年湛江市县域经济发展状况

地区	地区生产总值（亿元）	社会消费品零售总额（亿元）	地方一般公共预算收入（亿元）	三次产业结构
雷州市	309.67	161.74	5.52	39.3 : 9.7 : 51.0
廉江市	562.54	206.42	12.09	19.5 : 47.7 : 32.8
吴川市	282.00	139.37	8.45	11.0 : 42.2 : 46.8
遂溪县	325.30	123.07	7.41	36.5 : 25.9 : 37.6
徐闻县	190.60	91.69	4.95	43.8 : 9.0 : 47.2

——雷州市。2018年，雷州市地区生产总值309.67亿元，增长4.2%。人均地区生产总值20 756元，增长3.7%。三次产业结构为39.3 : 9.7 : 51.0。地方一般公共预算收入5.52亿元，增长22.9%。全体常住居民人均可支配收入15 457.7元，增长6.1%。

——廉江市。2018年，廉江市地区生产总值562.54亿元，增长7.0%。

人均地区生产总值 37 338 元,增长 6.6%。地方一般公共预算收入 12.09 亿元,增长 3.4%。全体常住居民人均可支配收入 19 030.0 元,增长 9.0%。旅游业健康发展,全年接待游客 563.00 万人次,增长 35.4%;实现旅游业总收入 52.90 亿元,增长 37.1%。

——吴川市。2018 年,吴川市地区生产总值 282.00 亿元,增长 7.0%。人均地区生产总值 29 054 元,增长 6.6%。全体常住居民人均可支配收入21 511.9元,增长 7.5%。地方一般公共预算收入 8.45 亿元,增长 25.2%。全年接待游客 519.50 万人次,实现旅游业总收入 55.17 亿元,分别增长 36.9%、34.5%。

——遂溪县。2018 年,遂溪县地区生产总值 325.30 亿元,增长 7.5%。人均地区生产总值 35 076 元,增长 7.1%。三次产业结构为 36.5∶25.9∶37.6。地方一般公共预算收入 7.41 亿元,增长 6.9%。外贸进出口总额 23.30亿元,增长 18.0%。全体常住居民人均可支配收入 18 314.0 元,增长 9.8%。

——徐闻县。2018 年,徐闻县地区生产总值 190.60 亿元,增长 8.2%。规模以上工业增加值 9.81 亿元,增长 19.1%。全体常住居民人均可支配收入 19 368.0 元,增长 9.8%。地方一般公共预算收入 4.95 亿元,增长 11.3%。金融机构本外币存款余额 210.90 亿元,增长 9.7%;贷款余额 105.90 亿元,增长 20.7%。

5. 海东新区建设情况。

——经济发展有新提升。2018 年,全区地区生产总值 308.00 亿元,增长 5.9%。社会消费品零售总额 46.10 亿元,增长 9.8%。外贸进出口总额 10.70亿元,增长 67.4%。新增外资项目 10 个,实际利用外资增长 3.14 倍。来源于辖区财政总收入 4.87 亿元,完成年度预算的 107.8%。

——扩容提质有新高度。湛江国家高新区"一区多园"布局海东,南方海洋科学与工程广东省实验室落户海东,南油片区升级改造项目签署三方框架协议,广东省海岸带综合保护与利用示范区试点、广东滨海旅游公路先行段落户海东,广东省现代农业产业园申报成功,官渡森林小镇项目纳入省特色小镇培育库,区科技产业园正式认定为省级产业转移工业园,广东医科大学新校区、湛江一中新校区、坡头区文化活动中心完成立项,高起点规划龙王湾海洋湿地公园。

——资源优势转化有新突破。全年完成入库和交付开发土地1 708.28亩，组织报批资料并开展征地5 204.96亩；出让土地7宗538.00亩，土地出让收入17.78亿元；完成土规调整1 765.00亩，垦造水田965.38亩；解决了南调商服区征地、南油四区公园土地回收等一系列历史遗留问题；完成湛江国家高新区海东园区起步区378.00亩用地征收。

——美丽乡村建设有新成效。2018年，实施乡村振兴发展战略成效显著，完成25个省定贫困村的规划编制；57个新农村建设示范村，182个村庄全面开展"三清三拆三整治"，圆满完成生态文明区、镇、村五年创建任务；土地确权工作在全市率先以"零误差"通过省级验收，农村地籍调查工作通过省级验收；新增绿化美化乡村38个、市级卫生村68个。

——幸福感获得感安全感有新增强。十件民生实事基本完成，全区民生投入近14亿元，占全区地方一般公共预算支出的89.3%。2018年，全面铺开扫黑除恶专项斗争，打掉黑社会性质组织1个、恶势力犯罪团伙3个，刑拘涉黑涉恶类犯罪嫌疑人138人，破获涉黑涉恶刑事案件89宗；"雪亮工程""禁毒工程"扎实推进。成功创建广东省推进教育现代化先进区，新增优质学位1 500个，新建公建民营卫生站13间，完成麻斜社区2 000人的饮水工程。

（三）茂名市

1. 概况。

2018年，茂名市地区生产总值3 092.18亿元，增长5.5%。三次产业结构为16.0∶38.1∶45.9。人均地区生产总值49 406元，增长3.9%。社会消费品零售总额1 541.37亿元，增长8.5%。外贸进出口总额22.69亿美元，增长12.5%。地方一般公共预算收入136.14亿元，增长4.6%。全体常住居民人均可支配收入21 349.9元，增长7.4%。金融机构本外币存款余额、贷款余额分别为2 725.29亿元、1 326.32亿元，分别增长11.1%、15.7%。

2. 粤东西北振兴发展情况。

——重大项目持续突破，基础设施补短板扎实推进。省重点项目年度完成投资176.6亿元，完成年度投资计划的119.4%；市重点项目完成投资

310.4亿元，完成年度投资计划的102.0%。深茂铁路茂名段、茂湛铁路电气化开通运营。完成茂名站适应动车开行改造，开工建设茂名站南站。信宜、高州至茂名站城际列车正式运营。云茂高速茂名段加紧施工，沈海高速茂名段改扩建工程先行段已动工建设，工业大道南、中德大道等建成通车。粤电煤炭码头工程已完成90%的海工工程。全市村村通自来水工程共完成投资15.5亿元。建成茂名镇盛农光互补项目，开工建设高州金山工业园区燃气分布式能源站。

——大力发展现代产业体系，经济加快向高质量发展。六大主导产业占规模以上工业总产值比重达92.9%，增长2.6%。茂南产业园集聚区和茂名博贺新港产业集聚区获省批复。茂名高新区实行"一区多园"管理，促进产业高质量发展。锦昱功能材料、大参林医药基地等开工建设，引进中氢科技氢能源高新技术研发中心和南京大学（茂名）燃料电池检测中心。20家企业实现区域股权交易市场挂牌，天源集团在香港联交所上市融资。全年接待过夜游客1 398.54万人次，增长27.6%；实现旅游业总收入425.85亿元，增长29.7%。冼太夫人故里文化旅游景区、广垦（茂名）国家热带农业公园被评为国家4A级景区，信宜市书香八坊文化旅游区、六韬珠宝创意产业园被评为国家3A级景区。

——创新驱动实现新突破。全社会研究与试验发展经费投入12.50亿元，占地区生产总值比重为0.40%。成功申报国家农业科技园，全年新建4个院士工作站、3个联合实验室。累计申报省级工程中心21家。新增国家高新技术企业38家，新增工业类省名牌产品7个。高分通过国家知识产权试点城市验收，获国家及广东省专利优秀奖各1项。广东众和公司获颁省政府质量奖。获评3家省级劳模创新工作室。出台支持科技创新政策及"人才政策20条"，高层次人才公寓开工建设。

——城市发展新格局逐步形成。启动143个城建项目，完成19条城市道路升级改造和建设工作，12个道路桥梁项目加快建设。加快建设站南片区，着力打造城市中央商务区。建成红旗北路延长线、金城路等，西粤北路、高凉北路即将完工，大园五路、大园西路等加快建设。建成东江小区体育公园、上宾体育公园、官渡公园。茂南独立工矿区纳入国家独立工矿区改造搬迁支持范围。新型城镇化进程加快，常住人口城镇化率为43.0%。科创小镇、化橘红小镇成功入选第二批省级特色小镇培育库。

——社会保障水平进一步提升。全年民生支出356.28亿元，占地方一般公共预算支出的84.1%，增长10.8%。拨付省十件民生实事市县级配套资金完成年度预算的136%。全年新增就业6.5万人，城镇登记失业率为2.4%。全年约15.1万贫困人口、6.6万贫困户实现脱贫。4个县级绿能环保发电项目全面启动。3个镇被评为广东省生态示范镇，72条村庄被评为茂名市生态示范村。电白区罗坑镇被认定为"广东省森林小镇"。全市13家县级公立医院、5家中心卫生院升级建设加快推进，新增社会办医疗机构57家。崇文学堂、东江学堂加快建设，广东石油化工学院西城校区（一期）基本完成，农林科技职业学院（一期）、广州科技职业技术学院滨海校区（一期）投入使用。成功申办广东省第十七届运动会。

3. 区域合作情况。

——建设湛茂阳都市区情况。深茂铁路茂名段、茂湛铁路电气化开通运营，正式融入珠三角2小时经济生活圈。云茂高速茂名段加紧施工，沈海高速茂名段改扩建工程先行段已动工建设。积极配合湛江（粤西）国际机场建设，加快推进相关工作，完善机场连接路网，进一步增强城市辐射能力。开工建设粤西天然气主干管网茂名至阳江干线项目。与湛江开展环保交叉执法检查，签订了茂名、湛江两市跨界流域水污染联防联治合作框架协议。

——与北部湾经济区合作情况。参加北部湾经济合作组织第十次成员大会暨北部湾城市合作组织第二次大会，签署了北部湾城市公安、菜篮子、海洋合作、环境保护、交通港航5项合作框架协议。大会还讨论通过了2020年在茂名市举办北部湾经济合作组织第十一次成员大会暨北部湾城市合作组织第三次大会的决议。成功召开梧茂战略合作第三次市长联席会议，积极筹备玉茂战略合作第一次市长联席会议。应邀参加西江经济带城市共同体及市长联席会议第三次会议暨西江经济发展论坛。各地开通至梧州、玉林省际客运班线。

4. 县域经济发展情况。

2018年，茂名市县域地区生产总值1 596.65亿元，占全市的51.6%。社会消费品零售总额 714.93 亿元，占全市的 46.4%。地方一般公共预算收入 40.39 亿元，占全市的 29.7%。

表 23　2018 年茂名市县域经济发展状况

地区	地区生产总值（亿元）	社会消费品零售总额（亿元）	地方一般公共预算收入（亿元）	三次产业结构
信宜市	476.82	245.53	10.73	20.9：29.4：49.7
高州市	602.79	252.50	17.59	22.2：31.2：46.6
化州市	517.05	216.90	12.07	20.7：30.9：48.4

——信宜市。2018 年，信宜市地区生产总值 476.82 亿元，增长 5.0%。人均地区生产总值 47 428 元，增长 3.1%。地方一般公共预算收入 10.73 亿元，增长 6.1%。全体常住居民人均可支配收入 20 219.7 元，增长 7.9%。其中，城镇常住居民人均可支配收入 25 079.5 元，增长 8.1%；农村常住居民人均可支配收入 16 626.9 元，增长 7.8%。

——高州市。2018 年，高州市地区生产总值 602.79 亿元，增长 5.9%。人均地区生产总值 43 059 元，增长 4.7%。三次产业结构为 22.2：31.2：46.6。地方一般公共预算收入 17.59 亿元，增长 1.2%。全年接待游客 339.48 万人次，实现旅游业总收入 8.45 亿元，分别增长 9.6%、7.8%。

——化州市。2018 年，化州市地区生产总值 517.05 亿元，增长 5.2%。人均地区生产总值 40 104 元，增长 3.4%。地方一般公共预算收入 12.07 亿元，增长 1.8%。外贸进出口总额 21.15 亿元，增长 23.5%。金融机构人民币存款余额、贷款余额分别为 376.58 亿元、159.00 亿元，分别增长 6.8%、15.3%。全体常住居民人均可支配收入 20 155.2 元，增长 7.0%。

5. 重大区域发展平台规划建设情况。

——茂名滨海新区。一是深入推进滨海发展战略，港口物流建设迈上新台阶。博贺新港区东、西防波堤均已全面完工；粤电煤炭码头已完成 90% 的海工工程，正在进行 10 万吨码头及航道的施工；广州港通用码头基槽作业已全部完成。10 万吨级成品油码头、30 万吨级原油码头、30 万吨级航道等项目前期工作基本完成。二是加快推进项目建设,临港产业发展迈出新步伐。引进丰益国际集团投资建设粮油加工和食品加工项目,与金沙江资本联合东华能源股份有限公司以及山西东辉集团投资有限公司签订了丙烷脱氢项目框架投资协议。举办第二届南海(茂名博贺)开渔节。三是注重统筹协调发展,城乡建设格局展现新面貌。博贺湾大桥及连接线、新城东路、吉达大道、博贺湾新城东片区启动区土地一级开发等项目已全面开工。华南师范大学附属茂名滨海学校项目正加紧推进。博贺特色文旅小镇、滨海中心、博贺湾新城城市综合开发项目等正在规划建设中。

——茂名水东湾新城。"一岛一城"交通网络日臻完善,南海旅游岛道路及两侧棚户区改造项目第一期工程已验收,水湾大桥项目累计完成工程量的55%,滨湾路南海段加快建设,智城大道竣工验收,慧城三路、智城五路全线通车,海宁路全面贯通,歌美海西路及附属设施工程一期完工。水质净化厂一期工程完成总投资的85%,污水管网已铺设涉及10个项目约19.5千米。"中国第一滩"景区核心区完成改造提升,举办了风筝邀请赛;水东湾海洋公园一期已竣工对外开放;歌美海公园一期工程及水上游客服务中心建成使用,举办了首届龙舟邀请赛。虎头山、晏镜岭生态公园分别加快修复和规划建设,南海旅游岛"五园抱岛"生态格局基本形成,建成孟信坡、霞里等4个乡村(居)生态"好心公园"。水东湾会展中心已完工,水东湾新城人才驿站已建成。茂名职业技术学院三期进展顺利,广州科技职业技术学院竣工,香港约克国际学校一期建设项目已开展设计、钻探等前期工作。

(四) 阳江市

1. 概况。

2018年,阳江市地区生产总值1 350.31亿元,增长4.1%。三次产业结构为16.2:34.4:49.4。人均地区生产总值52 969元,增长3.6%。规模以上工业增加值219.29亿元,增长3.2%。社会消费品零售总额749.01亿元,增长9.3%。外贸进出口总额20.87亿美元,下降0.8%。地方一般公共预算收入62.62亿元,增长3.2%。全体常住居民人均可支配收入23 281.8元,增长 8.6%。居民消费价格指数上涨 1.5%。

2. 粤东西北振兴发展情况。

——产业发展稳步推进。广青热轧项目推进顺利，甬金冷轧、宏旺冷轧、新兴铸管二期、开宝不锈钢精加工等项目动工建设。中广核南鹏岛等首期第一批 4 个 130 万千瓦海上风电项目加快建设，加快推进第二批 170 万千瓦和深水区 700 万千瓦项目前期工作，粤水电、明阳叶片、三峡装备制造 3 个风电装备制造项目建成投产，龙马铸件、中车电机、金风科技等项目动工建设，东方海缆等项目加紧开展前期工作。第 17 届"刀博会"成交金额超过 23 亿元，较上届增长 1.8 倍。园区基础设施建设加快推进，平整土地 350 万平方米，新建园区道路 12 千米。编制全域旅游发展规划，全年接待过夜游客 1 478.86 万人次，增长 12.2%；实现旅游业总收入 307.83 亿元，增长 15.0%。

——交通基础设施建设取得突破。江湛铁路建成通车。成功争取广州至湛江客运专线经过阳江。汕湛高速阳春段建成通车，怀阳高速海陵岛大桥、中阳高速阳春段、沈海高速开平至阳江段扩建工程加快建设，沈海高速阳江至茂名段扩建工程等项目动工，西部沿海高速阳江南联络线、中茂高速阳春至高州段（粤桂界）等项目前期工作有序推进。广东滨海旅游公路阳江山外东至海陵大堤段和海陵大堤至溪头段动工。G234 线大岭埂隧道加固工程等项目完工，G325 线北惯至白沙段改线等项目加快建设，S540 线雅韶至白沙段扩建工程等项目动工。阳江港 10 个码头泊位建设紧锣密鼓推进，阳江港 10 万吨进港航道改造工程动工建设。

——改革开放深入推进。推动政府系统关键领域 40 项改革任务和 18 项"微改革"取得实效。建立传统基础设施领域 PPP 项目库，入库项目 49 个、总投资 203 亿元。"放管服"改革持续深入，建成全市一体化在线政务服务平台。开展"减证便民"专项行动，取消证明事项 93 项。开放合作迎来新机遇，主动对接粤港澳大湾区，与珠海对口合作深入推进，26 个亿元以上工业项目动工建设，加强与北部湾城市群合作，推进与丹麦、英国、法国等国在风电等领域的交流合作。

——生态环境持续优化。开展散乱污企业专项整治"利剑"行动。落实河长制，开展江河库"五清"专项行动和漠阳江流域综合整治，27 个乡镇饮用水水源保护区完成规范化建设。阳西县生活垃圾填埋场二期扩建工程积极推进，阳东、阳春、阳西大部分生活垃圾中转站完成升级改造。推广新能源公共汽车334辆。启动创建国家森林城市，开展森林碳汇等四大工程，完成造林更新9.14万亩。抓好国家海洋督察整改。

——城乡扩容提质步伐加快。江湛铁路阳江站综合交通枢纽、新江南路、洛西大道、城南东路、城南西路等工程竣工，金平路一期、地下综合管廊、BT"六路"等项目加快推进，中洲大道扩建改造等市政道路PPP项目开工建设。加快建设滨海中央商务区，阳江国际金融中心基本建成。森林公园一期、漠阳湖公园、北湖公园、江湾公园和9个社区体育公园向市民开放。

——民生保障水平提升。十件民生实事扎实推进。全体常住居民人均可支配收入23 281.8元，增长8.6%。启动新建10所义务教育学校。4家三级公立医院全部启动医联体建设，5家县办公立医院、2家中心卫生院升级加快推进，市人民医院新住院大楼投入使用。成功举办漠阳风筝文化节、海陵岛环岛国际马拉松赛等活动。乡村振兴和脱贫攻坚稳步推进，88个省定贫困村和1 269个自然村创建新农村示范村稳步推进，落实各级财政扶贫专项资金2.88亿元，累计7.1万相对贫困人口实现预脱贫。

3. 推进区域合作情况。

大力推进湛茂阳都市区及北部湾经济区建设。参加北部湾经济合作组织第十次成员大会暨北部湾城市合作组织第二次大会，与各成员城市签订了公安机关警务合作、菜篮子合作、海洋渔业、环境保护及交通基础设施等多方面的合作框架协议。2018年共受理北部湾城市住房公积金异地贷款27宗共计714.9万元，发放北部湾城市住房公积金异地贷款31宗共计797.2万元。推动北部湾城市群旅游一体化，参加2018年两广城市旅游合作联席会议和北部湾城市群旅游合作座谈会。依托湛江、茂名、阳江的海岛、岸线、民俗文化和旅游资源优势，发展海丝文化游精品线路，共同推动北部湾"美丽蓝色海湾"旅游品牌建设。江湛高铁的顺利通车使湛茂阳三市正式进入3小时生活圈，同时三市携手高铁沿线城市组成高铁旅游推广联盟。加快推进广湛客运专线各项前期工作，积极谋划阳江至珠海、深圳轨道交通等战略性项目，努力将阳江打造成为连通粤港澳大湾区与北部湾城市群的交通枢纽。着力拓展东盟市场，组织企业参加第 15 届中国—东盟博览会，加强与东盟各国的经贸往来。

4. 县域经济发展情况。

阳江市县域共 2 个县（市），包括阳春市（县级市）、阳西县，阳春市和阳西县土地面积合计 5 506 平方千米，占全市陆域面积的 69.2%。2018 年，全市县域地区生产总值 626.73 亿元，占全市的 46.4%。

表 24　2018 年阳江市县域经济发展状况

地区	地区生产总值（亿元）	社会消费品零售总额（亿元）	地方一般公共预算收入（亿元）	三次产业结构
阳春市	391.41	262.50	12.30	15.7：29.1：55.2
阳西县	235.32	69.19	7.44	24.2：31.7：44.1

——阳春市。2018 年，阳春市地区生产总值 391.41 亿元，增长 4.1%。人均地区生产总值 43 998 元，增长 3.6%。三次产业结构为 15.7：29.1：55.2。农业总产值 101.31 亿元，增长 4.2%。规模以上工业增加值 37.00 亿元，增长 1.5%。地方一般公共预算收入 12.30 亿元，增长 9.0%。

——阳西县。2018 年，阳西县地区生产总值 235.32 亿元，增长 6.1%。人均地区生产总值 49 730 元，增长 5.5%。三次产业结构为 24.2：31.7：44.1。农业总产值 90.57 亿元，增长 2.4%。地方一般公共预算收入 7.44 亿元，增长 8.2%。规模以上工业增加值 34.72 亿元，增长 7.8%。全体常住居民人均可支配收入 20 142.0 元，增长 7.4%。

5. 阳江滨海新区规划建设情况。

2018 年，阳江滨海新区地区生产总值 233.77 亿元，增长 4.2%。规模以上工业增加值 53.73 亿元，增长 2.0%。农业总产值 80.89 亿元，增长 1.7%。社会消费品零售总额 136.61 亿元，增长 9.9%。地方一般公共预算收入 10.37 亿元，增长 8.5%。

——项目建设有新成效。新区列入市重点项目有阳江滨海新区市政基础设施项目（包括金平路一期、地下综合管廊、城南东路和滨海生态公园）、连围河整治项目、阳江滨海中央商务区项目、滨海新城文化旅游产业项目和阳江国际金融中心5个项目，2018年计划投资19.15亿元，全年完成投资22.40亿元，占年度计划的135.8%。

——招商引资有新突破。坚持产业引领、产城融合的发展理念，着力构建以总部经济、滨海特色产业、绿色生态产业和文化教育产业为主导的现代产业体系，以阳江滨海中央商务区为依托，大力开展精准招商、产业招商。滨海中央商务区全面动工，阳江国际金融中心基本建成，康养酒店、城市展厅等项目动工建设。

——城市建设有新亮点。围绕江湛铁路商务集聚区，整合提升大平台，集聚发展大产业。江湛铁路阳江站综合交通枢纽工程、连围河整治工程基本完成，漠阳湖公园向公众开放使用，金平路一期、地下综合管廊、城南东路、BT一二期"六路"、两江四岸景观带（EFG段）加快建设，滨海生态公园开展前期工作。

四、粤北地区

（一）发展概述

2018年，粤北地区生产总值5 874.45亿元，增长4.1%。其中，第一产业增加值845.98亿元，增长5.0%；第二产业增加值2 056.25亿元，增长3.6%；第三产业增加值2 972.22亿元，增长4.1%。人均地区生产总值34 883元，增长3.6%。社会消费品零售总额3 230.73亿元，增长8.9%。地方一般公共预算收入438.28亿元，增长2.2%。全体常住居民人均可支配收入21 288.0元，增长8.3%。

——产业转型升级加快。2018年，粤北地区三次产业结构为14.4：35.0：50.6。规模以上工业增加值1 360.65亿元，增长3.9%。其中，韶关、河源、梅州、清远市规模以上工业增加值分别为310.03亿元、300.02亿元、

193.12 亿元、443.78 亿元，增速分别为 1.5% 、7.8% 、1.3% 、7.2% ；云浮市规模以上工业增加值为 113.69 亿元，下降 0.1% 。韶关市培育壮大新兴支柱产业，组建特钢和先进装备产业联盟，引进、开工亿元以上装备制造业项目分别为 11、9 个，装备制造业增加值、投资总额分别增长 11.0% 、60.0% ；实施园区三年提升计划，完成基础设施投资 18 亿元、增长 45.0% ，省级产业园全年开工项目 130 个、投产 65 个。河源市主导产业不断壮大，电子信息产业年产值 500 亿元；保税物流中心、无水港等平台加快建设；新增规模以上工业企业 70 家；在"新三板"市场挂牌企业达 113 家；省级产业园实现规模以上工业增加值超过 250 亿元、增长 8.5% ，实现税收入库 24 亿元、增长 11.3% ，全年新签约项目 107 个、新开工 93 个、新投产 50 个。梅州市梅兴华丰产业集聚带加快建设，广梅园等园区加快提质增效；新增规模以上工业企业 69 家，规模以上工业利润增长 37.8% ；全年共引进亿元以上项目 79 个，承接珠三角地区产业梯度转移项目 46 个；新开展技术改造企业 110 家，新认定高新技术企业 82 家。清远市出台工业技改三年行动实施方案，完成工业技改投资 50 亿元；新增规模以上工业企业 7 家；全年承接珠三角梯度转移项目 60 个，完成省定任务的 120% ；园区完成规模以上工业增加值 167 亿元、全口径税收 35.3 亿元，分别增长 12.0% 、14.0% 。云浮市新兴产业加快培育，氢能小镇累计引进全产业链项目 21 个，总投资 51 亿元；新增工业企业技术改造备案项目 64 个，总投资 25.06 亿元；罗定产业转移集聚地、郁南产业转移集聚地被确认为省产业转移工业园，云城产业集聚地扩园获省批准。

——交通基础设施建设全面发力。韶关市武深、汕昆高速韶关段建成通车，韶新高速完成投资 25 亿元，开工建设旅游公路 104 千米，莲花大道全线贯通，曲江大道、新白线等城市交通大动脉加快推进。河源市完成交通基础设施投资 108 亿元，武深高速连平段建成通车，河惠莞高速建设加快推进，赣深高铁建设全面加快。梅州市梅汕高铁进入全线铺轨阶段，龙梅高铁、瑞梅铁路前期工作有序推进，5 条在建高速公路加快推进，葵岗立交互通工程顺利开工，客都大桥顺利通车，梅畲快线主体工程完工，梅县机场旅客吞吐量增长 29.0% 。清远市出台中心区域道路交通三年行动计划，佛清从高速前期工作取得积极进展，磁浮旅游专线首开段正式动工，广清城轨一期清远段完成轨道铺设，广清永高铁、广清地铁、佛江高速北延线规划衔接取得新进展，北江航道升级项目完成总投资的 68.0%。云浮市完成交通基础设施投资 51.30 亿元，完成年度计划的 101.0%，汕湛高速云湛段（云浮段）建成通车，高速公路通车总里程达 330 千米，汕湛高速清云段、高恩高速、怀阳高速二期、罗信高速等项目加快建设，完成国省道路面改造 77 千米。

——重点项目扎实推进。2018 年，粤北地区固定资产投资增长 7.0%。韶关、河源、清远、云浮市固定资产投资分别增长 6.5%、7.5%、13.2%、10.8%，梅州固定资产投资下降 1.5%。粤北地区安排省重点项目年度计划投资 805 亿元，全年完成投资 860 亿元，为年度计划投资的 106.9%。开工建设中兴通讯（河源）生产研发培训基地一期增资扩产项目、云浮市康美药业产业化项目等 31 个项目，建成投产韶关粤北农特产品电商物流商贸城等 16 个项目。

——民生保障水平稳步提升。2018 年，粤北地区全体常住居民人均可支配收入 21 288.0 元，增长 8.3%。其中，韶关、河源、梅州、清远、云浮市全体常住居民人均可支配收入分别为 23 676.0 元、19 397.1 元、21 217.0 元、22 369.4 元、19 239.1 元，分别增长 8.3%、9.5%、8.1%、8.1%、7.6%。韶关市城镇登记失业率控制在 3.5% 以内；企业职工、城乡居民养老金和失业保险金标准进一步提高；筹集各类精准扶贫资金 23.3 亿元，实施产业扶贫项目 3.6 万个。河源市全年民生支出 257.20 亿元，占地方一般公共预算支出的 76.8%；新增城镇就业 4.58 万人，城镇登记失业率控制在 2.3% 以内；深化"强师工程"，推进"县管校聘"教师管理体制和农村小学师资培养机制改革。梅州市突出产业和就业扶贫，选派 5 400 多名驻村帮扶干部，累计筹集扶贫资金 36.9 亿元，实施产业扶贫项目 10.9 万个，转移就业 1.82 万人，梅州市 5.28 万户 14.2 万人实现脱贫，脱贫率达 94.1%；加快足球改革发展，培育形成"两甲一超"职业球队格局，成为全国青少年校园足球改革试验区。清远市全年民生支出 266.90 亿元，占地方一般公共预算支出的 78.2%；新增城镇就业 4.4 万人，失业率控制在 2.38%；出台脱贫攻坚三年行动计划，实现 2.95 万人预脱贫，累计实施产业扶贫项目 8.8 万个，贫困就业转移 3.1 万人，发放扶贫贷款 3.75 亿元。云浮市全年民生支出 160.68 亿元，占地方一般公共预算支出的 74.1%；新增城镇就业 2.06 万人，扶持创业 1 626 人，城镇登记失业率控制在 2.47%；全年实现预脱贫 2.3 万人；城乡低保、特困人员供养、医疗救助等补助标准稳步提高；广东药科大学云浮校区一期建成。

表 25   2018 年广东省粤北五市主要经济指标

	地区生产总值		人均地区生产总值		第三产业增加值		地方一般公共预算收入	
	绝对数 （亿元）	增长 （%）	绝对数 （元）	增长 （%）	绝对数 （亿元）	增长 （%）	绝对数 （亿元）	增长 （%）
粤北	5 874.45	4.1	34 883	3.6	2 972.22	4.1	438.28	2.2
韶关	1 343.91	4.3	44 971	3.6	737.64	5.7	94.70	6.8
河源	1 006.00	6.3	32 530	6.0	512.66	5.8	76.95	8.1
梅州	1 110.21	2.4	25 367	2.1	557.32	2.1	97.09	-10.6
清远	1 565.19	4.0	40 476	3.6	791.04	1.9	111.90	8.6
云浮	849.13	3.9	33 747	2.9	373.57	6.6	57.64	0.3

（二）韶关市

1. 概况。

2018 年，韶关市地区生产总值 1 343.91 亿元，增长 4.3%。其中，第一产业增加值 156.00 亿元，增长 5.0%；第二产业增加值 450.28 亿元，增长 1.6%；第三产业增加值 737.64 亿元，增长 5.7%。三次产业结构为 11.6：33.5：54.9。人均地区生产总值 44 971 元，增长 3.6%。规模以上工业增加值 310.03 亿元，增长 1.5%。社会消费品零售总额 751.59 亿元，增长 9.4%。地方一般公共预算收入 94.70 亿元，增长 6.8%。全体常住居民人均可支配收入 23 676.0 元，增长 8.3%。

2. 粤东西北振兴发展情况。

——产业转型升级加快推进。国家级"绿色制造系统"、省重点实验室取得零的突破。装备制造业增加值、投资总额分别增长 11.0%、60.0%。现代服务业、营利性服务业增加值分别增长7.0%、17.0%。净增高新技术企业64家，高技术制造业增加值增长20.0%。实施技改项目220个、完成投资55亿元。规模以上工业实现利润86.62亿元，增长1.0%。全市接待过夜游客1 832.26万人次，增长11.0%；实现旅游业总收入453.02亿元，增长16.1%。新增省级现代农业产业园5个和省农业类名牌产品35个，新增省级重点农业龙头企业12家。实施园区三年提升计划，完成基础设施投资18亿元，增长45.0%；开工项目130个、投产65个；规模以上工业增加值106亿元，增长12.0%。

——创新驱动战略加快实施。成功举办2018丹霞天使投资全球高峰会，组建东阳光新兴产业母基金等5只基金，总规模达13.5亿元；投放14个项目，资金3.1亿元。2018年研究与试验发展经费投入16.06亿元，增长10.4%。新增省级企业研发机构21家，增长52.5%，亿元以上企业研发机构覆盖率达45.2%。众投邦加速器、达安创谷孵化器建成运营。举办首届企业人才活动周等系列活动。开展"驻粤领团韶关行"活动，积极参与粤港澳大湾区、"红三角"等城际交流合作。成立产业研究院和6支招商小分队，招商引资新签约项目215个，新开工项目88个，新投产项目34个，到位资金98.5亿元。

——重点领域改革扎实推进。深入推进供给侧结构性改革，完成商品房去库存22万平方米、金融机构杠杆率不低于4%的监管要求。"一门式一网式"政务服务模式延伸至镇村。"马上办"服务模式走在全省前列。全面启动投资项目行政审批制度改革，企业开办时间压缩至3.5个工作日，投资项目行政审批压缩至28天。全年为企业减负36亿元。新登记市场主体增长13.5%，其中新登记企业增长29.7%。深化基础性改革，开展公立医院改革试点，推行"县管校聘"改革和中考招生制度改革，基本完成农信社改制。

——生态文明建设取得成效。深入打造广东绿色生态第一市，全面划定生态红线，完成造林更新34万亩、森林碳汇造林5万亩，建成乡村绿化美化省级示范点126个。创建省级林下经济示范基地7个，仁化被评为"省级林下经济示范县"，翁源江尾被评为"广东省森林小镇"。实现河长制管理全覆盖，划定禁养区3 440平方千米，关闭或搬迁畜禽养殖场264个，处理"散乱污"案件 569 宗，新建生活污水管网 615 千米。

——民生福祉不断提升。全市民生投入 251.70 亿元，增长 5.4%，占地方一般公共预算支出的 74.2%。全体常住居民人均可支配收入 23 676.0 元，增长 8.3%。企业职工、城乡居民养老金和失业保险金标准进一步提高。扶持异地务工人员返乡就业创业，举办 204 场专场招聘活动，城镇登记失业率控制在 3.5% 以内。建成棚户区改造房 2 284 套，完成农村危房改造 5 220 户。筹集各类精准扶贫资金 23.3 亿元，实施产业扶贫项目 3.6 万个。省推进教育现代化先进县（市、区）实现全覆盖，新增学位 1.29 万个，九龄高级中学、风采实验学校、始兴丹凤小学投入使用，公办幼儿园和普惠性民办幼儿园覆盖率达 87.9%。乐昌、南雄和翁源第二人民医院完成主体工程，全市引进基层医疗卫生人才 490 名。

3. 区域合作情况。

——积极参与"广佛肇 + 清云韶"经济圈建设。全面贯彻交流合作机制，打造珠三角带动粤东西北振兴发展的示范区。制订实施《广佛肇清云韶经济圈建设 2018 年度重点工作计划》，与佛山市签订食品药品稽查打假区域合作协议，建立健全大案要案查处联动机制和跨区域重大食品药品安全事故应急机制。

——积极开展"红三角"地区交流与合作。组织召开"红三角"经济发展促进会 2018 年工作年会，与赣州市、郴州市就产业、交通、旅游、文教卫生以及生态文明等方面的发展进行了座谈交流。加强"红三角"旅游联盟合作，共同签订三地旅游联盟战略合作框架协议；联合赣州市、郴州市参加"不忘初心 重走东纵路"红色旅游活动，弘扬红色文化、传承红色基因；召开"红三角"旅游联盟座谈会，打造三地旅游精品线路。

4. 县域经济发展情况。

2018 年，韶关 7 个县（市）地区生产总值 712.86 亿元，占全市的 53.0%。地方一般公共预算收入 36.89 亿元，增长 6.7%。县域特色工业提速发展，县域产业园区完成规模以上工业增加值 65.95 亿元，占县域规模以上工业增加值的比重达 47.3%。

表 26 2018 年韶关市县域经济发展状况

地区	地区生产总值（亿元）	社会消费品零售总额（亿元）	地方一般公共预算收入（亿元）	三次产业结构
乐昌市	124.62	72.83	6.45	18.2：18.0：63.8
南雄市	120.22	60.27	5.10	23.2：19.8：57.0
仁化县	118.79	36.11	5.94	15.6：39.2：45.2
始兴县	80.48	22.56	4.38	23.9：29.4：46.7
翁源县	103.19	40.53	5.09	21.9：24.4：53.7
新丰县	74.90	29.21	3.66	15.1：31.3：53.6
乳源县	90.65	26.55	6.27	7.7：48.9：43.4

——乐昌市。2018 年，乐昌市地区生产总值 124.62 亿元，增长 5.6%。人均地区生产总值 29 783 元，增长 5.0%。地方一般公共预算收入 6.45 亿元，增长 9.1%。外贸进出口总额 2 040.30 万美元，增长 14.9%。全体常住居民人均可支配收入 21 445.0 元，增长 7.1%。全年接待游客 517.31 万人次，实现旅游业总收入 34.33 亿元，分别增长 14.7%、15.2%。

——南雄市。2018 年，南雄市地区生产总值 120.22 亿元，增长 7.5%。人均地区生产总值 35 734 元，增长 6.8%。规模以上工业增加值 11.65 亿元，增长 23.4%。地方一般公共预算收入 5.10 亿元，下降 16.7%。全体常住居民人均可支配收入 21 709.0 元，增长 7.7%。全年接待游客 499.67 万人次，增长 8.9%；实现旅游业总收入 36.15 亿元，增长 12.4%。

——仁化县。2018 年，仁化县地区生产总值 118.79 亿元，增长 5.2%。人均地区生产总值 56 245 元，增长 4.5%。工业增加值 42.54 亿元，增长 2.5%。地方一般公共预算收入 5.94 亿元，增长 10.4%。全年接待游客 1 097.20 万人次，增长 15.3%；实现旅游业总收入 65.10 亿元，增长 18.8%。全体常住居民人均可支配收入 22 386.0 元，增长 7.5%。

——始兴县。2018 年，始兴县地区生产总值 80.48 亿元，增长 3.7%。人均地区生产总值 37 038 元，增长 2.7%。三次产业结构为 23.9：29.4：46.7。

规模以上工业增加值 15.40 亿元，增长 6.7%。地方一般公共预算收入 4.38 亿元，增长 9.5%。全体常住居民人均可支配收入 20 354.0 元，增长 7.4%。

——翁源县。2018 年，翁源县地区生产总值 103.19 亿元，增长 9.7%。人均地区生产总值 29 487 元，增长 9.0%。地方一般公共预算收入 5.09 亿元，增长 20.2%。全体常住居民人均可支配收入 19 023.0 元，增长 8.1%。全年接待游客 295.00 万人次，实现旅游业总收入 22.50 亿元，分别增长 27.0%、25.0%。

——新丰县。2018 年，新丰县地区生产总值 74.90 亿元，增长 4.1%。人均地区生产总值 34 316 元，增长 3.2%。三次产业结构比重为 15.1∶31.3∶53.6。规模以上工业增加值 13.94 亿元，下降 9.0%。地方一般公共预算收入 3.66 亿元，增长 10.9%。全体常住居民人均可支配收入 20 175.0 元，增长 7.3%。

——乳源县。2018 年，乳源县地区生产总值 90.65 亿元，增长 6.0%。人均地区生产总值 48 097 元，增长 4.9%。规模以上工业总产值 142.42 亿元，增长 15.4%。地方一般公共预算收入 6.27 亿元，增长 11.3%。全体常住居民人均可支配收入 20 394.0 万元，增长 8.3%。全年接待游客 508.32 万人次，增长 10.1%；实现旅游业总收入 44.36 亿元，增长 12.8%。

5. 芙蓉新区规划建设情况。

2018 年，芙蓉新区起步区芙蓉新城共安排建设项目 46 个。其中，续建项目 21 个，新开工项目 25 个。全年完成投资 72.74 亿元，完成全年计划投资的 104.0%，增长 15.0%。

——新城重大项目建设实现突破。芙蓉隧道建成通车，芙蓉大道全线贯通。妇幼保健计划生育服务中心已完成部分主体封顶，韶州文化广场已完成场地勘察，滨江商务中心项目已进行基础施工，综合客运枢纽（一期）已竣工验收，韶关汽车客运站、旅游及农产品展示中心顺利进驻运营。

——教育医疗资源整合加快推进。市第一人民医院迁建项目已完成 EPC 招标，并动工建设；妇幼保健计划生育服务中心项目保健中心楼及行政办公楼主体顺利封顶，儿童医院综合楼、妇产综合楼已开始主体施工，民营三甲医院已动工建设。新区公办学校、各区配套的小学和幼儿园建设不断加快，车头小学已开展规划方案设计，碧桂园小学已完成基础施工。

——功能设施配套不断完善。盆景山公园收尾建设工作加快推进，新城"四小公园"的规划设计方案已完成，北江体育公园已完成方案设计修改并通过审定，韶州文化广场勘察设计单位已完成场地勘察。滨江商务中心已完成方案设计修编、现场土方挖运及平衡，并开始基坑开挖支护及部分楼体的基础施工。新城美化绿化工程全年共完成面积约 21 万平方米。

——市政基础设施建设不断提速。完成芙蓉新城公交总站、社会公共停车场、公交候车亭、新城垃圾中转站的规划设计方案。新城 2018 年建设的综合管廊项目包含 5 号路综合管廊和百旺路缆线管廊，总长约为 11.3 千米，完成不受征拆影响的路段施工。新城水系项目加快推进，项目涉及的《韶关市芙蓉新城防洪规划》等 3 个新城水系专项规划已通过市规划委员会审议，已完成项目的勘察设计招标工作。

——周边区域互联互通不断加强。芙蓉隧道正式建成试通车。14 号路东段已完成临时设施建设、道路红线测设及拆迁情况调查。新白线项目有序推进。综合客运枢纽（一期）项目已完成竣工验收，韶关汽车客运站顺利进驻试运行，旅游及农产品展示中心已交付使用；综合客运枢纽（二期）项目正进行基础工程施工。

（三）河源市

1. 概况。

2018 年，河源市地区生产总值 1 006.00 亿元，增长 6.3%。人均地区生产总值 32 530 元，增长 6.0%。三次产业结构为 10.7：38.3：51.0。规模以上工业增加值 300.02 亿元，增长 7.8%。社会消费品零售总额 628.72 亿元，增长 8.7%。地方一般公共预算收入 76.95 亿元，增长 8.1%。外贸进出口总额 40.78 亿美元，增长 6.0%。全体常住居民人均可支配收入 19 397.1 元，增长 9.5%。居民消费价格指数上涨 2.0%。

2. 粤东西北振兴发展情况。

——重点领域改革取得新进展。深入推进供给侧结构性改革，认真落实省"实体经济十条"，为企业减负超过 40 亿元；完成化解钢铁行业过剩产能任务；化解非商品房库存 2.29 万平方米；完成省重点项目外的补短板项目投资 33.9 亿元。关键领域改革扎实推进，启动市级预算编制、执行和监督管理改革，零基预算改革和财政资金项目库改革全面铺开。稳步推进"放管服"改革，投资审批事项由 123 项压减至 70 项，成为全省"数字政府"改革政务云建设试点市，率先推出"粤省事·河源通"并正式上线。"三互"大通关改革扎实推进，综合保税区上报国务院审批，国际贸易"单一窗口"有效覆盖。

——产业转型升级进展良好。推进农业供给侧结构性改革，新增 4 个省级现代农业产业园、5 个省级农业标准化示范区，建成农产品种植养殖企业质量安全示范点 65 个，新增省名牌产品 12 个。灯塔盆地核心区建设稳步推进，完成农产品加工孵化中心和综合服务中心大楼建设。大力发展战略新兴产业和高新技术产业，太阳能光伏产业基地被列为"省市共建战略性新兴产业基地"。技改投资增长 43.5%，组织 89 家企业实施机器换人、智能化改造和老旧设备更新。旅游业快速发展，全年接待过夜游客 1 728.16 万人次，增长 11.6%；实现旅游业总收入 316.82 亿元，增长 16.1%。现代服务业加快发展，现代服务业增加值占服务业比重达 48.5%，提高 1.5 百分点。

——区域创新体系建设全面推进。加快创新平台建设，成立天津大学精密仪器院士工作站、深圳大学河源国际研究院，省科学院河源研究院建设顺利推进，河源广工大协同创新研究院工作成效显著。新增省企业重点实验室 2 家，实现省企业重点实验室零突破；新认定省级工程技术研究中心 6 家、省级新型研发机构 2 家。开展产学研合作 30 项，带动相关产业新增产值 5 亿元以上。全市净增高新技术企业 43 家，存量达 141 家。加强创新人才队伍建设，新引进中国工程院院士等高层次人才 3 人，新入选"珠江人才计划"创新科研团队 1 个。创新环境不断优化，启动创新"七大行动计划"，专利申请量、专利授权量、发明专利授权量分别增长 51.4%、28.7%、63.9%。落实科技创新政策，扶持科技企业资金超过 7 000 万元。

——促进城乡融合发展。大力推进新农村建设，全面完成 255 个省定贫困村的村庄整治规划编制和"三清三拆三整治"工作，紫金、和平、龙川、东源、连平 5 个省级新农村连片示范建设工程扎实推进。大力推进农业园区建设，灯塔盆地田园综合体（国家首批试点）项目、东源县全国首批国家农业可持续发展试验示范区暨农业绿色发展的试点先行区项目顺利推进。大力培育发展特色产业，全市有农业部畜禽标准化示范场 12 个、省级重点畜禽养殖场 20 个、规模蔬菜生产基地 50 个、水产健康养殖示范场 10 个。大力推进农村清洁卫生整治工作，截至 2018 年年底，全市农村生活垃圾有效处理率达 96.6%，分类减量比例为 52.8%，1 251 个行政村基本实现了村庄保洁。

——大力推动生态绿色发展。推进中央环保督察"回头看"问题整改和省环保督察整改，关停、取缔、整改企业 209 家。认真实施新丰江水库水质保护三年行动计划，新丰江水库水质保持国家地表水 Ⅰ 类。乡镇污水处理设施建设开工 35 座，建成 4 座。完成森林碳汇重点生态工程造林 12.2 万亩、生态景观林带 3 800 亩，完成中央森林抚育及省级碳汇林抚育 69.1 万亩，建设乡村绿化美化示范点 113 个，新建湿地公园 1 个，新增省级生态公益林示范区 1 个，森林覆盖率达 72.8%。推动省在东江流域率先启动生态补偿试点政策制定工作。大力发展绿色经济，推动东源、连平园区纳入省循环化改造试点园区，全市 8 个省级产业园区中有 7 个园区纳入省循环化试点园区；全年完成深河产业共建示范区产业转移项目 58 个，落地建设亿元以上工业项目 48 个。

——民生事业全面发展。全年民生投入 257.20 亿元，占地方一般公共预算支出的 76.8%。公共服务稳步提升，教育"创现"进程加速，新建 4 所、改扩建 12 所市区和县城中小学校，新增义务教育学位 1.2 万个。省卫生强市建设加快，市公共卫生服务中心、市妇幼保健院二期建成使用，市中医院二期完成主体工程，深河人民医院加快建设。文体惠民提档升级，市图书馆、市文化馆、市档案馆被评为国家一级馆，市博物馆被评为国家二级馆，新建体育公园 11 个。成功举办"国际博物馆日"广东主会场宣传活动、萧殷文学研讨会暨萧殷文学馆开馆活动、南粤古驿道定向大赛、2018年河源万绿湖国际马拉松等群众文体赛事活动。

3. 推进"深莞惠+汕尾、河源"经济圈建设情况。

——加强深圳河源结对帮扶力度。2018年，深圳对口帮扶河源产业共建园区（8个园区含江东新区）累计完成产业转移项目58个，完成全年比例的116.0%；已落地建设的投资超亿元工业项目48个，完成全年比例的240.0%。推动电子信息产业向高端发展，充分发挥中兴、西可、美晨、中光电等电子信息龙头企业的带动作用，着力引进高附加值产业项目。落户了中启、友华等一批产业链配套企业。

——深入推进深莞惠"菜篮子"工程。东源县农业局和深圳盐田对口帮扶东源指挥部联合组织15家东源特色农产品企业和重点帮扶单位，参加2018中国·深圳国际现代绿色农业暨绿色产业博览会，企业签约金额超过4 000万元。

——加强区域旅游合作。召开深莞惠汕河（3+2）旅游联盟2018年第二次联席会议。五市共同举办"5·19"中国旅游日活动，继续推进"五市五万人互游"活动开展，促进五市旅游消费。联手拓展华北游客市场，举办以"活力广州·缤纷深莞惠汕河"为主题的联合旅游推介会。联合参展2018广东国际旅游博览会，充分展现区域整合以及文旅融合的综合成效。

——推进优质生活圈建设。共同签署《深圳东莞惠州河源汕尾五市食品安全综合协调和监管工作合作协议》，建立健全包括食品安全信息及风险警示互通机制在内的一系列合作机制。

4. 县域经济发展情况。

河源市管辖源城区、东源县、龙川县、紫金县、连平县、和平县共五县一区，总面积15 292平方千米，占全市的97.7%。2018年，全市县域地区生产总值612.31亿元，占全市的60.9%。

表27 2018年河源市县域经济发展状况

地区	地区生产总值（亿元）	社会消费品零售总额（亿元）	地方一般公共预算收入（亿元）	三次产业结构
东源县	132.34	84.99	9.57	13.8：32.0：54.2
龙川县	155.69	124.15	7.26	17.0：25.1：57.9
和平县	112.77	66.02	6.22	15.7：36.3：48.0
连平县	76.88	68.35	6.72	19.2：21.5：59.3
紫金县	134.63	104.19	7.48	20.4：27.4：52.2

——东源县。2018年，东源县地区生产总值132.34亿元，增长7.8%。人均地区生产总值31 536元，增长18.3%。规模以上工业增加值38.17亿元，增长6.5%。地方一般公共预算收入9.57亿元，增长8.6%。税收收入18.71亿元，增长22.8%。外贸进出口总额44.00亿元，增长17.8%。全体常住居民人均可支配收入17 307.6元，增长9.2%。

——龙川县。2018年，龙川县地区生产总值155.69亿元，增长6.3%。人均地区生产总值21 621元，增长7.2%。地方一般公共预算收入、税收收入分别为7.26亿元、13.70亿元，分别增长8.1%、14.8%。外贸进出口总额27.60亿元，增长13.9%。全体常住居民人均可支配收入17 268.6元，增长9.7%。

——和平县。2018年，和平县地区生产总值112.77亿元，增长6.4%。人均地区生产总值28 031元，增长3.5%。规模以上工业增加值25.64亿元，增长7.3%。地方一般公共预算收入6.22亿元，增长10.2%。税收总收入8.64亿元，增长5.5%。城镇常住居民、农村常住居民人均可支配收入分别达到23 229.0元、14 052.0元，分别增长6.4%、9.3%。

——连平县。2018年，连平县地区生产总值76.88亿元，增长6.6%。人均地区生产总值21 523元，增长5.1%。农业总产值23.07亿元，增长4.4%。规模以上工业增加值10.22亿元，增长8.2%。地方一般公共预算收入6.72亿元，增长0.7%。全年接待游客360.00万人次，实现旅游业总收入28.71亿元，分别增长10.9%、11.1%。

——紫金县。2018年，紫金县地区生产总值134.63亿元，增长3.1%。人均地区生产总值19 643元，增长0.4%。农业总产值42.71亿元，增长4.3%。规模以上工业增加值29.45亿元，增长4.2%。地方一般公共预算收入7.48亿元，增长8.1%。全年接待游客329.90万人次，增长9.9%；实现旅游业总收入32.34亿元，增长17.7%。

5. 河源江东新区规划建设情况。

河源江东新区位于东江东岸，下辖临江镇、古竹镇和城东街道办事处，规划面积434平方千米，常住人口15万，其中核心区规划面积50平方千米，起步区分为城市建设起步区和产业发展起步区。目前，新区重点以"四组团"为发展抓手，分别为城市起步区组团、高铁新城组团、产业起步区组团、特色产业组团。

——交通基础设施建设全面提速。在对外交通上，全力推进河源通用机场、东江航道复航、古竹港区码头建设，全力配合推进赣深高铁、国道G205改线工程建设。在对内交通上，积极推动东环路升级改造，尽快启动古竹旅游大道、滨江生态景观长廊工程建设，积极对接推进新紫金桥、双下大桥和永康大桥等跨江大桥建设，配合推进国道G355新区高望至紫金林田段升级改造工程建设。大力推进新县道拓宽实施建设，县道X168线临江至古竹、Y305线东江大桥至古竹中学段路面改建工程已完成。农村公路窄路基路面拓宽工程正加紧落实，其中Y306、Y307、Y309线等13条线路已完成窄路基路面拓宽。

——宜居项目建设取得重大进展。碧桂园凤凰湾A区21万平方米已交付使用，B区13万平方米已完成竣工验收，C区23万平方米已封顶；碧桂园凤凰山色21万平方米正在建设中；胜利花园安置小区17.83万平方米已交付使用；和平花园安置小区16.6万平方米正在建设中；华南城七期、八期48万平方米正在建设中；方圆月岛首府11万平方米正在加快建设；时代中国和山湖海项目前期建设工作正式启动；融创文旅城项目建设积极推进。

——产业转移工业园建设初见成果。截至 2018 年年底，园区已投入建设资金约 10 亿元，完成土地征收约 6 500 亩，实现"三通一平"约 3 300 亩，已出让土地约 850 亩，已完成扩园 1.05 平方千米。园区签约项目 25 个，合同总投资额约 209.18 亿元。园区公共配套设施加快集聚。河源市深河医院正在加快建设，江东新区第二人民医院已完成选址和前期论证，江东新区碧桂园学校、江东新区十里东岸学校建设工作正在加紧推进。

——招商引资取得实质进展。新区积极对接拟投资各组团相关产业，共接待客商 200 余家，承接珠三角等地区中小企业 130 余家。新区重点在谈项目约 52 个，意向总投资约 700 亿元。多渠道招商推介效果显著，2018 年新增签约项目 17 个。其中，10 亿元以上项目 8 个，超 50 亿元项目 5 个，合同投资额约 350 亿元；动工项目 23 个，合同投资总额约 205 亿元；全年新增动工工业项目 18 个，投资总额 139 亿元；投产项目 3 个，合同投资总额 11.2 亿元。各主导产业培育初现雏形，重点发展新材料、大数据、高端装备制造、生命健康等国家战略性新兴产业，投资总额分别达 18 亿元、121 亿元、123.5 亿元、5 亿元。

（四）梅州市

1. 概况。

2018 年，梅州市地区生产总值 1 110.21 亿元，增长 2.4%。人均地区生产总值 25 367 元，增长 2.1%。三次产业结构为 17.7∶32.1∶50.2。工业增加值 277.89 亿元，增长 2.3%；规模以上工业增加值 193.12 亿元，增长 1.3%。社会消费品零售总额 726.49 亿元，增长 8.7%。外贸进出口总额 20.55 亿美元，增长 4.8%。地方一般公共预算收入 97.09 亿元，下降 10.6%。全体常住居民人均可支配收入 21 217.0 元，增长 8.1%。

2. 粤东西北振兴发展情况。

——基础设施建设扎实推进。梅汕高铁进入全线铺轨阶段，龙梅高铁、瑞梅铁路前期工作有序推进。5 条在建高速公路加快推进，完成国省道新改建及路面改造 163 千米。葵岗立交互通工程顺利开工，客都大桥顺利通车。梅畲快线主体工程完工。梅县机场旅客吞吐量突破 50 万人次，增长 29.0%。韩江高陂水利枢纽工程完成一期工程，梅州（五华）抽水蓄能电站主体工程全面动工建设。信息基础设施项目建设扎实推进，光纤接入用户突破百万，入户率达 85.0%。

——改革开放深入开展。市政府部门权责清单事项压减 162 项，取消涉企涉民证明 32 项。清理规范行政审批中介服务 9 项，建成运营网上中介服务超市，进驻中介服务机构 55 家。落实鼓励高新技术、改善民生、支持小微企业发展政策减免税共 14.38 亿元。深化商事制度改革，实行"多证合一"改革，新增各类市场主体 4.5 万多户，增长 35.0%。深化政务服务"马上办"改革，加快推进"数字政府"改革建设，"粤省事·梅州"移动服务平台建设速度全省最快、上线特色事项全省最多。被列为全省乡村振兴综合改革试点，基本完成农村土地确权登记颁证任务。对外开放水平扩大，积极融入粤港澳大湾区建设，新设海外经贸文化联络处 1 家、总量达 16 家；综合保税区申报进入国家审批阶段，市跨境电商清关中心进入试运营阶段。

——加快推动产业园区提质增效。全市规模以上工业增加值 193.12 亿元，新增规模以上工业企业 69 家，规模以上工业利润增长 29.8%，高技术制造业、先进制造业增加值占规模以上工业比重分别为 17.9%、25.9%。民营经济加快发展，民营经济增加值增长 3.5%。全年共引进亿元以上项目 79 个，承接珠三角地区产业梯度转移项目 46 个。新开展技术改造企业 110 家，新认定高新技术企业 82 家。

——城乡协调发展步伐加快。实施城市更新"微改造"，完成城区 3 条历史文化街区升级改造。县城扩容提质、中心镇"六个一"和特色小（城）镇建设步伐加快，新增 4 个省级特色小镇创建对象。实施乡村振兴战略，农林牧渔业实现增加值 198.96 亿元、增长 4.9%，5 个现代农业产业园入选省级名单，新增省重点农业龙头企业 17 家、家庭农场 214 家，组建金柚等 5 个产业科技服务专家团队，新增省级以上林下经济示范基地 8 个。全域推进农村人居环境整治，73.0% 的自然村基本完成"三清三拆三整治"任务；加快推进

"四好农村路"建设，加宽改造窄路基路面687千米，建设公路安全生命防护工程2 873千米；垦造水田项目全面开工。

——扎实推进生态建设。坚决打好污染防治攻坚战，中央环保督察交办案件全部办结，省环保督察交办案件办结率达91.1%。河（湖）长制有效落实，"五清"行动扎实开展。5个城市黑臭水体整治成效明显，市域内国考和省考断面水质优良率100%。建成镇村生活污水处理设施137座、新开工228座，完成镇级填埋场年度整治任务。率先在粤北地区建成运营环保能源发电项目。农业面源污染治理得到加强。国家园林城市、国家卫生城市通过复审，全国文明城市、国家森林城市创建工作扎实推进，完成森林碳汇工程20.25万亩、生态景观林带工程168.5千米建设。

——民生社会事业全面开展。基本养老保险、医疗保险覆盖率分别达97.1%、100%，失业人员再就业2.46万人。新开工城市棚户区1 380套（户），基本建成5 535套（户），发放租赁补贴621户。动工建设8所公办幼儿园，建成4所公办中小学校；嘉应学院入选粤东西北高校振兴计划，得到中山大学结对帮扶。打造了山歌剧《春闹》等一批文艺精品。加强南粤古驿道保护利用，234千米古驿道纳入省重点线路。加快创建卫生强市，推进28家县级医院、中心卫生院升级改造，完成1 888间村卫生站建设，新增2家三甲医院，市人民医院入选广东省高水平医院建设单位。群众体育蓬勃发展，已完成1个公共体育场馆建设并有9个尚处于动工阶段，建成14个社区体育公园，打造城乡15分钟健身圈。

3. 县域经济发展情况。

梅州市下辖兴宁市、平远县、蕉岭县、大埔县、丰顺县、五华县6个县（市）。2018年，全市县域经济持续稳定发展，县域地区生产总值684.14亿元，占全市的61.6%。县域地方一般公共预算收入51.57亿元，占全市的53.1%。

表 28 2018 年梅州市县域经济发展状况

地区	地区生产总值（亿元）	社会消费品零售总额（亿元）	地方一般公共预算收入（亿元）	三次产业结构
兴宁市	171.94	116.13	10.10	25.3∶19.6∶55.1
五华县	153.30	104.97	9.02	19.8∶22.1∶58.1
平远县	82.10	29.75	7.60	14.9∶29.8∶55.3
蕉岭县	82.95	45.09	8.35	14.4∶32.6∶53.0
丰顺县	109.17	58.22	8.23	20.4∶37.4∶42.2
大埔县	84.69	58.99	8.28	24.8∶26.9∶48.3

——兴宁市。2018 年，兴宁市地区生产总值 171.94 亿元，增长 0.2%。三次产业结构为 25.3∶19.6∶55.1。人均地区生产总值 17 317 元，与上年持平。规模以上工业增加值 11.45 亿元，增长 1.0%。农业生产稳定发展，农业总产值 70.00 亿元，增长 5.0%。地方一般公共预算收入 10.10 亿元，下降 12.0%。

——五华县。2018 年，五华县地区生产总值 153.30 亿元，增长 3.1%。三次产业结构为 19.8∶22.1∶58.1。人均地区生产总值 14 051 元，增长 2.9%。规模以上工业增加值 4.91 亿元，下降 4.0%。农业总产值 53.21 亿元，增长 4.8%。全年接待游客 710.00 万人次，实现旅游业总收入 51.02 亿元，分别增长 15.9%、16.8%。地方一般公共预算收入 9.02 亿元，增长 10.5%。

——平远县。2018 年，平远县地区生产总值 82.10 亿元，增长 0.9%。三次产业结构为 14.9∶29.8∶55.3。人均地区生产总值 34 922 元，增长 0.8%。规模以上工业增加值 10.22 亿元，下降 9.5%。实现农业总产值 19.62 亿元，增长 4.8%。地方一般公共预算收入 7.60 亿元，下降 6.7%。

——蕉岭县。2018 年，蕉岭县地区生产总值 82.95 亿元，增长 4.7%。三次产业结构为 14.4∶32.6∶53.0。人均地区生产总值 39 246 元，增长 4.6%。规模以上工业增加值 16.02 亿元，增长 6.6%。全年接待游客 474.96 万人次，实现旅游业总收入 37.85 亿元，分别增长 12.1%、14.1%。地方一般公共预算收入 8.35 亿元，下降 5.1%。

——丰顺县。2018 年，丰顺县地区生产总值 109.17 亿元，增长 3.3%。三次产业结构为 20.4∶37.4∶42.2。人均地区生产总值 22 074 元，增长 3.1%。规模以上工业总产值 68.74 亿元，增长 5.5%。全国电声产业知名品牌创建示范区工作扎实推进，实现电声产值 105 亿元，增长 2.9%。地方一般公共预算收入 8.23 亿元，下降 10.7%。

——大埔县。2018 年，大埔县地区生产总值 84.69 亿元，增长 2.3%。三次产业结构为 24.8∶26.9∶48.3。人均地区生产总值 22 002 元，增长 1.9%。规模以上工业增加值 9.76 亿元，下降 9.0%。文化旅游产业蓬勃发展，全年接待游客 652.00 万人次，实现旅游收入 37.76 亿元，分别增长 9.8%、11.6%。地方一般公共预算收入 8.28 亿元，下降 14.7%。

4. 重大区域发展平台规划建设情况。

——嘉应新区发展雏形初步显现。截至 2018 年年底，嘉应新区建成区面积 47.98 平方千米，常住人口 45.73 万人。2018 年，新区地区生产总值 160.73 亿元，增长 1.5%。规模以上工业增加值 42.82 亿元，下降 5.0%。地方一般公共预算收入 5.20 亿元，增长 14.8%。完成芹洋安置区 3 070 套安置房和吉祥安置区 1 996 套安置房移交工作。基本建成剑英公园大道、华南大道、安康路、吉祥路等主要管廊和道路路面，完成 18 条（段）新建道路初步验收。马鞍山公园、芹洋湿地公园、约亭顶公园及剑英公园改造提升等项目正式移交管理，为梅州城区增加了 859 亩公园绿地和 360 亩湿地面积。基本完成梅州市城市馆、青少年科技馆主体工程。加快推进 24 个总投资 382 亿元的产业项目。

——梅兴华丰产业集聚带发展基础不断夯实。截至 2018 年年底，梅兴华丰产业集聚带产业园区累计入园企业 583 家，建成企业 508 家，规模以上工业企业 189 家。产业集聚带产业园区（集聚地）全年实现工业总产值 249.85 亿元，增长 6.3%；规模以上工业增加值 54.43 亿元，下降 0.88%；全口径税收 18.71 亿元，增长 18.9%。新签约企业项目 33 个，计划投资额 110.94 亿元；新动工企业（项目）累计 51 个，计划投资额 123.97 亿元，立项投资额 121.92 亿元，其中亿元以上新落地项目 29 个，10 亿元以上新落地项目 2 个；新投产企业（项目）累计 37 个，全年实际完成投资额 2.39 亿元。一是综合交通建设方面，梅汕高铁梅州段红线内征地拆迁工作全部完成，完成年度投资 28.37 亿元。龙岩经梅州至龙川铁路、瑞梅铁路、梅县机场迁建等项目前期工作加快推进。五华至陆河段高速公路、丰顺至五华高速公路、长深（梅河）高速公路梅县葵岗出入口互通立交工程等项目有序推进。二是公共服务配套设施建设方面，广梅开发区医院新院区累计完成投资额 1.52 亿元，畲江镇中心卫生院整体搬迁至广梅开发区医院院区。广梅共建职业教育园，为产业集聚带企业举办招聘会 211 场次，发布岗位信息 8.4 万个次，达成就业意向 2.6 万人次。三是综合平台建设方面，新增金柚康、裕源织造、宝丽康 3 家高新技术企业，科伦药业、东电化、恒一等 15 个项目开展技术改造。积极对接仲恺农业工程学院、省科学院等高科研院所，推进产学研用合作。四是梅州综合保税区建设方面，共引进项目 15 个，其中 8 个项目已启动。

（五）清远市

1. 概况。

2018 年，清远市地区生产总值 1 565.19 亿元，增长 4.0%。人均地区生产总值 40 476 元，增长 3.6%。规模以上工业增加值 443.78 亿元，增长 7.2%。社会消费品零售总额 738.86 亿元，增长 9.4%。外贸进出口总额 62.50 亿美元，增长 28.3%。金融机构本外币存款、贷款余额分别为 2 336.34 亿元、1 559.72 亿元，分别增长 8.0%、13.7%。地方一般公共预算收入 111.90 亿元，增长 8.6%。居民消费价格指数上涨 2.2%。

2. 粤东西北振兴发展情况。

——产业转型升级扎实推进。三次产业结构为 14.8∶34.7∶50.5。先进制造业、高技术制造业增加值占规模以上工业比重分别为 28.7%、6.4%，规模以上工业实现利润增长 22.7%。加强招商引资，完善招商体制机制，全市新签约工业项目 109 个,总投资 536 亿元;合同外资增长 138%。出台工业技改三年行动实施方案,完成工业技改投资 50 亿元。新增规模以上工业企业 7 家。开展国际化旅游城市战略规划研究,清远长隆项目和周边配套建设有序推进,启动智慧新城、中以科技小镇建设。加快创建全域旅游示范区,新增 4A 级景区 2 个,总数达 19 个;全年接待过夜游客 1 292.68 万人次,实现旅游业总收入 346.21 亿元,分别增长 8.4%、10.1%。

——创新驱动发展步伐加快。出台"创新十条"实施细则。大力培育创新企业和平台,新增高新企业 83 家、新型研发机构 1 家、省级企业技术中心 12 家、省级以上工程中心 35 家,实现国家小微企业双创示范基地、省重点实验室零的突破,华南 863 科技创新园、天安智谷进驻项目 405 个。首次获得国家科学技术奖。专利授权量、发明专利授权量分别增长 83.2%、80.2%,新增国家知识产权优势企业 9 家。加快人才高地建设,校地合作深入推进,"海外院士工作站"启动,新增博士后科研工作站 2 个。成功举办众创杯、创业大赛、高端人才交流会等活动。

——交通基础设施水平明显提升。出台中心区域道路交通三年行动计划,完成道路建设改造项目 30 个。高速公路项目顺利推进,新增通车里程 172 千米,占全省 1/4,总里程跃居全省第二位;佛清从高速前期工作取得积极进展。磁浮旅游专线首开段动工。广清城轨一期清远段完成轨道铺设,广清永高铁、广清地铁、佛江高速北延线规划衔接取得新进展。北江航道升级项目完成总投资的 68%。完成一批国省道改造项目。

——重点领域改革深入推进。营商环境逐步优化,召开民营企业、拟上市企业、外贸企业座谈会,面对面帮助企业解决困难。落实各项降成本政策,为企业减负 43.8 亿元。深化"放管服"改革,加快"数字政府"建设,推进"证照分离"改革试点,建立粤东西北首个网上中介超市,强县放权 115 项,编制完成 7 043 项政务服务事项标准,行政许可承诺时限比法定时限缩短 50% 以上,商事登记压减至 2 个工作日以内。全市新登记各类市场主体 4 万余户,企业户数增长 12.9%。

——生态文明建设取得实效。加大环境执法力度,全力改善空气质量,全年空气质量综合指数改善 2.2%。完成"煤改气"94 条，淘汰 10 蒸吨及以下工业燃煤锅炉 38 台，完成 33 家省级 VOCs 重点监管企业治理，整治"散乱污"企业 1 445 家。完成生态保护红线划定，启动创建国家森林城市，新建森林公园 2 个、湿地公园 2 个，建成乡村绿化美化示范村 115 条，矿山石场治理复绿 49 公顷。完成龙塘、石角电子废弃物综合整治二、三期工程。全面推行河长（湖长）制，11 个县级及以上集中饮用水源水质 100% 达标。加快推进 4 条黑臭水体整治，完成黄坑河、海仔大排坑城市建成区段整治任务，澜水河、龙沥大排坑整治加快，完成清新滨江迳口、连州龙潭寺取水口上移。

——民生保障更加有力。民生支出 266.90 亿元，占地方一般公共预算支出的 78.2%。新增城镇就业 4.4 万人，失业率控制在 2.4%，劳动技能培训 1.37 万人次。社保参保 773.4 万人次。完成搭建市属国企住房租赁平台，分配政府投资公租房 5 098 套，发放城镇住房保障家庭租赁补贴 1 451 户，完成农村危房改造 8 837 户。公共服务稳步提升，市中心区域新增 1.3 万个、全市新增 2.1 万个义务教育阶段学位，积极引进广东金融学院在清远创办校区。公立医院全面取消耗材加成，19 个县级公立医院升级项目全部动工，乡镇卫生院标准化完成率达 97.4%，村卫生站规范化完成率达 98.3%。基本实现基层综合文化服务中心全覆盖，开展文化惠民千村行、清远马拉松等系列惠民文体活动。

3. 推进广清一体化建设情况。

——机制衔接不断优化。先后召开高质量推进广清一体化发展论坛、广州—清远对口帮扶一把手联席会议，协同发展思路不断优化提升。与广州联合印发《高质量推进广清一体化发展工作方案》，明确 61 项重点工作。

——大力推进产业协作。成功举办粤港澳论坛及招商推介会。2018 年，广清产业园 A 区累计签约项目 179 个，试投产项目 36 个，新动工项目 21 个。创新合作共赢模式建设广清产业园 B 区。广东顺德清远（英德）经济合作区移交给广州对口帮扶，由广州接手主导开发，移交对接工作顺利开展。广州、清远两市共同谋划广清空港现代物流产业新城、广清特别合作区等规划建设。广州银行清远分行开业。

——交通路网建设日臻完善。广清普通路网全方位对接，研究制订中心城区交通路网建设三年行动计划，积极推动对接广州的三条"断头路"建设。积极谋划佛江高速公路北延线，加快推进太石路南延线与广州红棉大道对接路线工程前期工作，争取项目早日动工。广州支持广清永高铁、广州地铁北延，广清城际二期加快建设，广连高速接入广州第二机场高速。广清两地首批 3 条跨市公交日发班次增加至 68 班次。

——推进城市功能对接。广州物流业等城市功能加快向清远疏解，广百南部物流枢纽首期建成。广清农业众创空间一期建成。206 所学校、32 家县级以上医院与广州建立帮扶关系。

4. 县域经济发展情况。

清远下辖 6 个县（市），包括 2 个县级市、4 个县，县域面积达 1.53 万平方千米，占全市总面积 1.9 万平方千米的 80.7%。2018 年，全市县域地区生产总值 774.96 亿元，占全市的 49.5%。

表29　2018 年清远市县域经济发展状况

地区	地区生产总值（亿元）	社会消费品零售总额（亿元）	地方一般公共预算收入（亿元）	三次产业结构
英德市	294.76	145.51	18.09	18.4∶33.0∶48.6
连州市	156.89	56.47	6.76	23.9∶21.8∶54.3
佛冈县	139.23	49.21	9.53	10.4∶46.3∶43.3
连山县	34.36	7.48	1.06	24.6∶26.0∶49.4
连南县	45.67	9.99	1.29	21.0∶24.2∶54.8
阳山县	104.05	44.93	4.68	34.6∶19.0∶46.4

——英德市。2018 年，英德市地区生产总值 294.76 亿元，增长 6.5%。人均地区生产总值 29 936 元，增长 6.1%。规模以上工业增加值 77.70 亿元，增长 10.9%。外贸进出口总额 58.44 亿元人民币，增长 33.6%。全体常住居民人均可支配收入 20 259.10 元，增长 8.3%。地方一般公共预算收入 18.09 亿元，增长 10.1%。

——连州市。2018 年，连州市地区生产总值 156.89 亿元，增长 5.3%。人均地区生产总值 40 852 元，增长 4.9%。规模以上工业增加值 21.22 亿元，增长 1.8%。全体常住居民人均可支配收入 19 665.0 元，增长 8.2%。全年接待游客 1 005.86 万人次，实现旅游业总收入 50.60 亿元，分别增长 6.7%、7.1%。地方一般公共预算收入 6.76 亿元，增长 7.6%。

——佛冈县。2018 年，佛冈县地区生产总值 139.23 亿元，增长 5.0%。人均地区生产总值 43 971 元，增长 4.6%。农业总产值 22.45 亿元，增长 4.5%。规模以上工业增加值 57.21 亿元，增长 9.4%。外贸进出口总额 63.58 亿元，增长 43.0%。地方一般公共预算收入 9.53 亿元，增长 5.6%。全年接待游客 585.63 万人次，增长 9.4%；实现旅游业总收入 38.45 亿元，增长 9.5%。

——连山县。2018 年，连山县地区生产总值 34.36 亿元，增长 5.3%。人均地区生产总值 36 300 元，增长 4.9%。地方一般公共预算收入 1.06 亿元，增长 6.0%。全体常住居民人均可支配收入 16 684.9 元，增长 6.6%。全年接待游客 121.00 万人次，增长 20.9%；带动旅游消费 6.38 亿元，增长 21.5%。成功创建"教育现代化先进县"。

——连南县。2018 年，连南县地区生产总值 45.67 亿元，增长 0.5%。人均地区生产总值 33 852 元，增长 0.2%。规模以上工业增加值 0.96 亿元，下降 37.0%。全体常住居民人均可支配收入 18 066.8 元，增长 8.2%。地方一般公共预算收入 1.29 亿元，增长 3.8%。全年接待游客 309.28 万人，增长 10.8%；实现旅游业总收入 11.88 亿元，增长 10.9%。

——阳山县。2018 年，阳山县地区生产总值 104.05 亿元，增长 4.7%。人均地区生产总值 27 951 元，增长 4.2%。地方一般公共预算收入 4.68 亿元，增长 6.3%。全体常住居民人均可支配收入 19 094.8 元，增长 10.0%。全年接待游客 532.50 万人次，实现旅游业总收入 31.70 亿元，均增长 8.6%。

5. 清远燕湖新区建设情况。

——加快交通基础设施建设。北江四桥、院南路、院东路建成通车，环城东路、北江四桥南北引道工程、燕湖大道、森林大道、清晖路、平安路等道路工程加快建设。广清城轨一期车站进入装修阶段，我国第一条磁浮旅游专线——清远市磁浮旅游专线工程全面动工。

——着重加快新区核心区建设。2018年，燕湖新区核心区燕湖新城累计启动公共基础设施项目61个，其中已建成29个、续建项目32个，总投资约296亿元，累计完成投资约149.4亿元，其中2018年度完成投资约10.6亿元。新城建设已初具规模，将为清远市民及在清就业人口提供大型的市级服务、休闲文化、交通枢纽等公共服务空间，弥补市区公共文化的短板，实现生产空间、生活空间、生态空间的有机融合。

——公共配套设施建设全面升级。省级职业技术教育示范基地（清远）首期工程建设的5所高职院校主体基本完成，年度完成投资11.8亿元，完成年度计划的155.9%。清远市残疾人康复及托养中心工程、飞霞山市民公园建成投入使用，清远市人民医院二期工程、清远市博爱学校中学部新校区工程、奥体中心、四大文化场馆等一批公共配套设施加快建设。

——大力推进产城融合发展。清远长隆国际森林度假区、清远际华园等龙头旅游项目全面动工，总投资额逾200亿元，累计完成投资31亿元。加快推动梦享谷、特色旅游小镇等规划建设，打造全域旅游示范区。创新发展步伐加快，高新产业孵化基地华南863科技创新园、天安智谷进驻项目405个。广百南部物流枢纽项目首期建成，在现有源潭地区物流园的基础上，进一步提升规划，扩大规模，合作共建广清空港现代物流产业新城。

6. 广东顺德清远（英德）经济合作区规划建设情况。

广东顺德清远（英德）经济合作区充分发挥两地比较优势，全力推动园区开发建设，合作共建成效日益凸显。2018年，园区规模以上工业总产值12.43亿元，增长6.9%；规模以上工业增加值2.46亿元，增长6.5%。园区内基础设施建设不断完善，合作区"四路"工程合计完成混凝土道路12.9千米，污水处理厂已进入正式运营阶段，启动区交通、照明、绿化、供水、电力、通信等配套设施均已完成并投入运营，中心公园改建工程已完成竣工验收并投入使用，中南产业片区进入全面大开发阶段。园区招商引资取得新成效，鸿特空调等9家企业实现投试产。

（六）云浮市

1. 概况。

2018 年，云浮市地区生产总值 849.13 亿元，增长 3.9%。人均地区生产总值 33 747 元，增长 2.9%。三次产业结构为 18.2 : 37.8 : 44.0。规模以上工业增加值 113.69 亿元，下降 0.1%。社会消费品零售总额 385.07 亿元，增长 7.8%。地方一般公共预算收入 57.64 亿元，增长 0.3%。金融机构本外币存款、贷款余额分别为 1 199.50 亿元、793.07 亿元，分别增长 7.0%、8.4%。全体常住居民人均可支配收入为 19 239.1 元，增长 7.6%。

2. 粤东西北振兴发展情况。

——"三大抓手"建设有新进展。交通基础设施日臻完善，交通基础设施建设完成投资 51.3 亿元，完成年度计划的 101%。汕湛高速云湛段（云浮段）建成通车，全市高速公路通车总里程达 330 千米；汕湛高速清云段、高恩高速、怀阳高速二期、罗信高速等项目加快建设。完成国省道路面改造 77 千米。园区提质增效明显，市重点工业园区实现规模以上工业增加值 49.86 亿元，占全市比重为 43.9%。园区基础设施年度新增投入约 9.2 亿元。中心城区扩容提质，市中心城区近期建设规划范围内控规实现全覆盖，北一路建成通车，金山路碧桂园段实现双边贯通，浩林西路、东方路贯通工程等 44 个提升中心城区首位度项目扎实推进。完成"三旧"改造面积 649.84 亩，田心片区综合提升改造基本完成，城镇生活垃圾无害化处理率达 100%。

——产业转型升级加快。新增工业企业技术改造备案项目 64 个，总投资 25.06 亿元。水泥、石材等产业提质增效，税收分别增长 105.1%、45.0%。新增广东省名牌产品（工业类）3 个。组建云浮市企业上市促进会和"新三板"投资平台。全市共引进合同项目 120 个，计划总投资 412.5 亿元，引进万洋众创城、邦诚科技等投资超 10 亿元合同项目 12 个。佛山（云浮）产业转移工业园获批筹建国家级氢能产业技术标准创新基地，佛山（云浮）氢能产业与新材料发展研究院获批广东省氢能技术重点实验室，国鸿氢能获批广东省工程技术研发中心。新增加氢站 1 座,在建 9 座。广东(云浮)安全可靠系统应用与产业示范区加快构建,龙芯中科、安可云、龙启智能、正盟科技落户云浮。

——创新能力明显提高。全市新增高新技术企业 19 家,总数达到 58 家。新增省级新型研发机构 2 家,总数达到 4 家。新建云浮中科石材创新中心等创新平台。创建广东国际人才交流与创新中心云浮区域中心。温氏集团两项科技成果获 2018 年度国家科学技术进步奖二等奖。新增国家级博士后科研工作站 2 家、省级博士工作站 5 家。

——综合改革取得新突破。供给侧结构性改革深入推进,全年累计依法减税 52.02 亿元,减免政府性基金及行政事业性收费 3.22 亿元;开展新一轮基础设施补短板储备工作,完成投资 145.79 亿元。金融体制改革有序推进,全市首家法人非银行金融机构温氏集团财务有限公司挂牌开业,新兴、罗定农商行完成改制。"五平台五基金"累计为中小微企业提供新增贷款 43.64 亿元,降低融资成本 3 217.34 万元。"放管服"改革十大行动计划扎实开展,社会投资项目、政府投资项目从立项到开工审批时限分别缩短至 35、40 个工作日以内,开办企业时间缩减至 5 个工作日以内。"数字政府"建设加快,"粤省事·看云浮"移动民生服务平台正式上线,205 项政务服务事项实现指尖办理。全年新登记市场主体 23 920 户,增长 24.4%。

——污染防治成效明显。南山河流域云浮城区(云城、高峰街道)截排系统完善及污水处理厂扩建项目截排系统部分主体工程基本完成,南山河永丰桥断面水质达到Ⅲ类。完成 7 段城市建成区黑臭水体整治,全面完成 13 宗山区五市中小河流治理任务。全面实施河长制、湖长制,设置河长 1 085 人、湖长 7 人。扎实推进净土防御战,建成花岗岩石材废渣综合利用项目 3 个,2 个大理石石材废渣综合利用项目加快建设。新生态建设进一步加强,完成造林更新 17.47 万亩,完善提升生态景观林带 19.5 千米,完成 44.34 万亩森林抚育任务,森林覆盖率达 67.1%。国有林场改革通过省验收,国家森林城市创建工作加快推进。

——社会事业取得新进步。全市民生类支出完成 160.68 亿元,占地方一般公共预算支出的 74.1%。教育卫生事业加快发展，广东药科大学云浮校区项目一期建设工程完成，教育"创现"累计投入 13.02 亿元。卫生强市建设加快推进，市区域医疗中心加快建设，启动建设首批 5 个重点专科，基层医疗卫生特殊紧缺人才"千人计划"引才模式得到省充分肯定。社会保障水平稳步提高，全市城镇新增就业 2.06 万人，扶持创业 1 626 人，城镇登记失业率为 2.5%；城乡居民基础养老金提高至每人每月 148 元，城乡居民医保最高报销限额提高至 40 万元。文化体育事业不断进步，"农村春晚"入选全国文化信息资源共享工程"百姓大舞台"品牌项目；体育场地设施基本实现全覆盖，1.2 万个座席的市体育场项目基本完成。

3. 县域经济发展情况。

云浮市辖云城、云安两个区，罗定市、新兴县、郁南县三县（市）。罗定市、新兴县、郁南县三县（市）土地总面积分别是 2 327.50 平方千米、1 521.68 平方千米、1 966.20 平方千米，合计 5 815.38 平方千米，占全市的 74.7%。2018 年，全市县域地区生产总值 598.09 亿元，占全市的 70.4%。社会消费品零售总额 251.40 亿元，占全市的 65.3%。地方一般公共预算收入 34.59 亿元，占全市的 60.0%。

表 30　2018 年云浮市县域经济发展状况

地区	地区生产总值（亿元）	社会消费品零售总额（亿元）	地方一般公共预算收入（亿元）	三次产业结构
罗定市	223.70	120.48	12.52	21.9：36.3：41.8
新兴县	264.40	67.87	17.61	21.7：30.3：48.0
郁南县	109.99	63.04	4.46	20.4：32.0：47.6

——罗定市。2018 年，罗定市地区生产总值 223.70 亿元，增长 6.0%。人均地区生产总值 22 830 元，增长 5.1%。三次产业结构为 21.9：36.3：41.8。规模以上工业增加值为 24.16 亿元，增长 3.1%。地方一般公共预算收入 12.52 亿元，增长 0.2%。全体常住居民人均可支配收入 17 763.0 元，增长 7.7%。

——新兴县。2018 年，新兴县地区生产总值 264.40 亿元，增长 4.0%。人均地区生产总值 57 917 元，增长 3.0%。三次产业结构为 21.7∶30.3∶48.0。规模以上工业增加值 24.55 亿元，增长 0.1%。地方一般公共预算收入 17.61 亿元，增长 0.5%。全年接待游客 1 293.75 万人次，增长 10.5%；实现旅游业总收入 113.61 亿元，增长 10.8%。

——郁南县。2018 年，郁南县地区生产总值 109.99 亿元，增长 3.4%。人均地区生产总值 26 548 元，增长 2.4%。三次产业结构为 20.4∶32.0∶47.6。地方一般公共预算收入 4.46 亿元，增长 4.9%。全年接待游客 204.30 万人次，增长 14.9%；实现旅游业总收入 20.99 亿元，增长 10.7%。

4. 云浮新区规划建设情况。

——科技创新战略深入实施。新区现有高新技术企业 6 家，高新技术培育入库企业 9 家。新区高新技术产业（含培育）累计实现产值 10.5 亿元，占规模以上工业总产值的比重达 32.3%。新区共有省级工程技术研究中心 3 家、省级新型研发机构 1 家、省级众创空间试点单位 1 家、市级工程技术研究中心 5 家、市级新型研发机构 1 家、市级重点实验室 1 家、市级科技企业孵化器 1 家。累计奖励、资助企业及个人科技创新项目 187 个，新区企业及个人自 2010 年以来累计申请专利 294 件，其中发明专利申请 51 件、授权专利申请 173 件。近三年来，省级科技项目立项（含省级称号）48 项，获得扶持资金达 3 061 万元；市级项目立项 32 项，获得扶持资金 656 万元。

——高质量产业体系逐步形成。重点发展云计算大数据产业，打造"云谷"，建成云计算数据中心一期。以华为公司为龙头，吸引了神州数码、软通动力、云帕斯、清软海芯等 23 家云计算大数据相关企业签订合作协议。依托广药发展生物医药产业，打造"药谷"，加快推进广东药科大学共建广东药科大学（云浮）研究院工作，不断构建以企业为主体、市场为导向、产学研相结合的技术创新体系。借鉴中国高铁模式创新引进加拿大巴拉德公司先进商用车燃料电池技术，依托佛山飞驰、广东国鸿氢能科技等氢能源汽车项目，大力发展以氢燃料为代表的新能源开发和应用产业。推动先进制造业快速发展，先后引进高丘六和、爱德克斯、广东溢康通等汽车配件项目，总产值达

12.5 亿元，初步形成汽车零配件产业集群。

——大力推进基础设施建设。一是交通基础设施建设全面提速。加快构建全方位大交通体系，抓好新区对外快速公路和内部交通路网的建设，规划形成"六横五纵"主干路网，规划建设道路 51 条，总长约 139.72 千米；已建成 23 条，总长约 66.28 千米。二是公共服务设施日益完善。云浮市·云安区·云浮新区"三合一"综合行政服务中心、广东药科大学云浮校区、广东华立科技学院、华立中英文小学、文体公园等教育文化体育设施已投入使用，光明中小学、云浮市体育场、云浮市档案综合大楼、云安区中医院等项目加快建设。

专项篇

一、重大区域发展平台建设

（一）综述

截至 2018 年年底，全省经省政府同意设立的省级以上重大区域发展平台共 38 个，其中国家级重大区域发展平台 4 个、省级重大区域发展平台 27 个、合作区 7 个。在区域分布上，珠三角地区合计 15 个，粤东西北地区合计 23 个。重大区域发展平台已成为广东省促进区域经济协调发展、扩大对外开放、推动改革创新发展的重要载体。

——经济发展势头良好。2018 年，广州南沙新区规模以上工业企业产值 2 421.00 亿元，增长 7.8%；地方一般公共预算收入 75.19 亿元，增长 14.5%。深圳前海深港现代服务业合作区注册企业实现增加值 2 549.50 亿元，增长 25.6%。珠海横琴新区实现地区生产总值 244.15 亿元，增长 12.9%。惠州环大亚湾新区实现地区生产总值 1 512.50 亿元，增长 10.1%。东莞水乡特色发展经济区实现地区生产总值 648.00 亿元，增长 8.7%。中山翠亨新区完成规模以上工业总产值 82.83 亿元，增长 10.6%。湛江海东新区实现地区生产总值 308.00 亿元，增长 5.9%。

——基础设施建设加快推进。惠州潼湖生态智慧区创新与总部经济区首批市政道路工程基本实现通车。东莞滨海湾新区启动建设交椅湾板块"二横五纵"骨干路网，海芯大道路完成 2 900 万元投资额，湾区大道完成 2 500 万元投资额。潮州新区潮州大桥、如意大桥正式建成通车，加快一江两岸文化生态提升工程、韩江新城防洪综合整治和凤城生态水乡水利整治工程建设。茂名滨海新区博贺新港区东、西防波堤均已全面完工，粤电煤炭码头已完成 90% 的海工工程。河源江东新区大力推进县道拓宽工程建设，县道 X168 线临江至古竹、Y305 线东江大桥至古竹中学段路面改建工程已完成。清远燕湖新区北江四桥、院南路、院东路建成通车，我国首条磁浮旅游专线——清远市磁浮旅游专线工程全面动工。

——招商引资成效显著。广州南沙新区新引进世界500强企业投资项目36个（累计135个），总部型企业累计达103家。深圳前海深港现代服务业合作区全年新增港资企业3 698家，增长49.0%。珠海横琴新区累计45家世界500强企业落户，注册企业134家。揭阳滨海新区全面启动建设中石油大南海炼化一体化项目，同步引进吉林石化ABS 60万吨/年、昆仑能源LNG 350万吨/年等配套项目，总投资超过800亿元。湛江海东新区新增外资项目10个，实际利用外资增长3.14倍。河源江东新区新增签约项目17个，其中10亿元以上项目8个、超50亿元项目5个，合同投资额约350亿元。梅州梅兴华丰产业集聚带亿元以上新落地项目29个，10亿元以上新落地项目2个，当年实际完成投资额2.39亿元。

——产城融合取得新进展。中山翠亨新区临海科技新城一期专家楼主体结构封顶，智创中心开工建设，人才公寓主体结构完工。肇庆新区投资91亿元建设城市地下综合管廊，投资70亿元开展六大水系综合整治，体育中心顺利竣工并交付使用，实验学校、商务中心、创客综合体已投入使用。潮州新区着力改善环境，积极做好"绿化、亮化、硬化、净化"四化工程。揭阳新区不断推进揭阳潮汕妇女儿童医院、揭阳粤东肿瘤医院、空港一中二期工程、炮台镇中心卫生院医技综合大楼建设项目、渔湖镇中心卫生院新住院楼建设工程等公共配套项目建设。汕尾新区中央商务区建设进展顺利，积极推进汕尾城乡金融中心大厦项目、汕尾火车站站前广场及周边配套道路等市政公用工程、汕尾市区站前路市政工程等建设。韶关芙蓉新区妇幼保健计划生育服务中心项目保健中心楼及行政办公楼主体顺利封顶，动工建设市第一人民医院迁建项目和儿童医院综合楼。云浮新区综合行政服务中心、广东药科大学云浮校区、广东华立科技学院、华立中英文小学、文体公园等教育文化体育设施已投入使用。

（二）广州南沙新区

——经济增长稳中向好，高质量发展的基础不断夯实。2018 年，广州南沙新区地区生产总值 1 458.41 亿元，增长 6.5%。规模以上工业企业产值 2 421.00 亿元，增长 7.8%。地方一般公共预算收入 75.19 亿元，增长 14.5%；税收收入 555.70 亿元，增长 17.7%。实际利用外资 9.74 亿美元，下降 6.5%。外贸进出口总额 2 063.90 亿元，增长 5.8%。招商引资成效显著，全年新设企业 3.8 万家，新增注册资本 8 323.80 亿元，分别增长 76.2%、52.0%；新设外资企业增长 3.3 倍，注册资本 1 亿元以上企业增长 3.86 倍。新引进世界 500 强企业投资项目 36 个（累计 135 个），总部型企业累计达 103 家。209 个挂图作战重点项目完成投资额 827 亿元，完成年度投资计划的 104.7%。

——现代化产业体系加快构建，新动能持续涌现。先进制造业不断壮大，产值占规模以上工业产值的比重达 66.7%。汽车产业集群产值首次突破千亿，落户广汽蔚来等一批汽车项目，海尔智能制造中心、一品红药业生产基地等一批民营企业重点产业项目陆续开工。现代服务业快速发展，新增航运物流企业 1 921 家、（类）金融机构 3 061 家，全年通过飞机租赁 SPV 项目公司引进飞机 51 架，开展船舶租赁业务 21 艘。战略性新兴产业加快发展，聚集零氪科技等 130 家人工智能企业，国家级可燃冰基地加快建设。创新创业人才加快集聚，集聚诺贝尔奖获得者 1 名、院士 10 名、国家"千人计划"专家 20 名。

——改革开放进一步深化，全面开放新格局加快构建。粤港澳大湾区建设开局良好，粤港产业深度合作园、庆盛科技创新产业基地等重大平台加快规划建设，粤港澳大湾区国际商业银行加快筹建，穗港澳"一带一路"企业合作联盟正式成立，香港科技大学（广州）落户。新设港澳企业 1 504 家，投资额 496 亿美元，分别增长 7 倍、6 倍。深化与大湾区重点区域合作，与中山市翠亨新区、佛山市顺德区签署战略合作协议。参与"一带一路"建设取得新进展，广州市"一带一路"投资企业联合会落户，大湾区暨"一带一路"法律服务集聚区挂牌。营商环境建设成效显著，在全市率先上线"人工智能＋"商事登记系统，创新"一口受理、五十证联办"模式；拓展国际延迟中转业务（DIT），优化粤港跨境货栈，试行粤澳跨境电商直通车。深化"放管服"改革，实现政务服务事项 1 125 项"零跑动"、159 项"即刻办"、107 项"全区通办"、164 项湾区 9 城"跨城通办"。

——"四枢纽一窗口"建设加快推进，门户枢纽核心功能不断提升。区域综合交通枢纽建设加快推进，南沙港铁路全线开工，深茂铁路（深圳至江门段）建设加快推进，广深港高铁开通运行，地铁 18 号线、22 号线加快建设；中南虎城际（赣深客专南沙支线）、肇顺南城际、广中珠澳高铁等项目有序推进；南沙大桥主线全线贯通；深中通道、广中江高速等项目进展顺利。国际科技产业创新枢纽建设成效显著，区本级财政科技支出增长 65.7%；专利申请 9 875 件，增长 98.5%；研究与试验发展经费投入强度首次突破 3%，落户中科院南海生态环境工程创新研究院、南方海洋科学与工程省实验室，启动建设深海科技创新中心基地。国际航运枢纽能级进一步增强，南沙港区四期、国际物流中心等项目开工建设，南沙港区实现货物吞吐量 3.56 亿吨，增长 6.5%；集装箱吞吐量 1 566.1 万标箱，增长 11.4%。邮轮出入境旅客 48.12 万人次，增长 19.3%。国际新型贸易枢纽功能持续提升，全年跨境电商保税网购进口 98.7 亿元，增长 37.6%。金融业对外开放试验示范窗口建设不断加强，成功落地自贸区首笔资本项目收入支付便利化试点业务，率先开展 QFLP 和 QFGP 试点。

——广州城市副中心建设不断推进，功能品质逐步提升。重点功能组团建设加快推进，明珠湾起步区全年完成投资约 104.4 亿元，落户了国际风险投资中心、国际贸易中心等一批产业项目。蕉门河中心区中铁建华南总部建成，凤凰湖城市公园投入使用，国际金融岛规划设计方案初步完成。启动城市更新工作，实施金洲冲尾、东湾、坦尾等旧村改造和 15 个老旧小区微改造。生态人居环境持续改善，整顿关闭"散乱污"场所 541 家，清理整治违法堆场约 18 万平方米；健全河湖长制，推进全区 302 条河涌整治；积极开展大气污染防治，全年空气质量在全市位居第二。绿化美化生态环境，新增生态景观廊道近 50 千米、绿道 58 千米。加快推进乡村振兴工作，启动广州种业小镇建设，实施 457 个村居环境完善和提升项目建设。

——民生保障事业深入开展，群众共享改革发展成果。社会事业全面发展，广州市第二中学南沙天元学校、广州大学附属中学（南沙）实验学校等项目动工，华师二附中投入使用，共新增学位 5 490 个。重点推进总投资 134 亿元的 55 项医疗卫生项目建设，中山大学附属第一（南沙）医院、广州市妇女儿童医疗中心南沙院区、南沙区疾病预防控制中心等已正式动工，南沙中心医院二期后续工程基本完工。成功举办中国广州国际模特大赛、沃尔沃环球帆船赛广州停靠站活动等 40 多场大型文体旅游活动，不断丰富群众文体生活。社会保障体系进一步健全，城镇新增就业 1.3 万人，城镇登记失业人员就业率达 77.0%；低保标准提高到 950 元，城镇、农村特困人员供养标准分别提高到 1 721 元、2 121 元。

（三）深圳前海深港现代服务业合作区

——经济发展保持稳中有进态势。2018 年，前海深港现代服务业合作区注册企业实现增加值 2 549.50 亿元，增长 25.6%；税收收入 445.94 亿元，增长 30.3%，完成年初计划的 106.2%；实际利用外资 45.08 亿美元，增长 1.3%；外贸进出口总额达 6 087.00 亿元，增长 30.0%。

——深港合作持续深化。出台《前海深港合作专项行动计划（2018—2020）》《关于支持香港青年在前海发展的若干措施》及配套专项资金实施细则等，持续实施针对港人港企的"万千百十"工程，成功举办前海深港合作论坛。深化深港产业合作，加快建设深港创新城，前海深港创新中心、深港基金小镇投入使用。港交所前海联合交易中心获批开业，全国首家港资控股全牌照证券公司启动运营。扩大香港建设模式试点范围，新增周大福、嘉里二期、九龙仓、建滔总部 4 个项目实施香港建设模式。全年新增港资企业 3 698 家，增长 49.0%；港企总数达到 10 800 家，注册资本 10 749.04 亿元。全年注册港资企业实现增加值 585.29 亿元，增长 20.4%。启动前海深港青年梦工场二期项目建设，积极打造深港青年协同创业服务生态。

——加快推进重大制度创新。对标世界银行营商环境指标体系，推出优化营商环境"32条"举措，打造外商投资"一口受理"升级版。推出全国首个VR办税厅，推出"保税+社区新零售"模式。支持建设海运国际中转分拨集拼中心。金融开放与创新不断深化，国家外汇管理局批复同意前海率先开展资本项目收入支付审核便利化试点，首创人民币债权资产跨境交易平台。全年共推出制度创新成果95项，累计推出414项，其中28项在全国复制推广、62项在全省复制推广、79项在全市复制推广。广东自贸区三周年制度创新30个最佳案例中前海有18个入选，第三批48项改革创新经验已在全市推广。

——产业集聚效应进一步凸显。金融改革创新步伐不断加快，前海联合交易中心开业，推出中国首个基于实际成交的氧化铝现货基准价格，推动中国军民融合基金、财付通总公司及财付通深圳子公司等金融企业落户前海。重大项目加快落地，全年引入注册资金超10亿元重大产业项目42个，成功引入新华养老保险、延长石油、太平集团、中冶建筑研究总院等一批重点企业。创新业态加速集聚，推进中美创新中心、中瑞创新中心、"一带一路"创新中心平台等重点项目建设，推动石墨烯技术研究院、启迪之星、亚太创新学院等项目落地。前海蛇口自贸片区游艇自由行正式启动，太子湾邮轮母港进出境旅客突破300万人次，增长17.0%。

——新城建设取得新进展。坚持规划引领，编制完成《中国（广东）自由贸易试验区深圳前海蛇口片区及大小南山周边地区综合规划》和《前海城市新中心规划》等一系列规划。前海剧院已完成前期定位策划研究，国家博物馆·深圳馆确定入户前海，科技专题馆及前海国际金融交流中心启动招标，前湾会议中心开始设计方案。华强前海项目等5个产业项目集中开工，总投资额达212亿元。前海深港现代服务业合作区累计实现183栋建筑主体结构封顶。基础设施建设稳步推进，16条市政主次干道基本完工，桂湾、前湾片区交通路网基本成环，形成"十横四纵"交通格局。

——法治建设迈上新台阶。修订《深圳经济特区前海深港现代服务业合作区条例》，起草《深圳经济特区前海蛇口自由贸易试验片区条例》征求意见稿，完成《深圳市前海深港现代服务业合作区管理局暂行办法》的立法后评估。法治创新取得新进展，全年累计推出法治创新成果 28 项。推动最高人民法院第一国际商事法庭落户前海，金融法庭、知识产权法庭正式运行。公共法律服务取得新成效，中国（深圳）知识产权保护中心挂牌运作，推动"一带一路"国际商事争端解决机制落户前海。

（四）珠海横琴新区

——经济发展保持良好势头。2018 年，横琴新区地区生产总值 244.15 亿元，增长 12.9%。实际利用外资 10.60 亿美元，增长 57.3%；外贸进出口总额完成 81.90 亿元，增长 30.3%。社会消费品零售总额完成 18.70 亿元，增长 12.2%。地方一般公共预算收入 58.40 亿元，增长 16.8%。市场主体活力激发，实有商事主体目前有 60 662 户，增长 56.5%。企业税收快速增长，全年税收收入 180.70 亿元，增长 29.8%。

——优质产业不断聚集。全年新增高新技术企业 94 家，总数超过 200家。总部企业招商成效良好，累计 45 家世界 500 强企业落户，注册企业 134家；73 家中国 500 强企业落户，注册企业 206 家。珠海长隆二期项目、中星微研发基地加快建设。横琴智慧金融产业园正式营运，全区注册金融及类金融企业 6 499 家，财富管理机构资产管理规模超过 2.32 万亿元。

——对澳合作有新举措新成效。产业合作态势良好，年度新增澳资企业302 家，在横琴注册的澳资企业总数达 1 412 家，注册资本达 866.40 亿元。粤澳中医药科技产业园加快建设，园区内注册企业 11 家，其中澳门企业 27 家。粤澳合作产业园年内新签约项目 3 个，新供地项目 3 个，新开工项目 4 个。横琴澳门青年创业谷新引进港澳项目 47 个，与澳门建立跨境孵化合作机制，举办多期"澳门青年创业训练营"活动。积极探索对澳合作政策创新，推动澳门莲花口岸迁至横琴。出台便利澳门居民新举措，新增澳门单牌车入出横琴配额 1 700 辆，总额达到 2 500 辆。横琴新区第一小学与澳门葡文学校结成姊妹学校。举办"澳门居民在横琴便利化发展"政策宣讲会，为澳门大学生提供暑期实习岗位，支持港澳青年在横琴创新创业。

——科技创新成效显著。创意谷成功申报"国家级孵化器培育单位"，全区拥有国家级孵化器1家、国家级众创空间1家，科技产业载体面积超过28万平方米。聚焦生物医药、人工智能、大数据等战略性新兴产业，以母基金的方式与国内顶尖产业投资机构合作，共同发起在横琴落地的产业子基金总规模近200亿元，年度新增7个政府天使投资项目，撬动社会资本1.5亿元。建设人才高地，累计引进院士6名；建立博士后科研工作站（创新实践基地）7家，在站博士后19名；新引进国家特聘专家22人；培育广东省级创新创业团队1个、广东省领军人才2名。成功举办首届中国横琴科技创业大赛。

——制度创新取得新成果。落实国务院第四批和广东省第四批复制推广任务。一批创新成果领先全国，首创税务诚信报告免责体系，首个互联网金融仲裁平台投入运行，率先实施自贸区供用电规则，主导制定综合管廊运维管理标准，远程可视自助办税平台案例获国务院办公厅通报表扬，国际互联网数据专用通道获批，全国首家内地与港澳三地联营设计顾问机构挂牌运作。

——新城建设提质提效。重点基础设施项目加快推进，横琴隧道建成通车，长湾隧道完工，大横琴山隧道、十字门隧道、天羽道隧道加快建设，洪鹤大桥、金海大桥加快推进，珠机城轨（一期）线路和场站建设接近完工，长隆综合停车场启动建设。人居环境持续优化，推进横琴国家级湿地公园试点建设，完成天沐河防洪及景观工程、横琴二井湾湿地公园一期等海绵城市项目。建成19千米绿道、6千米健康步道，完成1个市政特色公园、3个社区公园建设。

——民生事业全面提升。横琴新区第一中学新校园落成，启动子期学校、子期幼儿园建设，引进国际品牌学校在横琴办学。启动建设横琴医院、珠海市人民医院横琴分院（一期），全面启动民办高水平的医联体建设。横琴新区文化综合服务中心加快建设，镇文化站投入使用。推出"物业城市"治理新模式。成功举办国际马戏节、WTA超级精英赛、EDC电音节、首届横琴马拉松赛等文体活动。

（五）汕头华侨经济文化合作试验区

2018 年，华侨经济文化合作试验区直管区全年完成固定资产投资 112.07 亿元（含基础设施建设投入 12.30 亿元），15 个已落地建设产业项目累计完成投资 36.22 亿元。存量登记注册企业 469 家，总注册资本 431.71 亿元。

——聚力提升定位，高效能推进规划建设。科学推进直管区控规修编，加快推进新溪、塔岗围片区的控规修编工作，加强对新津片区总部经济园区的城市规划管控。积极开展省重点实验室、大学校区、人才小区、科创园区等重点产业项目的前期选址工作。大力推进基础设施建设，启动规划建设总长 22.64 千米、总投资约 26.49 亿元的城市地下综合管廊试验段建设。加强落地项目建设监管，加快实施《东海岸新城电信基础设施专项规划（2016—2030 年)》和《试验区东海岸新城电信基础设施建设管理办法（试行)》，成为在全国首创实现电信基础设施统一规划、共建共享的区域。

——聚力改革创新，着力推进体制机制创新。《华侨经济文化合作试验区改革创新规划（2018—2020 年)》印发实施。积极实施《关于促进华侨试验区产业发展的若干意见》和《实施细则》，将 75% 以上的扶持奖励资金向战略性新兴产业倾斜。做好优质企业和高层次人才奖励申报受理工作，已受理高层次人才奖励资格申请共 28 人，奖励额度为 172.2 万元。华融华侨资产管理股份有限公司获优质企业奖励资格，奖励额度为 492.3 万元。

——聚力金融创新，构筑高端产业集聚区。全国首创出台"助企贷"金融扶持政策和配套办法，专门对"华侨板"挂牌企业进行融资扶持。截至 2018 年年底，已有 18 家"华侨板"挂牌企业获得共 9 530 万元的贷款，3 家合作银行共推荐了 15 家优质企业到"华侨板"挂牌，争取总规模达 200 亿元的粤东第一只产业投资基金——"华侨产业母基金"落地。稳步推进"华侨板"发展，挂牌企业合计 526 家，9 家挂牌企业实现股改和转板到"新三板"，挂牌企业合计意向融资额约 70 亿元。目前侨金所共有注册会员 160 家，累计发行定向债务融资工具产品、资产收益权转让产品规模约 99 亿元，实现融资约 43 亿元；有条件地放开私募基金公司和互联网小贷公司登记注册，已有 19 家私募基金公司和 3 家互联网小贷公司在试验区注册登记，其中私募基金总规模超过 400 亿元。

——聚力招商引资，全力推动重点项目投资建设。2018 年华侨试验区列入省市的重点项目有 10 个（其中省重点 6 个，市重点 4 个），累计完成投资 42.52 亿元。完成珠港新城海洋路（黄厝围路—龙珠路）、规划一路（珠港路—海滨东路）市政道路及配套工程项目审批，总投资额 9 544.06 万元。目前试验区正积极洽谈的项目共 6 个，涉及科技创新、康养、文化创新、旅游等领域，其中，已与泰国广东商会签订战略合作框架协议，洽谈建设东海岸新城海丝商贸创新金融中心项目。

——聚力引侨引智，打造对外文化传播基地和人才高地。大力推进国家双创示范基地、"侨梦苑"、新侨创新创业基地、粤港澳服务贸易自由化省级示范基地、中国科协"海智计划"汕头工作基地等优质平台建设。筹建中国（汕头）华侨大数据中心，争取设立国家"一带一路"建设促进中心汕头分中心，搭建 21 世纪丝绸之路数据港和数字特区。积极参加第 13 次中欧区域政策合作研讨会，加强华侨试验区与旅欧华侨华人的联系。加强与保加利亚布尔加斯市结对城市合作，签署《合作谅解备忘录》。华侨试验区人才大厦投入运营；在汕头市"人才新政"30 条的基础上，出台了《华侨试验区新引进人才双补贴暂行办法》等 3 项政策措施。

二、海洋经济综合试验区建设

自 2011 年 7 月 5 日国务院批复《广东海洋经济综合试验区发展规划》以来，全省各地、各部门按照省委、省政府《关于充分发挥海洋资源优势努力建设海洋经济强省的决定》（粤发〔2012〕13 号），努力推进广东海洋经济综合试验区建设，不断优化海洋经济空间布局，着力打造三大海洋经济主体区域。2018 年全省海洋生产总值达 1.93 万亿元，增长 9.0%，连续 24 年位居全国第一。全省海洋生产总值占地区生产总值的比重为 19.9%，占全国海洋生产总值的比重为 23.2%。

——海洋经济空间布局不断完善。经省政府同意，颁布实施《广东省海岸带综合保护与利用总体规划》《广东省沿海经济带发展规划（2017—2030年)》《广东省海洋主体功能区规划》，以及《广东省海洋经济发展"十三五"规划》等专项规划，划定《广东省海洋生态红线》，对广东省沿海地区发展、合理开发利用海洋资源进行了科学布局。海岸带规划由国家海洋局和省政府联合印发实施，是全国第一部海岸带综合保护与利用规划，将全省 4 114.3 千米的海岸线划分为 484 段，实施分类分段精细化管理，为全国提供了可复制、可推广的经验。

——海洋六大产业加速发展。省财政设立专项，支持海洋电子信息、海上风电、海洋生物、海工装备、天然气水合物、海洋公共服务六大产业领域创新发展，新技术、新成果不断涌现。海洋电子信息产业呈现多方向发展态势，2018 年全省新注册 300 多家从事海洋电子信息技术研发与服务的企业，涉及海洋应用软件研发与应用、现代海洋通信等领域；广州港集团与华为公司签署战略合作框架协议，打造信息化国际大港。海上风电产业发展迅猛，截至 2018 年年底，在粤海上风电产业开发与服务企业超过 100 家，含"四上企业" 40 家；海上风电项目布局不断加快，湛江外罗一期、阳江南鹏岛等海上风电项目开工建设，广东已批复海上风电项目 6 宗、海上风电用海预审项目 31 宗。海洋生物产业集聚效应明显，2018 年全省新注册从事海洋生物医药技术研发、生产或服务的企业 247 家，累计有 143 家海洋生物医药企业申请了专利。海工装备新领域新业态不断涌现，2018 年全省新注册海洋工程装备技术研发、生产与服务企业 131 家；已建成广州南沙、深圳蛇口、珠海高栏港等一批海洋工程装备制造基地，逐步形成珠江东西岸海洋工程装备制造业集聚区。天然气水合物勘察开采技术攻关持续推进，全省天然气水合物勘察开发相关专利超过 30 项，新注册 8 家从事天然气水合物开发和服务的企业。海洋公共服务业支持海洋经济发展作用显著增强，重点推进 4 个近海海洋水文气象浮标、4 个岸基观测站和海洋卫星遥感广东数据应用中心建设,搭建海洋立体观测网与大数据云平台。

——海洋创新能力不断增强。海洋科技主体日益壮大,2018 年省财政支持海洋创新专项 48 个,组织了 68 家法人单位对一批海洋关键技术和共性技术进行联合攻关。全省共建成涉海涉渔科研机构 24 个,启动南方海洋科学与工程广东省实验室建设。海洋创新平台建设顺利,广州、湛江两市加快国家海洋高技术产业基地建设,深圳、湛江国家级海洋经济示范区稳步推进。广州南沙新区、珠海经济技术开发区和深汕特别合作区等省级现代海洋产业聚集区建设有序推进。海洋科技创新成果显著,国家支持广东海洋经济创新发展区域示范专项,带动超过 40 亿元社会资本投入海洋科技创新领域,得到转化应用的创新成果达 52 项。

——海洋绿色发展持续深化。加大海洋环境保护力度,制订《广东省加强滨海湿地保护严格管控围填海实施方案》。启动大亚湾等重点海域总量控制工作,部署开展广东海洋与渔业污染源普查工作,在深圳、惠州、湛江及汕头南澳、茂名电白开展湾长制试点工作。加强海洋生态建设,制定出台了《广东省严格保护岸段名录》,组织编制《广东省海岸带综合示范区指导意见》,启动汕头、东莞和湛江三个海岸带综合示范区建设。加强海洋生态修复,编制《广东省美丽海湾建设总体规划(2019—2035 年)》,开展汕头南澳青澳湾、惠州考洲洋和茂名水东湾三个省级美丽海湾建设。

——海洋综合管理水平不断提升。深入落实省委"1 + 1 + 9"工作部署,将推进粤港澳大湾区和建设沿海经济带作为区域经济发展的重要战略。与港澳拓展海洋经济合作,支持建设粤港澳合作用海示范区。深化"放管服"改革,按照《关于推动我省海域和无居民海岛使用"放管服"改革工作的意见》(粤府办〔2017〕62 号)和省政府第 241、248 号令的要求,实施"一个取消、两个下放、三个委托、四个服务、五项管理"等一系列改革措施,全面推进用海领域的"强市放权"改革。

三、县域经济发展

（一）总体情况

2018 年，广东省有 57 个县（市），分布在 15 个地级市，其中珠三角地区的惠州、江门、肇庆 3 市有 12 个，粤东西北 12 市有 45 个（粤东地区 8 个、粤西地区 10 个、粤北地区 27 个）。全省县域面积 13.22 万平方千米，占全省的 73.6%。

——经济实力。2018 年，广东省县域地区生产总值 13 554.89 亿元，占全省的 13.9%；人均地区生产总值 35 742 元，仅相当于全省平均水平的 41.4%。具体来看，地区生产总值最高的县（市）为普宁市，达 706.13 亿元；地区生产总值超过 500 亿元的县（市）有 7 个，低于 500 亿元的有 50 个。地区生产总值增速最快的县（市）为陆河县，达 18.0%；地区生产总值增速高于全省平均水平的县（市）有 17 个，低于全省平均水平的有 40 个。人均地区生产总值最高的县（市）为四会市，达 97 076 元；人均地区生产总值超过 50 000 元的县（市）有 8 个，低于 50 000 元的有 49 个。人均地区生产总值增速最快的县（市）为东源县，达 18.3%；人均地区生产总值增速高于全省平均水平的县（市）有 22 个，低于全省平均水平的有 35 个。

——产业发展。2018 年，广东省县域三次产业结构为 17.6：37.3：45.1。具体来看，第一产业在地区生产总值所占比重最高的县（市）为徐闻县，达 43.8%；57 个县（市）的第一产业占比均高于全省平均水平。第二产业在地区生产总值所占比重最高的县（市）为普宁市，达 63.1%；第二产业占比高于全省平均水平的县（市）有 13 个，低于全省平均水平的有 44 个。第三产业在地区生产总值所占比重最高的县（市）为乐昌市，达 63.8%；第三产业占比高于全省平均水平的县（市）有 12 个，低于全省平均水平的有 45 个。

——财政收支。2018 年，全省 57 个县地方一般公共预算收入 586.61 亿元，增长 4.7%，占全省的 4.8%；地方一般公共预算支出 2 627.18 亿元，增长 14.5%，占全省的 16.7%。具体来看，地方一般公共预算收入最高的县（市）为博罗县，达 44.77 亿元；地方一般公共预算收入超过 10 亿元的县（市）有 18 个，低于 10 亿元的有 39 个。地方一般公共预算支出最高的县（市）为博罗县，达 85.04 亿元；全省 57 个县（市）的地方一般公共预算支出均超过 10 亿元。

表 31　2018 年广东省各县（市）主要经济指标表

县（市）	地区生产总值		人均地区生产总值		地方一般公共预算收入		地方一般公共预算支出	
	绝对数（亿元）	增长（%）	绝对数（元）	增长（%）	绝对数（万元）	增长（%）	绝对数（万元）	增长（%）
南澳县	24.66	5.0	39 487	4.7	26 164	13.2	126 005	-11.1
乐昌市	124.62	5.6	29 783	5.0	64 458	9.1	363 685	12.9
南雄市	120.22	7.5	35 734	6.8	50 962	-16.7	373 926	19.1
仁化县	118.79	5.2	56 245	4.5	59 448	10.4	251 379	21.2
始兴县	80.48	3.7	37 038	2.7	43 840	9.5	225 857	12.5
翁源县	103.19	9.7	29 487	9.0	50 925	20.2	321 766	18.6
新丰县	74.90	4.1	34 316	3.2	36 617	10.9	236 306	28.8
乳源县	90.65	6.0	48 097	4.9	62 654	11.3	279 288	4.0
东源县	132.34	7.8	31 536	18.3	95 677	8.6	480 454	18.5
和平县	112.77	6.4	28 031	3.5	62 182	10.2	443 787	19.3
龙川县	155.69	6.3	21 621	7.2	72 588	8.1	635 750	13.0
紫金县	134.63	3.1	19 643	0.4	74 837	8.1	437 995	7.8
连平县	76.88	6.6	21 523	5.1	67 233	0.7	349 630	22.3

（续上表）

县（市）	地区生产总值		人均地区生产总值		地方一般公共预算收入		地方一般公共预算支出	
	绝对数（亿元）	增长（%）	绝对数（元）	增长（%）	绝对数（万元）	增长（%）	绝对数（万元）	增长（%）
兴宁市	171.94	0.2	17 317	0.0	101 013	−12.0	620 318	0.0
平远县	82.10	0.9	34 922	0.8	75 959	−6.7	341 519	43.1
蕉岭县	82.95	4.7	39 246	4.6	83 456	−5.1	314 338	31.0
大埔县	84.69	2.3	22 002	1.9	82 790	−14.7	408 800	13.9
丰顺县	109.17	3.3	22 074	3.1	82 267	−10.7	556 925	35.3
五华县	153.30	3.1	14 051	2.9	90 168	10.5	757 768	12.5
惠东县	623.93	4.5	66 717	4.4	347 431	−8.4	720 478	−1.4
博罗县	650.18	5.0	60 714	5.0	447 747	1.5	850 431	6.2
龙门县	174.81	3.0	55 476	3.9	108 329	15.9	350 323	15.7
陆丰市	297.03	8.0	21 096	7.6	74 253	10.2	810 092	15.2
海丰县	273.59	8.2	36 207	7.8	85 598	11.4	619 228	17.7
陆河县	80.24	18.0	27 473	17.4	34 387	15.6	289 353	12.8
台山市	432.59	7.5	45 394	7.3	292 425	9.6	622 878	23.4
开平市	373.79	7.4	52 429	6.9	262 031	12.3	393 978	8.0
鹤山市	355.52	8.5	69 751	7.8	301 193	10.0	415 825	5.1
恩平市	198.33	8.0	39 218	7.5	114 041	8.5	301 876	12.0
阳春市	391.41	4.1	43 998	3.6	122 955	9.0	615 846	16.5
阳西县	235.32	6.1	49 730	5.5	74 415	8.2	330 808	13.6
雷州市	309.67	4.2	20 756	3.7	55 187	22.9	714 468	8.5
廉江市	562.54	7.0	37 338	6.6	120 850	3.4	777 929	21.0
吴川市	282.00	7.0	29 054	6.6	84 482	25.2	481 301	1.0
遂溪县	325.30	7.5	35 076	7.1	74 075	6.9	468 263	11.5
徐闻县	190.60	8.2	26 160	7.8	49 510	11.3	395 418	6.5
信宜市	476.82	5.0	47 428	3.1	107 260	6.1	632 529	8.7
高州市	602.79	5.9	43 059	4.7	175 873	1.2	727 305	1.0
化州市	517.05	5.2	40 104	3.4	120 727	1.8	696 610	21.0

（续上表）

县（市）	地区生产总值		人均地区生产总值		地方一般公共预算收入		地方一般公共预算支出	
	绝对数（亿元）	增长（%）	绝对数（元）	增长（%）	绝对数（万元）	增长（%）	绝对数（万元）	增长（%）
四会市	572.36	7.1	97 076	5.7	150 571	9.0	381 338	13.1
广宁县	159.31	5.8	35 929	5.2	50 218	12.8	309 363	31.7
德庆县	146.72	7.5	41 039	6.9	42 450	−20.9	282 919	31.5
封开县	163.71	5.3	39 373	4.7	49 777	15.8	287 486	28.5
怀集县	244.69	7.3	28 757	6.8	58 262	10.3	477 866	22.5
英德市	294.76	6.5	29 936	6.1	180 859	10.1	713 982	14.1
连州市	156.89	5.3	40 852	4.9	67 618	7.6	395 514	51.8
佛冈县	139.23	5.0	43 971	4.6	95 329	5.6	293 329	14.7
连山县	34.36	5.3	36 300	4.9	10 614	6.0	134 359	31.5
连南县	45.67	0.5	33 852	0.2	12 945	3.8	165 724	1.9
阳山县	104.05	4.7	27 951	4.2	46 790	6.3	295 446	36.3
饶平县	266.13	6.2	30 401	6.0	81 463	6.1	552 127	22.0
普宁市	706.13	5.1	33 344	5.1	236 496	11.4	812 630	0.6
揭西县	251.53	3.7	29 337	3.8	52 628	14.3	482 187	19.4
惠来县	283.78	2.5	24 879	2.5	48 205	−6.0	524 780	23.5
罗定市	223.70	6.0	22 830	5.1	125 215	0.2	606 020	15.5
新兴县	264.40	4.0	57 917	3.0	176 070	0.5	525 684	15.6
郁南县	109.99	3.4	26 548	2.4	44 616	4.9	290 649	23.6

（二）省级财政促进县域经济社会发展情况

2018 年，省财政以建立更加有效的区域协调发展新机制为导向，实行差异化的财政支持政策，加大省级财政支持力度，确保县域财政运行总体平稳。省财政对 57 个县（市）税收返还和转移支付共计 1 927 亿元，增长 23.8%。

——完善财政专项支持政策，促进民生社会事业发展。落实积极财政政策加力提效的要求，重点领域支出向欠发达县级倾斜支持。2018 年安排 57 个县（市）专项转移支付资金 704 亿元，增长 34.0%，支持促进经济高质量发展和科技创新强省建设，扎实推进乡村振兴战略，支持节能减排和环境保护，加快现代化交通体系建设及提升医疗卫生健康服务水平等。

——加大新增债券分配倾斜支持力度，促进县域经济社会发展。省财政在分配新增债券时，注重服务区域发展新格局，注重对接省定重点项目，债券资金分配方式从"因素法"转变为"项目制"，以纳入省定重点项目库的项目需求为导向，实现粤东西北地区省定重点项目资金需求全覆盖。2018 年共安排 57 个县（市）新增债券 179 亿元，增长 22.0%，为促进县域经济发展提供财力支撑。

——推动财政事权与支出责任相适应改革，促进基本公共服务均等化。2018 年年底，出台《基本公共服务领域省级与市县共同财政事权和支出责任划分改革方案》（粤府办〔2018〕352 号），将八大类 18 项与群众生活密切相关的事项确定为省级与市县共同财政事权，明确从 2019 年起将城乡居民基本医疗保险、基本公共卫生服务等 7 项事权调整为统一分类分担（城乡居民养老保险基础养老金补助参考执行，比例有所差异）。按照"一核一带一区"功能定位将所有县（市、区）精细划分为四档，对第一档"老少边穷"地区和第二档北部生态发展区、东西两翼沿海经济带的补助比例分别提高到 100%、85%，突出强化了上述事权中省级的支出责任，总体比原政策平均提高 10 百分点，确保全部地级市获益，有效减轻了县级财政负担。

——加大一般性转移支付力度，提高市县基本财政保障能力。通过完善均衡性转移支付、县级基本财力保障、生态保护区财政补偿转移支付、财力薄弱镇（乡）补助等制度，构建托底保障机制和财力均衡机制，增强欠发达地区"保工资、保运转、保基本民生"保障能力。2018 年安排 57 个县（市）一般性转移支付资金 1 151 亿元，增长 20.0%，有效提升困难市县的基本公共服务水平。加大对老少边穷等财力薄弱地区的补助力度。省财政对原中央苏区县、海陆丰革命老区困难县的财力性补助，以及对少数民族县交通基础设施补助，均从每年每县 1 000 万元提高到 3 000 万元；省级全额负担原中央苏区县、海陆丰革命老区困难县境内省管高速公路、国铁干线项目资本金。

——加大生态环境保护支持力度，扎实推进生态文明建设。一是建立稳定的财政资金投入机制。围绕《广东省打好污染防治攻坚战三年行动计划（2018—2020年）》重点工作任务，研究制订省级财政支持打好污染防治攻坚战一揽子资金安排方案，计划2018—2020年累计安排683亿元，建立稳定资金投入机制，加强对市县的水、大气、土壤污染防治及环境保护能力建设项目的保障。二是研究完善生态保护区财政补偿转移支付制度。研究建立财政补偿与高质量发展综合绩效评价结果和生态环境状况挂钩机制。2018年安排生态保护区财政补偿转移支付55.84亿元，较2017年实现翻番，有效增强了县级基本财政保障能力，提升了生态地区基本公共服务水平，切实增强了当地居民获得感。三是探索建立流域横向补偿机制。按照建立多元化、市场化生态保护补偿机制的有关要求，2018年，省财政厅会同省生态环境厅在前期调研、实地踏勘、组织专家论证、听取市县意见的基础上，初步形成了实施方案。同时，结合广东省的实际情况，进一步研究在省内生态受益地区与生态保护地区、流域上下游地市开展横向生态保护补偿试点，多措并举做好流域水环境整治，促进生态地区与同类非生态地区均衡发展。

——深化省级预算编制执行监督管理改革，完善财政专项资金管理。2018年，省财政厅认真学习贯彻落实省委、省政府关于深化预算编制执行监督管理改革的部署，扎实推进各项改革任务落实落细，改革推动财政部门向业务主管部门、省级向市县"两个放权"。保留省级审批权限的资金由业务主管部门自行审批，下放审批权限的专项资金采取"大专项＋任务清单"的模式下达市县，最大限度向市县放权，提高市县统筹能力，平均每笔专项资金的审批下达时间减少50%以上，各项工作节约时间50%以上，行政效率效能明显提高，促进预算支出进度大幅提升。同时，完善涉农资金管理体制机制，通过"两个50%"双控要求，赋予市县更大的自主权，提升财政支农政策效果和涉农资金使用效益，通过深化省级预算编制执行监督管理改革，优化财政专项资金管理，进一步提升了县级预算管理水平，增强了县级财政保障能力，促进了县域经济可持续性发展。

四、产业园区扩能增效

2018 年，广东各地各产业转移工业园区按照省委、省政府关于构建"一核一带一区"区域发展新格局的战略部署，统筹推进园区载体和项目建设，省产业转移工业园（以下简称"省产业园"）各项经济指标保持了平稳增长。2018 年，省产业园规模以上工业增加值 1 933.50 亿元，增长 8.1%；全口径税收 592.80 亿元，增长 13.3%。

——园区管理更加规范。以国家部委开展开发区审核公告目录修订工作为契机，推动省产业园与国家开发区管理要求相衔接，落实相关规划和管理制度要求，将 21 个纳入《中国开发区审核公告目录（2018 年版）》的产业集聚地确认为省产业转移工业园，使纳入《中国开发区审核公告目录（2018 年版）》的产业转移工业园增至 74 个。

——建设水平不断提升。2018 年继续安排下达园区财政扶持资金 16.30 亿元，园区专项用地指标 4 200 亩，园区发展优势进一步凸显。全省产业园已累计投入基础设施建设资金约 1 700 亿元，开发面积约 500 平方千米，园区道路、水电、环保、信息化设施等建设不断完善，企业孵化、金融物流、检验检测等公共服务平台和医疗、教育、娱乐等生活服务配套设施建设加快推进。园区普遍设立协调联席会、管理机构、投资开发公司三层管理运营架构，15 个园区获得市政府直接授权或委托授权行使市一级经济管理及相关行政审批权限，1/3 的园区构建完善"一门式一网式"服务体系。园区积极创建高新技术产业开发区，湛江、茂名产业园成功升格为国家级高新区，省产业园中国家级高新区数量达到 6 家。

——园区经济加快发展。坚持把发展的着力点放在以先进制造业为重点的实体经济上，落实产业共建资金奖补，在园区大力宣传贯彻"实体经济新十条""民营经济十条"等政策措施，吸引企业项目入园和落地建设，支持企业加快发展。2018 年，新落地开工企业 903 家，新投产企业 590 家。省产业园共落户工业企业 6 600 多家，投产企业约 5 000 家，其中规模以上企业 3 100 多家。龙头骨干项目建设取得新进展，湛江园巴斯夫炼化一体化项目、阳江园龙马高端装备制造基地项目等成功签约，汕头园上海电气风电装备项目、河源园国际模具城项目、梅州园智能家电产业园项目、湛江园中科炼化一体化项目、阳西园卡夫亨氏调味品项目、潮州园益海嘉里粮油加工生产基地项目等建设加快推进，汕头园比亚迪 3D 玻璃项目、潮州园明园新材料项目、红草园信利半导体项目、清远园欧派家居项目、阳江园明阳风电叶片制造项目等建成投产。

——产业共建持续深化。按照省委、省政府对口帮扶和产业共建工作部署，帮扶双方依托 8 个市级共建园和 43 个县区（镇）共建园开展产业共建。2018 年，珠三角和粤东西北地区对口共建产业园共有 260 个亿元以上工业项目落地建设，珠三角产业转出市推动落户粤东西北地区及江门、肇庆、惠州市项目 685 个。珠三角和粤东西北地区产业联系更加紧密，现有入园企业中来源于珠三角核心区 6 市（广州、深圳、珠海、佛山、东莞、中山市）的企业占比约四成，其中，河源、肇庆、惠州三市园区中来自珠三角核心区 6 市企业数量占比均超过 60%。

五、扶贫开发工作

2018 年，广东各地级以上市党委、政府全面贯彻落实党中央和省委、省政府脱贫攻坚决策部署，严格落实省负总责、市县抓落实的工作机制，全省五级书记抓扶贫的工作格局基本建立，脱贫攻坚各项政策举措得到有效落实，建档立卡贫困人口"两不愁、三保障"目标总体实现。截至 2018 年年底，累计 150 万相对贫困人口达到脱贫标准，贫困发生率从 4.5% 降至 0.3% 以下，已脱贫有劳动能力贫困户人均可支配收入 11 807 元，相对贫困村人均可支配收入 15 628 元，脱贫攻坚取得了决定性进展，打赢脱贫攻坚战大局基本已定。

——动态管理机制逐步完善。在全国率先建立动态调整的相对贫困认定标准，以上年度全省农村居民人均可支配收入的 33% 作为扶贫标准。建立基层识别、入户核查、动态调整相结合的精准识别工作机制，并根据核查情况、人口变动、返贫和新产生贫困情况，及时纳入动态调整范围，确保不落一户、不漏一人。全省贫困户精准识别率总体稳定在 99% 左右，实现了扶持对象精准的目标。建立到户到人与到村相结合的对象确定体系，将村均农民收入偏低、集体经济薄弱、贫困发生率高于 5% 的村认定为相对贫困村（全省认定 2 277 个），整村推进，连片帮扶。

——攻坚责任全方位压实。严格落实"省负总责、部门联动、市县抓落实"的管理体制，全方位压实各级党委政府的主体责任。创新实施五级书记遍访贫困户制度、深度调研制度、专题研究制度、定期报告制度、考核督查制度五项工作制度，压实各地党政一把手对脱贫攻坚负总责任。实施责任清单管理制度、季度分析、半年通报、年度报告、政策执行评估制度，充分调动各行业部门力量。组织珠三角地区 6 市向有脱贫攻坚任务的粤东西北地区，深化区域对口帮扶，建立健全市县镇对口帮扶协调联动机制。强化定点扶贫，全省各级党政机关、企事业单位向贫困村选派第一书记和驻村工作队，派出驻镇（街道）工作组 1 112 个、驻村工作队 1.2 万个，一共派出工作队员 4.4 万人，实现了对相对贫困人口较多的村全覆盖。深化"千企帮千村"精准扶贫行动，组织 1 786 家工商企业对口帮扶 2 331 个行政村；2016—2018 年，社会各界通过"广东扶贫济困日"、全国"扶贫日"等平台认捐善款 93.34 亿元。

——脱贫基础日益稳固。从严从实开展考核评估，连续三年对全省各地级以上市党委政府脱贫攻坚成效进行考核，对考核结果靠后或发现问题突出的党政主要负责同志进行约谈，倒逼各地真抓实干。严格实行退出标准和程序，按照"两不愁三保障"要求，对贫困户脱贫情况进行全面核查验收、做好满意度评估，确保真脱贫。稳定帮扶政策和工作体系，对已脱贫的贫困户脱贫攻坚期内各项帮扶政策保持稳定，驻村工作队不撤，帮扶力度不减。深入开展扶贫扶志行动，创新实施精准扶贫项目"以奖代补"机制，开展"粤菜师傅"等技能培训。深入实施基层党组织"头雁"工程，大力推广"三个在先"党建促脱贫攻坚做法，发挥好驻村第一书记作用，激发贫困村干部群众内生动力。深入开展贫困村创建新农村示范村工作，按照村均1 500万元投入标准，省财政安排391亿元对2 277个相对贫困村基础设施和基本公共服务建设予以奖补，改善贫困地区生产生活环境，将相对贫困村从"后队变前队"。

——脱贫质量不断提升。始终坚持用发展的方式解决贫困问题，把开发式扶贫作为脱贫攻坚的重中之重。大力发展特色优势扶贫产业，依托现代农业产业园、"一村一品、一镇一业"等重要载体，发挥农业企业、农民合作社、家庭农场等经营主体作用。完善利益联结机制、产销对接机制、科技支撑机制，提高带贫益贫能力，基本实现贫困户与产业项目、经营主体、科技人员的联结带动。深入实施就业扶贫、技能扶贫三年行动计划，分级分类开展技能培训，开发公益性就业岗位，加强区域劳务协作，拓宽贫困群众就业渠道，促进贫困群众多种形式就业增收。省内贫困劳动力就业率达98%，吸引西部省区330万贫困劳动力来粤就业，就业扶贫能力和质量走在全国前列。聚焦建档立卡贫困群众"两不愁、三保障"短板，深入落实学杂费减免政策，对在校生给予生活费补助，健全"基本医疗＋大病保险＋医疗救助"三道保障线，统筹推进低收入群体危房改造，不断提高农村最低生活保障标准，加快扶贫开发与农村低保两项制度衔接改革步伐，基本实现应保尽保、应扶尽扶目标，因学致贫、因病致贫问题得到明显遏制。

六、粤港澳台合作

（一）粤港澳合作

——充分发挥合作机制作用。贯彻落实习近平总书记视察广东重要讲话精神，特别是关于粤港澳大湾区建设的重要指示精神，粤港澳达成多项重要共识。粤港、粤澳多次举行高层会晤，积极落实《粤港澳大湾区发展规划纲要》，协商推进重点合作。建立大湾区联合推介机制，设立大湾区宣传门户网站。积极落实中央便利港澳居民到内地发展的政策措施，推出申领居住证、享有住房公积金待遇、便利自助购买铁路车票等服务举措，推动解决港澳居民内地就业免办就业许可证、港澳籍儿童入学就读等问题，为港澳青年来粤发展创造良好条件。

——基础设施互联互通水平显著提高。积极构建大湾区"一小时"生活圈。广深港高铁全线通车并实现西九龙站"一地两检"，港珠澳大桥开通并持续优化通行政策，莲塘/香园围口岸基础工程建设项目已基本完工。粤港海关"跨境一锁"项目实现大湾区全覆盖，稳步开展粤港海关间货车查验结果参考互认，通关便利化水平进一步提升。粤澳新通道建设进展顺利，澳门莲花口岸整体搬迁至横琴工作稳步推进，"合作查验、一次放行"通关模式已获国务院批复同意。

——携手建设国际科技创新中心。重大科创平台建设有序推进，深港科技创新合作区建设进展顺利，首批先行先试政策已达成共识。中山与澳门携手创建国家级生物医疗科技创新区。出台港澳高等院校和科研机构参与广东省财政科技计划的政策措施，粤港澳科研合力增强，4 所香港高校在深圳和广州南沙设立科技成果转化机构，广东 7 家在建省实验室共有 23 位香港科学家和 8 家香港科研机构参与建设。

——深入推进粤港澳经贸合作。2018 年，广东实际吸收香港投资 995.20 亿元；广东对香港实际投资 87.10 亿美元，占全省对外实际投资额的 63.1%；广东对香港进出口 1.17 万亿元，占广东进出口总值的 16.3%。2018 年，全省新批澳门直接投资项目 1 127 个，增长 49.9%；实际利用澳门资金 78.6 亿元，增长 113.6%；广东对澳门实际投资 305.00 万美元，增长 132.7%。联手举办"2018 粤澳名优商品展"，组织广东经贸团参加第 23 届澳门国际贸易投资展览会，支持澳门中葡平台建设。以横琴为重大平台全面深化对澳合作，在横琴注册的澳资企业累计达 1 444 家，注册资本 124 亿美元。粤澳合作产业园已有 28 个项目签订合作协议，24 个项目取得用地，21 个项目开工建设，已供地项目投资总额 756 亿元。粤澳中医药科技产业园完成企业注册 117 家，其中澳门企业 29 家。

——服务贸易自由化成效凸显。出台推进自贸试验区金融开放创新 22 条措施。港澳居民跨境支付服务体系更加完善。2018 年，广东赴港上市公司 22 家，首发募集资金 147.40 亿港元，分别增长 29.4%、12.8%。大西洋银行横琴分行、澳门国际银行广州分行获批开业。2018 年粤澳服务贸易进出口额达 317.60 亿元。11 名澳门居民经批准成为内地执业律师。

——加强粤港澳青少年交流合作。配合开展故宫博物院、四川卧龙国家级自然保护区青年专题内地实习计划。"粤港暑期实习计划"实施 4 年来，已有 3 000 多名香港青年学生参与；加快启动建设并升级一批粤港青创基地。横琴澳门青年创业谷累计孵化 331 个项目，其中澳门创业团队 176 个。粤港澳大湾区青年实习计划正式启动澳门计划，首批 22 名澳门青年来粤实习。粤澳两地中小学已缔结 69 对姊妹学校。

——社会公共服务建设步伐加快。深入实施港澳居民在内地发展便利政策，珠三角 9 市港澳居民居住证办理时间压减为 10 个工作日，全面取消港澳籍居民在粤就业许可，将港澳人员纳入就业创业扶持对象范围。粤港澳医疗卫生合作进一步密切，香港大学深圳医院纳入广东高水平医院建设"登峰计划"首批重点建设医院，在广州市天河区建立港澳国际医疗中心，合作开展香港地区注册中医师专科培训。截至 2018 年年底，共有 43 家在粤港资医疗机构，共有 6 家由澳门法人、自然人申办的医疗机构。供水供电、环境保护、食品安全等领域合作扎实推进。

（二）粤台合作

——粤台贸易稳健增长。2018 年，粤台贸易总额达到 754.82 亿美元，增长 15.8%。其中对台出口 79.66 亿美元，增长 5.1%；自台进口 675.16 亿美元，增长 17.1%。

——台商投资持续增加。2018 年，广东省新增台资企业 960 家，原有台资企业增资扩产 363 家，新增合同台资 14.46 亿美元，实际到位 14.34 亿美元。全省累计引进台资企业 28 638 家，合同台资（含增资）累计 852.30 亿美元，实际使用台资（含增资）累计 673.63 亿美元。新增台湾居民个体工商户 248 家，累计 1 874 家；新增注册资金 2 034.50 万元人民币，累计达到 1.27 亿元人民币。

——台企转型步伐加快。一是境内资本市场融资成效显著。富士康工业互联网、鹏鼎控股等一批台企在境内资本市场成功上市或挂牌。截至 2018 年年底，广东省已有 14 家台企在境内资本市场上市，其中 8 家台资企业在 A 股上市、6 家台资企业在"新三板"挂牌。二是内销市场进一步拓宽。广州、惠州、东莞等地成功举办"台湾名品博览会"，台企实现近 25 亿元交易额。三是青年台商加速创新提升。100 多人次青年台商参加广东省中小企业人才培养项目电子商务与创新管理研修班（台商班）和新生代研修班等专题培训班，台企新老交替创新能力进一步提升。

——促进粤台青年交流合作。2018 年，全省新增台湾青年实习就业创业 1 531 人，新增台湾青年初创企业 161 家、创业团队 27 个、个体工商户 149 家。2016 年 1 月至 2018 年年底，共有 4 864 位台湾青年来广东实习就业创业，累计新增台湾青年初创企业 283 家、创业团队 148 个、个体工商户 300 家。

——粤台农业融合发展。经省政府审定，韶关市翁源县兰花产业园、肇庆市高要区南药产业园作为粤台农业合作试验区核心区，获批列入 2018 年广东第一批 15 个省级现代农业产业园名单，均获得省财政 5 000 万元建设资金。广东累计引进台农企业 1 000 家，合同利用台资累计 20 亿美元，实际利用台资累计 15 亿美元，投资额超过 100 万美元的台农企业有 200 多家。

——粤台金融深化合作。玉山银行广州分行正式开业，台湾富邦华一银行广州分行筹建工作加快推进。截至 2018 年年底，台湾金融机构在粤共设立 32 家分支机构。其中，台资银行 13 家，基金、证券、保险公司 8 家，融资租赁公司 11 家。

七、泛珠三角合作

——加快建设重大产业合作平台。广州南沙粤港深度合作区、深圳前海深港现代服务业合作区、珠海横琴粤澳合作产业园等项目扎实推进，全国首家港资控股证券和基金管理公司在前海落户，与香港在深圳河套地区共建港深创新及科技园。加强泛珠三角九省（区）产业协作，联合主办首届泛珠三角区域先进制造业创新发展峰会。设立粤港加工贸易转型升级专题专责小组，推动 103 项改革创新措施落地，支持港资企业拓展内销市场。

——推动重大基础设施建设。成功举办泛珠区域高铁经济带建设工作现场会暨第四届粤桂黔高铁经济带合作联席会，推动粤桂黔高铁经济带 13 市（州）达成合作项目超千个，投资总额为 2 500 多亿元。港珠澳大桥、广深港高铁等投入使用，加快构建大湾区城市群 1 小时交通圈。建成 22 条高速公路出省通道（含通港澳），加密和开辟区域内城市间航线和旅游支航线，全面开通全省 21 个地市公交"一卡通"，与香港、澳门公交卡实现互联互通。联手香港打造功能齐全、错位发展、共同繁荣的现代航运物流体系。积极推动以广州港、深圳港为核心的珠三角港口群建设。积极开展"西电东送""西气东输"等电力输送及煤炭、油气储运合作，推进滇西北特高压直流输电工程、福建与广东电网联网工程项目建设。

　　——协同加强跨境水环境治理。推动实施东江、九洲江及汀江—韩江等跨地区生态保护补偿试点，推进九洲江跨省区流域水环境综合治理，联合发布粤桂两省区九洲江流域水污染防治规划。建立健全跨省区河流污染防治协助机制，加强省际环保部门的动态交流、信息共享和联合执法，建成省、市、县三级联防联控和突发环境事件应急处置协作机制。

　　——大力推动口岸通关合作。实施全国通关一体化改革，全面推进实施移动查验，加强与港澳海关在查验结果参考互认、跨境快速通关对接、港珠澳大桥通关合作、贸易数据交换机制建设等方面的合作，促进泛珠三角区域进出口产品顺利通关。与江西、海南、广西等7个原检验检疫直属局签署《广深珠赣豫琼桂七局检验检疫业务督察协作备忘录》，共同构建业务督察区域协作机制，实现区域执法协调统一。推动来往港澳小型船舶公共信息平台纳入省域"单一窗口"体系，为粤港澳进出口货物便利通关提供平台支撑。

　　——积极促进区域旅游合作。组建泛珠三角区域旅游大联盟、粤桂黔高铁经济带旅游产业联盟，举办广东国际旅游产业博览会等大型交流活动。积极组织参加东盟博览会旅游展、海峡旅游博览会、海南休闲旅游博览会、四川国际旅游博览会等泛珠兄弟省区重大旅游展会节庆活动，推动实施144小时过境免签政策，稳步推进粤港澳游艇旅游自由行，加大粤港澳"一程多站"精品旅游线路推广。

　　——有效推进统一市场建设。加强区域质量合作，与泛珠三角区域兄弟省区共同完善地方标准制定、省级名牌产品质量互认、质监信息共享等合作机制和重大事项通报制度。加强食品药品监管合作，建立泛珠药品不良反应监测（ADR）网络版信息管理平台。建立大湾区消费纠纷处理合作机制，珠三角地区九市和港澳消费者委员会签署《粤港澳大湾区消费维权合作备忘录》，提升跨境消费投诉咨询处理协作效率。

　　——全面深化社会事业合作。积极推进招收和培养港澳学生工作，在广东省内高校就读的港澳学生超过1万人。全省21个地市全部接入国家跨省异地就医结算系统，实现与包括泛珠三角区域内地九省区在内的全国跨省异地就医住院医疗费用的直接结算。在泛珠三角区域合作框架下定期交换传染病监测月报和分享疫情分析报告等信息，建立广东与泛珠三角地区 6 省（区）的区域医疗卫生机构对口帮扶。与广西、云南、贵州、四川等省区签订劳务对接扶贫行动协议，与港澳劳动监察机构举办执法培训和交流研讨会，并出台多项政策鼓励港澳青年在粤创新创业。

八、区域经贸合作

——开展经贸交流活动，推动经济合作。广东组团参加第 29 届哈尔滨国际经济贸易洽谈会、第十九届中国·青海绿色发展投资贸易洽谈会、第二十四届中国兰州投资贸易洽谈会、第十七届中国西部国际博览会以及第十七届中国国际装备制造业博览会。期间，广东省代表团考察了哈工大机器人集团、青海赞巴拉工贸有限公司等企业，广药集团与兰州市签署了合作框架协议，同时开展了一系列交流座谈活动。在"制博会"期间，代表团考察了沈阳微控新能源技术有限公司等企业并前往中德（沈阳）高端装备制造园等进行考察座谈。在"西博会"期间，代表团组织 5 家商协会和 21 家企业赴甘孜州考察当地项目。按照《粤桂扶贫协作和区域合作工作清单》要求，广东省商务厅、广西壮族自治区投资促进局共同主办 2018 年珠江—西江经济带沿线城市联合招商推介会，两省区商务、投资促进部门不断加强合作对接，为助力广西脱贫攻坚做出了积极贡献。

——加强经济协作，支持乡村振兴。组织全国各地广东商会会长参加全省商务工作会议，召开省外广东商会工作座谈会，加强对商会工作指导。支持异地广东商会发挥省际交流合作的桥梁纽带作用。大力支持省外办事处和异地广东商会在全国各省区举办广货全国行和乡贤反哺活动。落实"万企帮万村"，推动东北地区广东商会赴角湾村开展考察和捐款扶贫活动。

——搭建交流平台，推进对口合作。一是组织广东经贸代表团赴哈尔滨参加"哈洽会"，搭建广东主题展馆，与黑龙江商务厅、贸易促进委员会共同举办两省家具产业洽谈会，重点推动两省、俄罗斯家具木材企业交流对接。组织企业参加黑龙江省政府主办的中俄地方合作交流论坛暨中俄友城合作论坛等活动，赴俄罗斯参加第四届中俄中小企业事业论坛。二是协助黑龙江企业来粤开拓市场。邀请黑龙江商务厅组团参加"粤美投资交流会""广交会""高交会""加博会""广博会"和"海博会"等重大展会，开拓国际市场。牵头与黑龙江省商务厅举办两省商务对口合作暨木业家具产业合作交流恳谈会。

——落实重点任务，支援东西部扶贫协作和援建工作。一是落实东西部扶贫协作工作任务。按要求重点抓好粤桂扶贫协作，与广西投资促进和商务部门共同举办"珠江—西江经济带沿线城市招商推介会"，分批次组织百家粤企赴广西开展产业扶贫投资考察，组团参加 2018 广西商品交易会并开展产业对接等活动。会同广西商务厅研究制定《粤桂两省区商务扶贫协作框架协议和工作清单》。二是落实援疆援藏援川工作任务。组团参加第六届亚欧博览会，搭建广东馆；组织企业赴喀什开展产业援疆对接活动。根据省委省政府要求，与汶川县政府共同主办 2018 粤汶经贸文化纵深合作交流活动。组团参加 2018 成都"西博会"并赴甘孜州开展产业对接。参加林芝经贸洽谈会，组织省内行业商协会和企业参加新疆喀什，广西贵港，四川眉山、甘孜州等在粤举办的系列经贸活动。

九、对口支援工作

2018 年，广东省安排年度对口支援项目 303 个，对口支援计划内资金 38.53 亿元。其中，援藏安排项目 60 个，资金 6.20 亿元（含援助昌都 1.55 亿元）；援疆安排项目 122 个，资金 26.93 亿元（含深圳市安排援疆项目 53 个，资金 8.45 亿元）；援川安排项目 121 个，资金 5.40 亿元。计划外安排 4.05 亿元，其中援藏 1.6 亿元，援川 1.61 亿元，深圳援疆 8 433 万元。通过及时下达年度投资计划、提早拨付资金、严抓项目实施，克服了受援地施工期短、地质灾害频繁、维稳压力大等困难，圆满完成了年度项目计划。同时，按照国家要求及时启动"十三五"对口支援规划评估和调整工作，总结对口支援工作好的经验做法，查找不足，优化规划项目，使对口支援项目更加贴合受援地基层民生实际，进一步发挥资金效用。

——对口支援管理更加规范。修订《广东省对口支援项目与资金管理办法》，出台《广东省对口支援干部人才家属探亲管理制度的指导意见》，制定《广东省对口支援工作资料交接管理制度》。同时，广东省委组织部制定《关于进一步关心关爱援派干部人才的意见》，广东省审计厅出台《广东省审计厅关于加强东西部扶贫协作和对口支援跟踪审计工作的意见》等文件，进一步完善对口支援工作的制度。

——大力推动民生和社会事业快速发展。着力改善群众生产生活条件，2018 年，在林芝市援建小康村镇 27 个，新建干部和困难职工安居住房 140 套。帮助新疆喀什和兵团三师解决了 41 578 户住房难题，支持 10 个乡镇贫困村进行庭院改造，改善 12 个乡镇 32 个村配套水、电、路、暖等基础设施，补助新建村民服务中心 121 个。在甘孜州帮助甘孜县、炉霍县、康定市、石渠县共 470 户建档立卡贫困户完成危房改造任务，帮助白玉、稻城等 10 个县的 41 个贫困村实施村容村貌整治。在社会事业方面，支援林芝市人民医院成功创建三级甲等综合医院；组建"大组团式"援疆战略合作联盟，助力喀什地区第一人民医院打造成区域医疗中心；帮扶甘孜州人民医院打造成集医疗、教学、科研、预防保健为一体的综合性三级甲等医院。2018 年，计划内增派 20 名教师进藏支教、320 名教师进疆支教，同时柔性选派 313 名教师赴三个受援地支教，帮助培训受援地教育人才 19 375 人次，有效提升受援地教师队伍整体素质和教学质量。在甘孜州新改扩建规模寄宿制学校 25 所，不断完善学校服务功能，解决 13 819 名学生上学难问题。

——支持发展特色优势产业。组织开展"林洽会"和西藏林芝·广东招商引资推介会等，签约协议投资 617.67 亿元。2018 年共引进产业援疆项目 108 个，计划总投资金额 145.50 亿元。大力支持甘孜州特色优势产业发展，旅游收入突破"两百亿"大关,协助举办各类招商活动,全年签约项目82个,签约资金1 716亿元。

——着力抓好重点项目建设。鲁朗国际旅游小镇项目整体移交林芝市人民政府,进一步理顺小镇管理的机制体制,提升内生动力。大力盘活广州新城,引入喀什地区第一人民医院广州新城分院、广汽喀什销售中心等,商户入住率从2017年的30%提高到49%。在兵团草湖广东纺织服装产业园引入棉纺行业知名公司参与100万锭项目建设、生产和销售管理,目前已投产的一期、二期共60万锭项目产销两旺,2018年实现利润2 248万元,已进入自我良性发展阶段。

——脱贫攻坚取得重大突破。一是大力开展就业扶贫。助力林芝市以旅游产业发展为重点带动群众稳定就业增收,直接参与旅游服务的农牧民群众达8 207人次,人均增收7 795元。支持喀什地区和兵团第三师发展劳动密集型产业,新建"卫星工厂"230座,促进5.2万人稳定就业。为甘孜州举办就业扶贫专班8期,帮助358名甘孜州贫困群众到广东稳定就业。二是发挥广东市场优势,加大消费扶贫力度。通过在广东建立展销中心、直营店、门店、专柜,参加展销会等方式,为喀什地区和兵团三师销售特色农牧产品11.9万多吨。促成林芝市企业销售藏猪、青稞米、花生等农牧产品总额达21 837.5万元,有效拓展了林芝市农牧产品在粤销售渠道。累计消费甘孜州产品折合金额达758万元,惠及贫困人口2 821名。三是广泛动员社会力量,积极开展社会扶贫。筹集资金800余万元设立了广东省第八批援藏工作队扶贫济困专项基金,计划外筹集1 880万元用于边远乡镇小学建设及教师培训;广东援疆累计向受援地捐赠物资和资金3 800余万元;广东省社会各界捐赠甘孜州物资资金共计2.3亿元。2018全年,助力林芝市减贫1 696户共计5 967人,退出贫困村共129个,林芝市全部7个县(区)均已脱贫或达到脱贫摘帽标准;帮助喀什地区和兵团三师建档立卡贫困32 142人脱贫奔康;助力甘孜州康定、丹巴、九龙、乡城、稻城5个县(市)摘帽,11 721户共49 807名贫困人口脱贫,贫困发生率从2017年的8.65%下降到2018年的3.42%。

——交往交流交融全面开展。2018年,共有139个各级政府、部门代表团实现互访考察，组织包括广东省企业在内的 1 094 家企业到受援地参加展会，组织受援地 230 家企业到广东参加展会。开通了广州直飞稻城、深圳直飞林芝等航线。在林芝遴选 36 名小学毕业生到广东进行舞蹈培养，援疆方面组织足球夏令营、"手拉手"结对实地交流等多种形式活动，组织甘孜州中小学师生与结对学校开展"五个一"学习交流活动。针对甘孜州和林芝市突发地质灾害，紧急向两地分别拨款 300 万元帮助开展灾后救助和复工复产工作。

附　录

一、政策文件

（一）中共中央　国务院关于建立更加有效的区域协调发展新机制的意见

中共中央　国务院
关于建立更加有效的区域协调发展新机制的意见

（2018 年 11 月 18 日）

实施区域协调发展战略是新时代国家重大战略之一，是贯彻新发展理念、建设现代化经济体系的重要组成部分。党的十八大以来，各地区各部门围绕促进区域协调发展与正确处理政府和市场关系，在建立健全区域合作机制、区域互助机制、区际利益补偿机制等方面进行积极探索并取得一定成效。同时要看到，我国区域发展差距依然较大，区域分化现象逐渐显现，无序开发与恶性竞争仍然存在，区域发展不平衡不充分问题依然比较突出，区域发展机制还不完善，难以适应新时代实施区域协调发展战略需要。为全面落实区域协调发展战略各项任务，促进区域协调发展向更高水平和更高质量迈进，现就建立更加有效的区域协调发展新机制提出如下意见。

一、总体要求

（一）指导思想。以习近平新时代中国特色社会主义思想为指导，全面贯彻党的十九大和十九届二中、三中全会精神，认真落实党中央、国务院决策部署，坚持新发展理念，紧扣我国社会主要矛盾变化，按照高质量发展要求，紧紧围绕统筹推进"五位一体"总体布局和协调推进"四个全面"战略布局，立足发挥各地区比较优势和缩小区域发展差距，围绕努力实现基本公共服务均等化、基础设施通达程度比较均衡、人民基本生活保障水平大体相当的目标，深化改革开放，坚决破除地区之间利益藩篱和政策壁垒，加快形成统筹有力、竞争有序、绿色协调、共享共赢的区域协调发展新机制，促进区域协调发展。

（二）基本原则

——坚持市场主导与政府引导相结合。充分发挥市场在区域协调发展新机制建设中的主导作用，更好发挥政府在区域协调发展方面的引导作用，促进区域协调发展新机制有效有序运行。

——坚持中央统筹与地方负责相结合。加强中央对区域协调发展新机制的顶层设计，明确地方政府的实施主体责任，充分调动地方按照区域协调发展新机制推动本地区协调发展的主动性和积极性。

——坚持区别对待与公平竞争相结合。进一步细化区域政策尺度，针对不同地区实际制定差别化政策，同时更加注重区域一体化发展，维护全国统一市场的公平竞争，防止出现制造政策洼地、地方保护主义等问题。

——坚持继承完善与改革创新相结合。坚持和完善促进区域协调发展行之有效的机制，同时根据新情况新要求不断改革创新，建立更加科学、更加有效的区域协调发展新机制。

——坚持目标导向与问题导向相结合。瞄准实施区域协调发展战略的目标要求，破解区域协调发展机制中存在的突出问题，增强区域发展的协同性、联动性、整体性。

（三）总体目标

——到2020年，建立与全面建成小康社会相适应的区域协调发展新机制，在建立区域战略统筹机制、基本公共服务均等化机制、区域政策调控机制、区域发展保障机制等方面取得突破，在完善市场一体化发展机制、深化区域合作机制、优化区域互助机制、健全区际利益补偿机制等方面取得新进展，区域协调发展新机制在有效遏制区域分化、规范区域开发秩序、推动区域一体化发展中发挥积极作用。

——到 2035 年，建立与基本实现现代化相适应的区域协调发展新机制，实现区域政策与财政、货币等政策有效协调配合，区域协调发展新机制在显著缩小区域发展差距和实现基本公共服务均等化、基础设施通达程度比较均衡、人民基本生活保障水平大体相当中发挥重要作用，为建设现代化经济体系和满足人民日益增长的美好生活需要提供重要支撑。

——到本世纪中叶，建立与全面建成社会主义现代化强国相适应的区域协调发展新机制，区域协调发展新机制在完善区域治理体系、提升区域治理能力、实现全体人民共同富裕等方面更加有效，为把我国建成社会主义现代化强国提供有力保障。

二、建立区域战略统筹机制

（四）推动国家重大区域战略融合发展。以"一带一路"建设、京津冀协同发展、长江经济带发展、粤港澳大湾区建设等重大战略为引领，以西部、东北、中部、东部四大板块为基础，促进区域间相互融通补充。以"一带一路"建设助推沿海、内陆、沿边地区协同开放，以国际经济合作走廊为主骨架加强重大基础设施互联互通，构建统筹国内国际、协调国内东中西和南北方的区域发展新格局。以疏解北京非首都功能为"牛鼻子"推动京津冀协同发展，调整区域经济结构和空间结构，推动河北雄安新区和北京城市副中心建设，探索超大城市、特大城市等人口经济密集地区有序疏解功能、有效治理"大城市病"的优化开发模式。充分发挥长江经济带横跨东中西三大板块的区位优势，以共抓大保护、不搞大开发为导向，以生态优先、绿色发展为引领，依托长江黄金水道，推动长江上中下游地区协调发展和沿江地区高质量发展。建立以中心城市引领城市群发展、城市群带动区域发展新模式，推动区域板块之间融合互动发展。以北京、天津为中心引领京津冀城市群发展，带动环渤海地区协同发展。以上海为中心引领长三角城市群发展，带动长江经济带发展。以香港、澳门、广州、深圳为中心引领粤港澳大湾区建设，带动珠江—西江经济带创新绿色发展。以重庆、成都、武汉、郑州、西安等为中心，引领成渝、长江中游、中原、关中平原等城市群发展，带动相关板块融合发展。加强"一带一路"建设、京津冀协同发展、长江经济带发展、粤港澳大湾区建设等重大战略的协调对接，推动各区域合作联动。推进海南全面深化改革开放，着力推动自由贸易试验区建设，探索建设中国特色自由贸易港。

（五）统筹发达地区和欠发达地区发展。推动东部沿海等发达地区改革创新、新旧动能转换和区域一体化发展，支持中西部条件较好地区加快发展，鼓励国家级新区、自由贸易试验区、国家级开发区等各类平台大胆创新，在推动区域高质量发展方面发挥引领作用。坚持"输血"和"造血"相结合，推动欠发达地区加快发展。建立健全长效普惠性的扶持机制和精准有效的差别化支持机制，加快补齐基础设施、公共服务、生态环境、产业发展等短板，打赢精准脱贫攻坚战，确保革命老区、民族地区、边疆地区、贫困地区与全国同步实现全面建成小康社会。健全国土空间用途管制制度，引导资源枯竭地区、产业衰退地区、生态严重退化地区积极探索特色转型发展之路，推动形成绿色发展方式和生活方式。以承接产业转移示范区、跨省合作园区等为平台，支持发达地区与欠发达地区共建产业合作基地和资源深加工基地。建立发达地区与欠发达地区区域联动机制，先富带后富，促进发达地区和欠发达地区共同发展。

（六）推动陆海统筹发展。加强海洋经济发展顶层设计，完善规划体系和管理机制，研究制定陆海统筹政策措施，推动建设一批海洋经济示范区。以规划为引领，促进陆海在空间布局、产业发展、基础设施建设、资源开发、环境保护等方面全方位协同发展。编制实施海岸带保护与利用综合规划，严格围填海管控，促进海岸地区陆海一体化生态保护和整治修复。创新海域海岛资源市场化配置方式，完善资源评估、流转和收储制度。推动海岸带管理立法，完善海洋经济标准体系和指标体系，健全海洋经济统计、核算制度，提升海洋经济监测评估能力，强化部门间数据共享，建立海洋经济调查体系。推进海上务实合作，维护国家海洋权益，积极参与维护和完善国际和地区海洋秩序。

三、健全市场一体化发展机制

（七）促进城乡区域间要素自由流动。实施全国统一的市场准入负面清单制度，消除歧视性、隐蔽性的区域市场准入限制。深入实施公平竞争审查制度，消除区域市场壁垒，打破行政性垄断，清理和废除妨碍统一市场和公平竞争的各种规定和做法，进一步优化营商环境，激发市场活力。全面放宽城市落户条件，完善配套政策，打破阻碍劳动力在城乡、区域间流动的不合理壁垒，促进人力资源优化配置。加快深化农村土地制度改革，推动建立城乡统一的建设用地市场，进一步完善承包地所有权、承包权、经营权三权分置制度，探索宅基地所有权、资格权、使用权三权分置改革。引导科技资源按照市场需求优化空间配置，促进创新要素充分流动。

（八）推动区域市场一体化建设。按照建设统一、开放、竞争、有序的市场体系要求，推动京津冀、长江经济带、粤港澳等区域市场建设，加快探索建立规划制度统一、发展模式共推、治理方式一致、区域市场联动的区域市场一体化发展新机制，促进形成全国统一大市场。进一步完善长三角区域合作工作机制，深化三省一市在规划衔接、跨省际重大基础设施建设、环保联防联控、产业结构布局调整、改革创新等方面合作。

（九）完善区域交易平台和制度。建立健全用水权、排污权、碳排放权、用能权初始分配与交易制度，培育发展各类产权交易平台。进一步完善自然资源资产有偿使用制度，构建统一的自然资源资产交易平台。选择条件较好地区建设区域性排污权、碳排放权等交易市场，推进水权、电力市场化交易，进一步完善交易机制。建立健全用能预算管理制度。促进资本跨区域有序自由流动，完善区域性股权市场。

四、深化区域合作机制

（十）推动区域合作互动。深化京津冀地区、长江经济带、粤港澳大湾区等合作，提升合作层次和水平。积极发展各类社会中介组织，有序发展区域性行业协会商会，鼓励企业组建跨地区跨行业产业、技术、创新、人才等合作平台。加强城市群内部城市间的紧密合作，推动城市间产业分工、基础设施、公共服务、环境治理、对外开放、改革创新等协调联动，加快构建大中小城市和小城镇协调发展的城镇化格局。积极探索建立城市群协调治理模式，鼓励成立多种形式的城市联盟。

（十一）促进流域上下游合作发展。加快推进长江经济带、珠江—西江经济带、淮河生态经济带、汉江生态经济带等重点流域经济带上下游间合作发展。建立健全上下游毗邻省市规划对接机制，协调解决地区间合作发展重大问题。完善流域内相关省市政府协商合作机制，构建流域基础设施体系，严格流域环境准入标准，加强流域生态环境共建共治，推进流域产业有序转移和优化升级，推动上下游地区协调发展。

（十二）加强省际交界地区合作。支持晋陕豫黄河金三角、粤桂、湘赣、川渝等省际交界地区合作发展，探索建立统一规划、统一管理、合作共建、利益共享的合作新机制。加强省际交界地区城市间交流合作，建立健全跨省城市政府间联席会议制度，完善省际会商机制。

（十三）积极开展国际区域合作。以"一带一路"建设为重点，实行更加积极主动的开放战略，推动构建互利共赢的国际区域合作新机制。充分发挥"一带一路"国际合作高峰论坛、上海合作组织、中非合作论坛、中俄东北—远东合作、长江—伏尔加河合作、中国—东盟合作、东盟与中日韩合作、中日韩合作、澜沧江—湄公河合作、图们江地区开发合作等国际区域合作机制作用，加强区域、次区域合作。支持沿边地区利用国际合作平台，积极主动开展国际区域合作。推进重点开发开放试验区建设，支持边境经济合作区发展，稳步建设跨境经济合作区，更好发挥境外产能合作园区、经贸合作区的带动作用。

五、优化区域互助机制

（十四）深入实施东西部扶贫协作。加大东西部扶贫协作力度，推动形成专项扶贫、行业扶贫、社会扶贫等多方力量多种举措有机结合互为支撑的"三位一体"大扶贫格局。强化以企业合作为载体的扶贫协作，组织企业到贫困地区投资兴业、发展产业、带动就业。完善劳务输出精准对接机制，实现贫困人口跨省稳定就业。进一步加强扶贫协作双方党政干部和专业技术人员交流，推动人才、资金、技术向贫困地区和边境地区流动，深化实施携手奔小康行动。积极引导社会力量广泛参与深度贫困地区脱贫攻坚，帮助深度贫困群众解决生产生活困难。

（十五）深入开展对口支援。深化全方位、精准对口支援，推动新疆、西藏和青海、四川、云南、甘肃四省藏区经济社会持续健康发展，促进民族交往交流交融，筑牢社会稳定和长治久安基础。强化规划引领，切实维护规划的严肃性，进一步完善和规范对口支援规划的编制实施和评估调整机制。加强资金和项目管理，科学开展绩效综合考核评价，推动对口支援向更深层次、更高质量、更可持续方向发展。

（十六）创新开展对口协作（合作）。面向经济转型升级困难地区，组织开展对口协作（合作），构建政府、企业和相关研究机构等社会力量广泛参与的对口协作（合作）体系。深入开展南水北调中线工程水源区对口协作，推动水源区绿色发展。继续开展对口支援三峡库区，支持库区提升基本公共服务供给能力，加快库区移民安稳致富，促进库区社会和谐稳定。进一步深化东部发达省市与东北地区对口合作，开展干部挂职交流和系统培训，建设对口合作重点园区，实现互利共赢。

六、健全区际利益补偿机制

（十七）完善多元化横向生态补偿机制。贯彻绿水青山就是金山银山的重要理念和山水林田湖草是生命共同体的系统思想，按照区际公平、权责对等、试点先行、分步推进的原则，不断完善横向生态补偿机制。鼓励生态受益地区与生态保护地区、流域下游与流域上游通过资金补偿、对口协作、产业转移、人才培训、共建园区等方式建立横向补偿关系。支持在具备重要饮用水功能及生态服务价值、受益主体明确、上下游补偿意愿强烈的跨省流域开展省际横向生态补偿。在京津冀水源涵养区、安徽浙江新安江、广西广东九洲江、福建广东汀江—韩江、江西广东东江、广西广东西江流域等深入开展跨地区生态保护补偿试点，推广可复制的经验。

（十八）建立粮食主产区与主销区之间利益补偿机制。研究制定粮食主产区与主销区开展产销合作的具体办法，鼓励粮食主销区通过在主产区建设加工园区、建立优质商品粮基地和建立产销区储备合作机制以及提供资金、人才、技术服务支持等方式开展产销协作。加大对粮食主产区的支持力度，促进主产区提高粮食综合生产能力，充分调动主产区地方政府抓粮食生产和农民种粮的积极性，共同维护国家粮食安全。

（十九）健全资源输出地与输入地之间利益补偿机制。围绕煤炭、石油、天然气、水能、风能、太阳能以及其他矿产等重要资源，坚持市场导向和政府调控相结合，加快完善有利于资源集约节约利用和可持续发展的资源价格形成机制，确保资源价格能够涵盖开采成本以及生态修复和环境治理等成本。鼓励资源输入地通过共建园区、产业合作、飞地经济等形式支持输出地发展接续产业和替代产业，加快建立支持资源型地区经济转型长效机制。

七、完善基本公共服务均等化机制

（二十）提升基本公共服务保障能力。在基本公共服务领域，深入推进财政事权和支出责任划分改革，逐步建立起权责清晰、财力协调、标准合理、保障有力的基本公共服务制度体系和保障机制。规范中央与地方共同财政事权事项的支出责任分担方式，调整完善转移支付体系，基本公共服务投入向贫困地区、薄弱环节、重点人群倾斜，增强市县财政特别是县级财政基本公共服务保障能力。强化省级政府统筹职能，加大对省域范围内基本公共服务薄弱地区扶持力度，通过完善省以下财政事权和支出责任划分、规范转移支付等措施，逐步缩小县域间、市地间基本公共服务差距。

（二十一）提高基本公共服务统筹层次。完善企业职工基本养老保险基金中央调剂制度，尽快实现养老保险全国统筹。完善基本医疗保险制度，不断提高基本医疗保险统筹层级。巩固完善义务教育管理体制，增加中央财政对义务教育转移支付规模，强化省、市统筹作用，加大对"三区三州"等深度贫困地区和集中连片特困地区支持力度。

（二十二）推动城乡区域间基本公共服务衔接。加快建立医疗卫生、劳动就业等基本公共服务跨城乡跨区域流转衔接制度，研究制定跨省转移接续具体办法和配套措施，强化跨区域基本公共服务统筹合作。鼓励京津冀、长三角、珠三角地区积极探索基本公共服务跨区域流转衔接具体做法，加快形成可复制可推广的经验。

八、创新区域政策调控机制

（二十三）实行差别化的区域政策。充分考虑区域特点，发挥区域比较优势，提高财政、产业、土地、环保、人才等政策的精准性和有效性，因地制宜培育和激发区域发展动能。坚持用最严格制度最严密法治保护生态环境的前提下，进一步突出重点区域、行业和污染物，有效防范生态环境风险。加强产业转移承接过程中的环境监管，防止跨区域污染转移。对于生态功能重要、生态环境敏感脆弱区域，坚决贯彻保护生态环境就是保护生产力、改善生态环境就是发展生产力的政策导向，严禁不符合主体功能定位的各类开发活动。相关中央预算内投资和中央财政专项转移支付继续向中西部等欠发达地区和东北地区等老工业基地倾斜，研究制定深入推进西部大开发和促进中部地区崛起的政策措施。动态调整西部地区有关产业指导目录，对西部地区优势产业和适宜产业发展给予必要的政策倾斜。在用地政策方面，保障跨区域重大基础设施和民生工程用地需求，对边境和特殊困难地区实行建设用地计划指标倾斜。研究制定鼓励人才到中西部地区、东北地区特别是"三区三州"等深度贫困地区工作的优惠政策，支持地方政府根据发展需要制定吸引国内外人才的区域性政策。

（二十四）建立区域均衡的财政转移支付制度。根据地区间财力差异状况，调整完善中央对地方一般性转移支付办法，加大均衡性转移支付力度，在充分考虑地区间支出成本因素、切实增强中西部地区自我发展能力的基础上，将常住人口人均财政支出差异控制在合理区间。严守生态保护红线，完善主体功能区配套政策，中央财政加大对重点生态功能区转移支付力度，提供更多优质生态产品。省级政府通过调整收入划分、加大转移支付力度，增强省以下政府区域协调发展经费保障能力。

（二十五）建立健全区域政策与其他宏观调控政策联动机制。加强区域政策与财政、货币、投资等政策的协调配合，优化政策工具组合，推动宏观调控政策精准落地。财政、货币、投资政策要服务于国家重大区域战略，围绕区域规划及区域政策导向，采取完善财政政策、金融依法合规支持、协同制定引导性和约束性产业政策等措施，加大对跨区域交通、水利、生态环境保护、民生等重大工程项目的支持力度。对因客观原因造成的经济增速放缓地区给予更有针对性的关心、指导和支持，在风险可控的前提下加大政策支持力度，保持区域经济运行在合理区间。加强对杠杆率较高地区的动态监测预警，强化地方金融监管合作和风险联防联控，更加有效防范和化解系统性区域性金融风险。

九、健全区域发展保障机制

（二十六）规范区域规划编制管理。加强区域规划编制前期研究，完善区域规划编制、审批和实施工作程序，实行区域规划编制审批计划管理制度，进一步健全区域规划实施机制，加强中期评估和后评估，形成科学合理、管理严格、指导有力的区域规划体系。对实施到期的区域规划，在后评估基础上，确需延期实施的可通过修订规划延期实施，不需延期实施的要及时废止。根据国家重大战略和重大布局需要，适时编制实施新的区域规划。

（二十七）建立区域发展监测评估预警体系。围绕缩小区域发展差距、区域一体化、资源环境协调等重点领域，建立区域协调发展评价指标体系，科学客观评价区域发展的协调性，为区域政策制定和调整提供参考。引导社会智库研究发布区域协调发展指数。加快建立区域发展风险识别和预警预案制度，密切监控突出问题，预先防范和妥善应对区域发展风险。

（二十八）建立健全区域协调发展法律法规体系。研究论证促进区域协调发展的法规制度，明确区域协调发展的内涵、战略重点和方向，健全区域政策制定、实施、监督、评价机制，明确有关部门在区域协调发展中的职责，明确地方政府在推进区域协调发展中的责任和义务，发挥社会组织、研究机构、企业在促进区域协调发展中的作用。

十、切实加强组织实施

（二十九）加强组织领导。坚持和加强党对区域协调发展工作的领导，充分发挥中央与地方区域性协调机制作用，强化地方主体责任，广泛动员全社会力量，共同推动建立更加有效的区域协调发展新机制，为实施区域协调发展战略提供强有力的保障。中央和国家机关有关部门要按照职能分工，研究具体政策措施，协同推动区域协调发展。各省、自治区、直辖市要制定相应落实方案，完善相关配套政策，确保区域协调发展新机制顺畅运行。

（三十）强化协调指导。国家发展改革委要会同有关部门加强对区域协调发展新机制实施情况跟踪分析和协调指导，研究新情况、总结新经验、解决新问题，重大问题要及时向党中央、国务院报告。

（二）国家发展改革委等六部委印发《中国开发区审核公告目录》（2018 年版）公告

中华人民共和国国家发展和改革委员会
中华人民共和国科学技术部
中华人民共和国国土资源部
中华人民共和国住房和城乡建设部
中华人民共和国商务部
中华人民共和国海关总署
公　　告

2018 年第 4 号

　　根据国务院部署，为促进开发区健康发展，国家发展改革委、科技部、国土资源部、住房城乡建设部、商务部、海关总署会同各地区开展《中国开发区审核公告目录》修订工作，形成了《中国开发区审核公告目录》（2018 年版），经国务院同意，现予公告。

国家发展改革委　科技部　国土资源部
住房城乡建设部　商务部　海关总署
2018 年 2 月 26 日

广东省纳入《中国开发区审核公告目录》（2018 年版）开发区名单

序号	代码	开发区名称	批准时间	核准面积（公顷）	主导产业
一、国家级经济技术开发区（6 个）					
167	G441034	广州经济技术开发区	1984.12	3 857.72	电子及通信设备、化工、汽车
168	G441035	广州南沙经济技术开发区	1993.05	2 760	航运物流、高端制造、金融商务
169	G441183	增城经济技术开发区	2010.03	500	汽车及零部件、电子信息、装备制造
170	G441184	珠海经济技术开发区	2012.03	1 588	石化、清洁能源
171	G441036	湛江经济技术开发区	1984.11	1 920	钢铁、石油化工、特种纸
172	G441037	惠州大亚湾经济技术开发区	1993.05	2 360	石化、电子、汽车
二、国家级高新技术产业开发区（共 14 个）					
330	G442035	广州高新技术产业开发区	1991.03	3 734	电子信息、生物医药、新材料
331	G442036	深圳市高新技术产业园区	1991.03	1 150	电子信息、光机电一体化、生物医药
332	G442037	珠海高新技术产业开发区	1992.11	980	电子信息、生物医药、光机电一体化技术
333	G442130	汕头高新技术产业开发区	2017.02	300.05	印刷包装、化工塑料、食品
334	G442038	佛山高新技术产业开发区	1992.11	1 000	装备制造、智能家电、汽车零部件

（续上表）

序号	代码	开发区名称	批准时间	核准面积（公顷）	主导产业
335	G442131	江门高新技术产业开发区	2010.11	1 221	机电、电子、化工
336	G442132	肇庆高新技术产业开发区	2010.09	2 252.04	新材料、电子信息、装备制造
337	G442039	惠州仲恺高新技术产业开发区	1992.11	706	移动互联网、平板显示、新能源
338	G442133	源城高新技术产业开发区	2015.02	919.8	电子信息、机械、光伏
339	G442134	清远高新技术产业开发区	2015.09	1 911	机械装备、新材料、电子信息
340	G442135	东莞松山湖高新技术产业开发区	2010.09	1 000	电子信息、生物技术、新能源
341	G442135	中山火炬高技术产业开发区	1991.03	1 710	电子信息、生物医药、装备制造
1408	S448049	湛江高新技术产业开发区	2018.02	1 502	海洋装备、特种纸、食品
1415	S448053	茂名高新技术产业开发区	2018.02	981	石油化工、新材料、机械
三、海关特殊监管区域（共12个）					
473	G443098	广州白云机场综合保税区	2010.07	294.3	仓储物流
474	G443099	广州保税区	1992.05	140	国际贸易、保税物流、出口加工
475	G443100	广州出口加工区	2000.04	94.74	汽车、物流
476	G443101	广州保税物流园区	2007.12	50.7	保税物流
477	G443102	广州南沙保税港区	2008.10	499	航运物流、保税展示

（续上表）

序号	代码	开发区名称	批准时间	核准面积（公顷）	主导产业
478	G443103	广东福田保税区	1991.05	135	电子信息、物流、国际贸易
479	G443104	深圳前海湾保税港区	2008.10	371.21	物流、金融、信息服务
480	G443105	深圳盐田综合保税区	2014.01	217	物流、黄金珠宝、电子信息
481	G443106	广东深圳出口加工区	2000.04	300	电子信息、家电
482	G443107	广东珠海保税区	1996.11	300	航天航空、电子信息
483	G443108	珠澳跨境工业区	2003.12	29	保税物流、仓储
484	G443109	汕头经济特区保税区	1993.01	225	包装材料、柴油发电机、电子材料
四、省级开发区（共100个）					
1374	S449001	广州白云工业园区	2006.05	159.06	铝材加工、化妆品、电子信息
1375	S449002	广州云埔工业园区	2006.08	771.81	智能装备、食品饮料
1376	S447003	广州花都经济开发区	1992.12	1 188.34	汽车及零部件、新能源汽车、智能装备
1377	S447004	广东从化经济开发区	2006.05	132	生物医药、化妆品、电器装备
1378	S448018	韶关高新技术产业开发区	2010.10	640	机械装备、电子信息、生物医药
1379	S447019	广东韶关曲江经济开发区	1997.12	161.56	食品、电子、金属加工
1380	S449021	广东始兴工业园区	1993.06	450	新材料、电子机械、玩具

（续上表）

序号	代码	开发区名称	批准时间	核准面积（公顷）	主导产业
1381	S449070	广东仁化县产业转移工业园区	2015.09	121.93	有色金属冶炼、有色金属深加工、木材加工
1382	S447022	广东翁源经济开发区	1992.08	405.61	新材料、电源电子、五金家具
1383	S447023	广东乳源经济开发区	2006.05	561.56	铝箔、电子元器件、食品
1384	S449071	广东新丰县产业转移工业园区	2010.06	258.11	新材料、建材
1385	S447020	广东乐昌经济开发区	2006.09	303.31	机械设备、纺织服装、非金属矿物制品
1386	S449072	广东南雄市产业转移工业园区	2010.03	559.24	精细化工、新材料
1387	S449008	广东珠海富山工业园区	2006.08	104.47	装备制造、电子信息、家用电器
1388	S449007	广东珠海金湾联港工业园区	2006.08	502.43	电子电器、生物制药、装备制造
1389	S449011	广东汕头龙湖工业园区	2006.08	245.49	机械、电子、玩具、珠宝
1390	S449010	广东汕头金平工业园区	2006.08	302.8	食品、机械、印刷
1391	S449073	汕头市潮阳区贵屿循环经济产业园区	2010.03	166.47	电器拆解、塑料造粒
1392	S449074	广东省汕头市澄海岭海工业园	2003.07	475.15	玩具、毛衫、木制品
1393	S447012	广东佛山禅城经济开发区	2006.08	488.76	陶瓷、新能源汽车配件、装备制造
1394	S447013	广东佛山南海经济开发区	2003.06	838.42	汽车及零部件、光电显示、机械装备

（续上表）

序号	代码	开发区名称	批准时间	核准面积（公顷）	主导产业
1395	S448014	南海高新技术产业开发区	2006.08	753.8	节能环保、装备制造、新材料
1396	S448015	顺德高新技术产业开发区	2003.06	393.33	家电、装备制造
1397	S449017	广东佛山三水工业园区	2006.08	431.33	机械装备、金属加工及制品、电子电器
1398	S449016	广东佛山高明沧江工业园区	2006.08	1 220.16	食品、纺织、新材料
1399	S449075	广东江门蓬江区产业转移工业园区	2015.12	494.6	精密电子、摩托车及零配件、精细化工
1400	S447042	广东江门新会经济开发区	1996.04	705	装备制造、纸及纸制品、食品饮料
1401	S449043	广东台山广海湾工业园区	1992.12	1 432.89	电力、热力、汽车
1402	S449076	开平翠山湖科技产业园	2009.06	1 165.16	五金机械、电子信息、新材料
1403	S449077	广东鹤山市产业转移工业园区	2015.05	925.83	装备制造、电子信息、新材料
1404	S449078	广东恩平市工业园	2015.12	865.97	电子信息、机械
1405	S449047	广东湛江临港工业园区	2006.05	538.67	石油加工、资源加工、物流
1406	S449079	坡头区科技产业园	2015.05	404.93	食品、电气机械器材、计算机及通信
1407	S447048	广东湛江麻章经济开发区	1997.04	878.26	家具、农副食品、设备制造
1409	S449080	广东遂溪县产业转移工业园区	2015.06	267.9	农副产品加工、酿酒、饮料、茶制品

（续上表）

序号	代码	开发区名称	批准时间	核准面积（公顷）	主导产业
1410	S447051	广东徐闻经济开发区	1992.12	942	农副食品、食品、木材加工
1411	S447052	广东廉江经济开发区	1996.01	830	家电、家具、金属制品
1412	S449081	广东奋勇东盟产业园	2015.05	301.64	医药、专用设备、汽车
1413	S447050	广东吴川经济开发区	1997.03	435.15	羽绒及制品、电气机械器材、塑料
1414	S447054	广东茂名茂南经济开发区	1992.12	968.58	农副产品加工、石油加工、化工
1416	S447055	广东茂名电白经济开发区	1992.06	599.79	精细化工、机械、电子
1417	S447057	广东高州金山经济开发区	1993.06	310.72	农副食品、皮革制品、金属制品
1418	S447058	广东化州鉴江经济开发区	1993.02	484.79	电子、塑料加工、轻纺
1419	S447056	广东信宜经济开发区	1992.07	246.74	电子电器、工艺品、金属制品
1420	S449060	广东肇庆工业园区	1993.02	247.95	有色金属加工、汽车零部件、医药
1421	S449082	广东肇庆高要区产业转移工业园区	2015.05	347.48	汽车零配件、五金制品
1422	S449083	广东广宁县产业转移工业园区	2015.05	398.39	再生资源、新材料、林浆纸一体化
1423	S449084	广佛肇怀集经济合作区	2007.01	671.49	食品、机械、生物医药
1424	S449085	粤桂合作特别试验区	2014.07	406.14	电子信息、节能环保、食品

（续上表）

序号	代码	开发区名称	批准时间	核准面积（公顷）	主导产业
1425	S449086	广东德庆县产业转移工业园区	2006.11	423.88	林化工、金属加工、家具
1426	S449032	广东惠州工业园区	2006.05	199.86	互联网、平板显示、先进制造
1427	S447033	广东惠州惠阳经济开发区	1997.03	743.69	电子信息、印刷、金属制品
1428	S449034	广东惠州大亚湾石化产业园区	2006.05	1 384.06	石化、电力
1429	S449087	广东博罗县产业转移工业园区	2015.05	792.29	电子信息、装备制造、化学材料
1430	S449088	广东惠东县产业转移工业园区	2006.10	746.61	装备制造、新能源、新材料
1431	S449089	广东惠州产业转移工业园区	2009.06	295	电子信息、服装、建材
1432	S447027	广东梅州经济开发区	1992.10	706.02	电子信息、机械装备、生物医药
1433	S448028	广东梅州高新技术产业园区	2003.04	700	电子信息、机械装备、生物医药
1434	S449090	广东大埔县产业转移工业园区	2015.05	333.77	陶瓷
1435	S447030	广东丰顺经济开发区	1995.12	474.82	电子、电声、生物制药、饲料
1436	S447031	广东五华经济开发区	1995.12	491.33	酿酒、医药、五金机电、汽车零配件
1437	S449091	广东平远县产业转移工业园区	2013.11	400.01	稀土材料、家具、机械
1438	S449029	广东梅州蕉华工业园区	2006.08	202.51	建材、食品、医药、机械

（续上表）

序号	代码	开发区名称	批准时间	核准面积（公顷）	主导产业
1439	S449092	广东兴宁市产业转移工业园区	2006.09	400.23	机械、汽车零配件、五金电子
1440	S447035	广东汕尾红海湾经济开发区	1992.11	1 095.3	电力
1441	S447036	广东海丰经济开发区	1992.12	325.63	毛织服装、珠宝首饰、电子信息
1442	S449093	广东陆河县产业转移工业园区	2015.05	326.65	新能源汽车、建材、机械设备
1443	S447069	广东汕尾星都经济开发区	1994.01	148.3	医药、节能设备、新材料
1444	S447037	广东陆丰东海经济开发区	1994.03	500	珠宝加工、电子机械、纺织服装
1445	S449026	广东河源江东新区产业转移工业园区	1992.01	211	光学、电子信息、装备制造
1446	S449094	广东龙川县产业转移工业园区	2008.11	400	电子、电器、钢结构
1447	S449095	广东连平县产业转移工业园区	2015.05	139.46	农产品加工、新材料、电子信息
1448	S449096	广东和平县产业转移工业园区	2007.05	407.1	钟表计时仪器、电子通信设备、医药
1449	S449097	广东东源县产业转移工业园区	2011.10	843.5	新电子、新材料、机械
1450	S449044	广东阳江工业园区	2002.12	976	金属制品、机械装备、硅胶制品
1451	S448045	广东阳江高新技术产业开发区	2002.12	1 955.27	金属制品、食品、医药
1452	S447046	广东阳东经济开发区	2006.08	1 491.42	金属制品、木材加工、农副食品

（续上表）

序号	代码	开发区名称	批准时间	核准面积（公顷）	主导产业
1453	S449098	广东阳西县产业转移工业园区	2005.12	1 001.28	不锈钢、食品、服装
1454	S449099	广东阳春市产业转移工业园区	2007.05	1 334.16	建材、特种钢、纺织服装
1455	S449100	广东佛冈县产业转移工业园区	2015.09	348.36	电子信息、食品饮料、通用装备
1456	S449101	广东顺德清远英德经济合作区	2011.12	1 290.6	机械装备、电子电器、新材料
1457	S449102	广东连州市产业转移工业园区	2015.09	433.31	新材料、食品、生物医药
1458	S449039	东莞生态产业园	2006.08	1 244.55	电子信息、生物技术、新能源
1459	S449103	东莞水乡新城开发区	2014.07	739.13	电子信息、纸制品、电气机械
1460	S449104	东莞粤海装备产业园	2014.11	1 083.34	光电科技、电子信息、五金机械
1461	S449040	广东中山工业园区	2006.05	427.77	保健食品、化妆品、游戏游艺设备
1462	S447062	广东潮州经济开发区	1992.10	963.64	电子、五金、陶瓷
1463	S447063	广东潮安经济开发区	1992.10	236.13	食品、不锈钢、印刷
1464	S447064	广东饶平潮州港经济开发区	1993.06	114.93	能源、化工、水产品加工
1465	S448065	广东揭阳高新技术产业开发区	1992.08	698.59	装备制造、金属制品、家电
1466	S449066	揭阳榕城工业园	2006.05	495.94	制鞋、五金不锈制品、新材料

（续上表）

序号	代码	开发区名称	批准时间	核准面积（公顷）	主导产业
1467	S447067	广东揭东经济开发区	1992.10	569.55	金属制品、装备制造、食品饮料
1468	S449105	广东揭阳产业转移工业园区	2015.09	478.85	黑色金属加工、金属制品、农副食品
1469	S449106	揭阳大南海石化工业区	2007.07	1 731.27	石油炼化、精细化工、新材料
1470	S449107	广东普宁市产业转移工业园区	2007.08	274.66	生物医药、医疗器械、纺织服装
1471	S449068	广东云浮工业园区	2006.05	569.79	石材加工、电力、热力、机械装备
1472	S448108	云浮高新技术产业开发区	2010.11	300	云计算及信息服务、建材、装备制造
1473	S449109	广东新兴县产业转移工业园区	2016.05	578.3	金属制品、通信电子设备、医药
1474	S449110	广东郁南县产业转移工业园区	2015.06	258.01	电气机械器材、农副食品、医药
1475	S449111	广东罗定市产业转移工业园区	2015.05	762.06	电子、纺织、日用品

（三）国家发展改革委办公厅关于建立特色小镇和特色小城镇高质量发展机制的通知

国家发展改革委办公厅关于建立
特色小镇和特色小城镇高质量发展机制的通知

各省、自治区、直辖市及计划单列市、新疆生产建设兵团发展改革委，住房城乡建设部、国家体育总局、国家开发银行、中国农业发展银行、中国光大银行办公厅（室）：

特色小镇和特色小城镇是新型城镇化与乡村振兴的重要结合点，也是促进经济高质量发展的重要平台。党中央、国务院高度重视，国家发展改革委等部门先后印发实施《关于加快美丽特色小（城）镇建设的指导意见》《关于规范推进特色小镇和特色小城镇建设的若干意见》，引导特色小镇和特色小城镇发展取得一定成效，概念不清、盲目发展及房地产化苗头得到一定纠正。为进一步对标对表党的十九大精神，巩固纠偏成果、有力有序有效推动高质量发展，现通知如下。

一、总体要求

（一）指导思想。全面贯彻党的十九大精神，以习近平新时代中国特色社会主义思想为指导，坚持以人民为中心，坚持稳中求进工作总基调，坚持新发展理念，坚持使市场在资源配置中起决定性作用和更好发挥政府作用，以引导特色产业发展为核心，以严格遵循发展规律、严控房地产化倾向、严防政府债务风险为底线，以建立规范纠偏机制、典型引路机制、服务支撑机制为重点，加快建立特色小镇和特色小城镇高质量发展机制，释放城乡融合发展和内需增长新空间，促进经济高质量发展。

（二）基本原则。

——坚持遵循规律。立足各地区发展阶段，遵循经济规律和城镇化规律，实事求是、因地制宜、量力而行，使特色小镇和特色小城镇建设成为市场主导、自然发展的过程。

——坚持产业立镇。立足各地区比较优势，全面优化营商环境，引导企业扩大有效投资，发展特色小镇投资运营商，打造宜业宜居宜游的特色小镇和特色小城镇，培育供给侧小镇经济。

——坚持规范发展。统筹规范特色小镇和特色小城镇创建工作，把握内涵、纠正偏差、正本清源，坚决淘汰一批缺乏产业前景、变形走样异化的小镇和小城镇。

——坚持典型引路。逐步挖掘特色小镇和特色小城镇典型案例，总结提炼、树立标杆、推广经验、正面引导，以少带多引领面上高质量发展，确保沿正确轨道健康前行。

——坚持优化服务。明确政府角色定位，顺势而为、因势利导，重在理念引导、规划制定、平台搭建和政策创新，使特色小镇和特色小城镇建设成为政府引导、高质量发展的过程。

二、建立规范纠偏机制

以正确把握、合理布局、防范变形走样为导向，统筹调整优化有关部门和省级现有创建机制，强化年度监测评估和动态调整，确保数量服从于质量。

（三）规范省级创建机制。各地区要依据特色小镇与特色小城镇本质内涵的差异性，调整并分列现有省级特色小镇和特色小城镇创建名单，分类明确功能定位和发展模式；在创建名单中，逐年淘汰住宅用地占比过高、有房地产化倾向的不实小镇，政府综合债务率超过100%市县通过国有融资平台公司变相举债建设的风险小镇，以及特色不鲜明、产镇不融合、破坏生态环境的问题小镇；对创建名单外的小镇和小城镇，加强监督检查整改。省级发展改革委于每年12月，将调整淘汰后的省级特色小镇和特色小城镇创建名单、数据（表略），报送国家发展改革委。

（四）优化部门创建机制。发挥推进新型城镇化工作部际联席会议机制作用，国家发展改革委会同国务院有关部门优化现有创建机制，统一实行有进有退的创建达标制，避免一次性命名制，防止各地区只管前期申报、不管后期发展与纠偏。有关部门按照《关于规范推进特色小镇和特色小城镇建设的若干意见》要求，在已公布的96个全国运动休闲特色小镇、两批403个全国特色小城镇创建名单中，持续开展评估督导和优胜劣汰，适时公布整改名单，有关情况及时送国家发展改革委。对创建名单外的小镇和小城镇加强监测，视情况动态公布警示名单。

三、建立典型引路机制

以正面引领高质量发展为导向，持续挖掘典型案例、总结有益经验、树立示范性标杆，引导处于发展过程中的小镇和小城镇对标典型、学习先进。

（五）建立典型经验推广机制。逐年组织各地区挖掘并推荐模式先进、成效突出、经验普适的特色小镇和特色小城镇，按少而精原则从中分批选择典型案例，总结提炼特色产业发展、产镇人文融合和机制政策创新等典型经验，以有效方式在全国范围推广，发挥引领示范带动作用。2018年9月底前，省级发展改革委将第一批特色小镇推荐案例（2个以内，表略），报送国家发展改革委。

（六）明确典型特色小镇条件。基本条件是：立足一定资源禀赋或产业基础，区别于行政建制镇和产业园区，利用3平方公里左右国土空间（其中建设用地1平方公里左右），在差异定位和领域细分中构建小镇大产业，集聚高端要素和特色产业，兼具特色文化、特色生态和特色建筑等鲜明魅力，打造高效创业圈、宜居生活圈、繁荣商业圈、美丽生态圈，形成产业特而强、功能聚而合、形态小而美、机制新而活的创新创业平台。

（七）明确典型特色小城镇条件。基本条件是：立足工业化城镇化发展阶段和发展潜力，打造特色鲜明的产业形态、便捷完善的设施服务、和谐宜居的美丽环境、底蕴深厚的传统文化、精简高效的体制机制，实现特色支柱产业在镇域经济中占主体地位、在国内国际市场占一定份额，拥有一批知名品牌和企业，镇区常住人口达到一定规模，带动乡村振兴能力较强，形成具有核心竞争力的行政建制镇排头兵和经济发达镇升级版。

（八）探索差异化多样化经验。鼓励各地区挖掘多种类型小镇案例，避免模式雷同、难以推广。立足不同产业门类，挖掘先进制造类、农业田园类及信息、科创、金融、教育、商贸、文旅、体育等现代服务类案例。立足不同地理区位，挖掘"市郊镇""市中镇""园中镇""镇中镇"等特色小镇案例，以及卫星型、专业型等特色小城镇案例。立足不同运行模式，挖掘在机制政策创新、政企合作、投融资模式等方面的先进经验。

四、建立服务支撑机制

以政府引导、企业主体、市场化运作为导向，稳步推动符合规律、富有潜力的特色小镇和特色小城镇高质量发展，为产生更多先进典型提供制度土壤。

（九）鼓励地方机制政策创新。鼓励全面优化营商环境，加强指导、优化服务、开放资源。创新财政资金支持方式，由事前补贴转为事中事后弹性奖补。优化供地用地模式，合理安排建设用地指标，依法依规组织配置农业用地和生态用地，鼓励点状供地、混合供地和建筑复合利用。合理配套公用设施，切实完善小镇功能、降低交易成本。推行特色小镇项目综合体立项，允许子项目灵活布局。鼓励商业模式先进、经营业绩优异、资产负债率合理的企业牵头打造特色小镇，培育特色小镇投资运营商。

（十）搭建政银对接服务平台。引导金融机构逐年为符合高质量发展要求的特色小镇和特色小城镇，在债务风险可控前提下提供长周期低成本融资服务，支持产业发展及基础设施、公共服务设施、智慧化设施等建设。2018 年12 月底前，省级发展改革委组织收集特色小镇信息（表略），汇总印送省级开发银行、农业发展银行和光大银行，并会同省行将完成尽调小镇信息报送总行，抄送国家发展改革委。各总行开辟绿色通道，2019 年 1 月底前完成评审和融资服务，将批复投放情况报送国家发展改革委。

五、组织保障

（十一）强化上下联动。依托推进新型城镇化工作部际联席会议机制，国家发展改革委强化统筹协调和跟踪督导，建立数据共享平台；各有关部门统一行动、合理参与、把握节奏、精益求精。省级发展改革委要增强责任意识，会同有关部门以钉钉子精神抓好落实。

（十二）加强宣传引导。逐年组织现场经验交流会，指导有关方面开展培训和论坛，引导社会各界学习典型、防范风险。发挥主流媒体舆论导向作用，持续报道建设进展，宣传好案例好经验，形成良好舆论氛围。

国家发展改革委办公厅
2018 年 8 月 30 日

（四）中共广东省委　广东省人民政府关于构建"一核一带一区"区域发展新格局促进全省区域协调发展的意见

中共广东省委　广东省人民政府关于构建"一核一带一区"区域发展新格局促进全省区域协调发展的意见

（粤发〔2018〕32号）

2018年12月28日

历届省委和省政府高度重视区域协调发展，特别是党的十八大以来，大力实施粤东西北地区振兴发展战略，全省区域差距扩大的趋势有所减缓，但发展差距偏大的格局尚未根本转变，粤东粤西粤北地区内生发展动力亟待增强，基础设施建设和基本公共服务均等化方面存在突出短板，区域政策体系与机制仍不健全，定位清晰、各具特色、协同协调的区域发展格局尚未形成，缩小粤东粤西粤北地区与珠三角地区差距，是广东区域协调发展的紧迫任务。为进一步促进我省区域协调发展，现提出如下意见。

一、总体要求

1. 指导思想。以习近平新时代中国特色社会主义思想为指导，全面贯彻党的十九大和十九届二中、三中全会精神，深入贯彻习近平总书记视察广东重要讲话精神，把握粤港澳大湾区建设重大战略机遇，坚持统筹协调和分类指导，实施以功能区为引领的区域协调发展战略，加快构建形成"一核一带一区"区域发展新格局，着力增强珠三角地区辐射带动能力及东西两翼地区和北部生态发展区内生发展动力，推动区域经济协调发展、基本公共服务均等化、基础设施通达程度比较均衡、人民基本生活保障水平大体相当、生态环境美丽安全，提高发展平衡性和协调性，奋力实现"四个走在全国前列"。

2. 基本原则。

分类指导，精准施策。按照要素有序自由流动、主体功能约束有效、基本公共服务均等、资源环境可承载的总体要求，以各地发展基础和资源禀赋为依据，明确区域功能战略定位和发展方向，加快形成区域发展新格局；以区域主体功能为引领，制定实施差别化的精准政策，着力解决区域发展不平衡问题，推动全省各区域优势互补、差异化协调发展。

突出重点，持续施策。以缩小区域发展差距为目标，以推进重大基础设施建设、完善区域创新体系、优化区域产业布局、提升区域开放水平、推进基本公共服务均等化、强化区域平台和政策支撑为重点，持续发力、久久为功，不断提高发展平衡性和增强区域发展协调性。

强化统筹，创新施策。建立区域战略统筹机制、区域政策调控机制、区域发展保障机制，完善基本公共服务均等化机制，完善市场一体化发展机制，深化区域合作机制，优化区域互助机制，健全区际利益补偿机制，强化土地、资金、人才、创新等政策支撑，统筹区域产业布局和要素资源配置，加快形成统筹有力、竞争有序、绿色协调、共享共赢的区域协调发展新机制。

坚守底线，综合施策。坚持生态优先、民生为本、系统安全的发展要求，牢牢守住生态、民生、安全政策底线，强化政策制定和实施的系统性和协同性，推动各区域在共同的发展底线上各尽所能、各展所长、各得其所。

3. 总体格局。以功能区战略定位为引领，加快构建形成由珠三角地区、沿海经济带、北部生态发展区构成的"一核一带一区"区域发展新格局。

"一核"即珠三角地区，是引领全省发展的核心区和主引擎。该区域包括广州、深圳、珠海、佛山、惠州、东莞、中山、江门、肇庆9市。重点对标建设世界级城市群，推进区域深度一体化，加快推动珠江口东西两岸融合互动发展，携手港澳共建粤港澳大湾区，打造国际科技创新中心，建设具有全球竞争力的现代化经济体系，培育世界级先进制造业集群，构建全面开放新格局，率先实现高质量发展，辐射带动东西两翼地区和北部生态发展区加快发展。

"一带"即沿海经济带，是新时代全省发展的主战场。该区域包括珠三角沿海 7 市和东西两翼地区 7 市。东翼以汕头市为中心，包括汕头、汕尾、揭阳、潮州 4 市；西翼以湛江市为中心，包括湛江、茂名、阳江 3 市。重点推进汕潮揭城市群和湛茂阳都市区加快发展，强化基础设施建设和临港产业布局，疏通联系东西、连接省外的交通大通道，拓展国际航空和海运航线，对接海西经济区、海南自由贸易港和北部湾城市群，把东西两翼地区打造成全省新的增长极，与珠三角沿海地区串珠成链，共同打造世界级沿海经济带，加强海洋生态保护，构建沿海生态屏障。

"一区"即北部生态发展区，是全省重要的生态屏障。该区域包括韶关、梅州、清远、河源、云浮 5 市。重点以保护和修复生态环境、提供生态产品为首要任务，严格控制开发强度，大力强化生态保护和建设，构建和巩固北部生态屏障。合理引导常住人口向珠三角地区和区域城市及城镇转移，允许区域内地级市城区、县城以及各类省级以上区域重大发展平台和开发区（含高新区、产业转移工业园区，下同）点状集聚开发，发展与生态功能相适应的生态型产业，增强对珠三角地区和周边地区的服务能力，以及对外部消费人群的吸聚能力，在确保生态安全前提下实现绿色发展。

4. 发展目标。

2020 年，建立与全面小康社会相适应的区域协调发展新机制，"一核一带一区"区域发展新格局初步确立，区域协调发展取得新进展，区域发展差距扩大趋势基本扭转，珠三角地区的辐射带动作用进一步增强，东西两翼地区和北部生态发展区与全国同步全面建成小康社会。

2022 年，"一核一带一区"区域发展新格局基本确立，区域协调发展新机制更加完善，珠三角地区高质量发展、一体化水平和核心引领作用进一步提升，横贯东西两翼地区和珠三角沿海地区的沿海经济带基本形成，北部生态发展区绿色发展成效显著，全省区域发展差距显著缩小，基本公共服务普惠可及，交通通达程度比较均衡，东西两翼地区和北部生态发展区人民基本生活保障水平接近全国平均水平。

2035 年，全省基本实现社会主义现代化，在"一核一带一区"区域发展新格局引领下，区域协调发展水平显著提升，全面实现基本公共服务均等化，各区域基础设施通达程度比较均衡，全省人民基本生活保障水平大体相当，粤港澳大湾区建成世界级城市群，东西两翼地区和北部生态发展区成为各自功能"引领者"，与全省一道迈入全国高质量发展先进地区行列。

二、分类指导扎实推进区域协调发展

5. 携手港澳共建粤港澳大湾区。全面落实《粤港澳大湾区发展规划纲要》，携手港澳共同打造国际一流湾区和世界级城市群。加快推进开放型经济新体制和高质量发展体制机制创新，构建具有全球竞争力的现代化经济体系，打造高质量发展先行区和示范区。推进粤港澳协同创新，加快推进珠三角国家自主创新示范区和"广州—深圳—香港—澳门"科技创新走廊建设，建设粤港澳大湾区国际科技创新中心。深入推进区域一体化建设，推动大湾区经济协同发展，促进文化交流交融，逐步实现珠三角地区产业、交通、营商环境、社会治理、生态环境、基本公共服务深度一体化。加快推进深圳前海、广州南沙、珠海横琴等重大平台开发建设，创新合作体制机制，探索粤港澳协作发展新模式。加快推进跨珠江口通道建设，扎实推进大湾区跨境基础设施互联互通，促进高端要素在珠江口东西两岸合理流动和优化配置，引导建立各具特色、协调共进的多元化产业发展格局，推动珠江口东西两岸融合互动发展。加快建设黄茅海大桥，推动建设粤港澳大湾区产业集聚区。开展珠三角内部跨行政区经济合作探索。引导支持东西两翼地区和北部生态发展区共同参与大湾区建设，带动全省全域协同发展。

6. 强化珠三角核心引领带动作用。强化广州、深圳"双核"驱动作用。推动广州在综合城市功能、城市文化综合实力、现代服务业、现代化国际化营商环境方面出新出彩，实现老城市、新活力。推动深圳建设中国特色社会主义先行示范区，创建社会主义现代化强国的城市范例。加快珠海经济特区发展，将珠海培育成为珠江口西岸核心城市。支持佛山、惠州、东莞、中山、江门、肇庆等重要节点城市发挥自身优势、突出产业特色、提升综合实力，加快形成分工有序、功能互补、高效协同的区域城市体系。发挥交通基础设施的先导作用，建设"轨道上的珠三角"，实现城际和城市公交无缝对接，构建以珠三角核心城市为中心、辐射环珠三角地区的2小时经济圈。以广佛同城化、广清一体化为示范，推进环珠三角地区与珠三角地区一体化融合发展。加快推进深汕特别合作区建设，打造区域协调发展示范区，加强广清产业园、广梅产业园等区域合作平台建设，推动珠三角地区通过产业协同化、交通网络化、服务高端化，辐射带动东西两翼地区和北部生态发展区发展。

7. 加快建设现代化沿海经济带。坚持陆海统筹发展，培育壮大汕头、湛江两个发展极，增强汕尾、阳江衔接东西两翼地区和珠三角沿海地区的战略支点功能。加快沿海经济带高快速通道建设，打造以珠三角城市群为核心、汕潮揭城市群和湛茂阳都市区为两翼的沿海城市带、产业集聚带、滨海旅游带。加强汕头、湛江两个省域副中心城市建设，赋予其部分省级管理权限，增强支撑引领区域发展能力。支持汕头开展营商环境综合改革试点，加快汕头经济特区发展，充分发挥汕头华侨经济文化合作试验区、汕潮揭临港空铁经济合作区、揭阳滨海新区、潮州港经济开发区等重要平台作用，大力推进汕潮揭同城化发展。充分发挥湛江作为北部湾地区中心城市作用，大力推进湛茂阳都市区建设，主动对接国家支持海南建设自由贸易港战略，积极参与国家南海开发，拓展大西南和东盟发展腹地。统筹推进海岸带和岛屿的开发与保护，大力发展海洋经济，建设海洋经济发展示范区。

8. 推动北部生态发展区绿色发展。坚持共抓大保护、不搞大开发，加快构建和巩固北部生态保护屏障，大力推进发展方式向绿色发展转型，形成符合主体功能定位的生态安全格局。推进北部生态发展区城市中心城区适度扩容并提升品质，提高人口承载和公共服务能力。在韶关市和清远市北部开展试点，高标准、高水平打造集中连片、规模较大的生态特别保护区，积极创建国家公园，探索建立以国家公园为主体的自然保护地体系。加强东江、西江、北江、韩江等重要流域上中游的水源保护，强化生态保护与水源涵养功能。加强生态文明制度建设，有效落实最严格的耕地保护制度、水资源管理制度、生态环境保护制度。加强生态景区和区域绿道建设，推进南粤古驿道保护修复与活化利用，整体促进北部生态发展区全域旅游发展，打造全球知名旅游品牌和旅游目的地以及服务粤港澳大湾区旅游休闲区。

9. 促进城乡融合发展。统筹实施区域协调发展战略和乡村振兴战略，加快建立健全促进城乡融合发展的体制机制和政策体系，推动城乡基础设施互联互通、公共服务普惠共享、资源要素平等交换、生产销售充分对接，引导人才、资金、技术等要素资源"上山下乡"。统筹城乡规划建设管理，合理安排城镇建设、村落分布、产业聚集、农田保护和生态涵养空间，优化城乡空间布局和结构。强化城乡基础设施连接，推动水电路气等城乡联网、共建共享。完善城乡产权制度和要素市场配置，建立城乡人力资源和建设用地统一市场，完善城乡普惠金融体系和科技成果下乡转化机制，引导社会资本投向农村兴办各类事业。加快建成覆盖城乡的基本公共服务体系，推动城乡基本公共服务和社会保障自由顺畅转移、无障碍对接，缩小城乡基本公共服务水平差距。加快推进新型城镇化建设，充分发挥小城镇上接城市、下引乡村的综合功能，积极培育一批特色小镇、特色小城镇，高标准推进现代农业产业园建设，带动周边农村发展。大力推进乡村产业、人才、文化、生态和组织全面振兴。实施"头雁"工程，全面建强农村基层组织。因地制宜推进"一村一品、一镇一业"，开展"万企帮万村"，引导有条件有意愿的企业扎根农村发展，做强富民兴村产业。深入整治农村人居环境，创新美丽乡村特色差异化发展模式，实施"千村示范、万村整治"工程，推进农村"厕所革命"，建设生态宜居美丽乡村。坚决打赢脱贫攻坚战，加快构建农民持续较快增收长效机制，持续缩小城乡居民收入差距。

三、提升区域基础设施均衡通达程度

10. 加强交通枢纽建设。着力打造广州—深圳国际性综合交通枢纽，支持汕头、湛江建设高水平全国性综合交通枢纽。构建"5 +4"骨干机场体系，提升广州和深圳机场国际枢纽竞争力，共同打造珠三角地区世界级机场群，支持广州临空经济示范区发展，推动珠三角枢纽机场（广州新机场）尽早建设，推进广州、深圳、珠海、惠州、揭阳机场扩建工程，加快推进湛江机场、梅县机场迁建和韶关机场军民合用建设，规划建设云浮、阳江、怀集、连州等支线机场，规划布局通用机场，不断扩大东西两翼地区和北部生态发展区航空服务范围。以广州港、深圳港为龙头打造两大世界级枢纽港区。优化整合全省港口资源，形成以珠三角港口群为主体、粤东和粤西港口群为两翼的港口发展格局。以建设汕头区域性枢纽港为重点，将粤东港口群建设成为粤东地区对外开放和对台经贸合作的重要平台。强化湛江区域性枢纽港功能，将粤西港口群打造成为大西南地区出海主通道。

11. 建设区域间快速交通网。规划建设互联互通、高效便捷的粤港澳大湾区城际轨道交通网。加快建设东西两翼地区和北部生态发展区联通珠三角地区以及贯通沿海经济带的快速大通道，实现所有地级市通高铁。加快建设深茂铁路深圳至江门段，广州至汕尾、汕尾至汕头、赣州至深圳、合浦至湛江铁路，湛江至海口铁路扩能改造等项目，规划建设广州至湛江、龙川至梅州等铁路项目，研究谋划深圳至汕尾、广州至清远铁路延长线、深圳至南宁、汕头至漳州等铁路项目。加快推进汕昆高速、武深高速等国家高速公路以及汕湛高速、河惠莞高速等省内干线高速公路建设，抓紧做好深汕第二高速公路、南中高速、黄茅海大桥、韶关至连州高速等项目前期工作，规划建设莲花山通道、狮子洋通道等项目。加强高速公路与沿线重要开发区、产业园区、城市新区、重要城镇连接，强化交通辐射水平。

12. 完善基础交通网络。加强区域内部交通体系建设。加快粤东地区城际轨道建设。加快完善普速铁路、普通公路以及航道网络建设，提升基础交通服务水平。推进广州枢纽东北货车外绕线、南沙港铁路、柳州至韶关、韶关至赣州铁路复线、柳州经肇庆至广州、龙川至汕尾、瑞金至梅州等铁路规划建设，实施既有铁路复线和电气化改造，拓展铁路服务覆盖范围。加强国道省道和"四好农村路"建设，加大对欠发达地区的支持力度，切实提高农村公路路况水平和技术水平，逐步消除交通瓶颈路段和穿越城镇的交通拥挤路段，完善连接交通枢纽、中心镇、旅游景区的公路建设。推进广东滨海旅游公路建设，规划建设环南岭旅游公路。加强东西两翼地区和北部生态发展区重要航道建设，改善欠发达地区水运条件，适时推进东江、韩江、北江上延段航道扩能升级项目，规划建设湛江40万吨级航道工程，大力推进珠江—西江黄金水道建设。

13. 补齐能源水利信息物流设施短板。推动能源结构调整，安全高效发展核电，积极发展海上风电等清洁能源，大力推进东西两翼地区和北部生态发展区天然气主干管网建设，加快建成全省天然气主干管网工程。积极推进全省农村电网改造升级任务，支持东西两翼地区和北部生态发展区建设骨干电网工程，增强电力输送能力。加快补齐东西两翼地区和北部生态发展区环保基础设施短板。提高城乡水利防灾减灾能力，优化区域水资源配置，加快实施韩江高陂水利枢纽、珠三角水资源配置、粤东灌区续建配套与节水改造工程，推进环北部湾水资源配置、潮州引韩济饶等区域水资源配置工程建设和韩江榕江练江水系连通工程等规划与建设，继续推进中小河流治理，提升城乡水利服务水平。按照国家有关规划，积极推进国家物流枢纽建设，加快建设一批铁路物流基地，推进珠三角区域物流设施一体化、联运化建设，完善东西两翼地区和北部生态发展区物流基础设施网络。以高速光网、IPv6、5G网络、移动物联网建设为重点，建成高速、移动、安全、泛在的新一代信息基础设施网络，打造全球大数据网络枢纽中心，将珠三角地区建成世界级宽带城市群，推动东西两翼地区和北部生态发展区信息基础设施发展水平进入全国前列。

四、全面推进区域创新体系建设

14. 优化重大创新平台布局。加快推进珠三角国家自主创新示范区建设，充分发挥创新发展引领作用，争取创建国家综合性科学中心。大力支持广州大学城—国际创新城、中新广州知识城、广州科学城、琶洲互联网创新集聚区、广州国际生物岛、南沙资讯科技园、深圳空港新城、深圳高新区、深圳坂雪岗科技城、深圳国际生物谷、深圳光明科学城、佛山三龙湾高端创新集聚区、东莞松山湖高新区、东莞滨海湾新区、东莞中子科学城、惠州潼湖生态智慧区、中山翠亨新区、江门高新区、肇庆新区等重点创新平台建设。统筹重大科技基础设施规划布局，加快推进国家大科学装置和新型研发机构建设，打造国际一流的重大科技基础设施集群，强化粤港澳大湾区国际科技创新中心对东西两翼地区和北部生态发展区的创新引领作用。以省级投入为主在东西两翼地区和北部生态发展区布局建设省级实验室等科技创新平台，重点支持汕头、湛江等地根据资源禀赋和产业特点建设省级实验室。支持符合条件的东西两翼地区和北部生态发展区产业园区创建省级高新区，推进东西两翼地区和北部生态发展区国家级高新区建设，支持符合条件的省级高新区创建国家级高新区。支持东西两翼地区和北部生态发展区建设现代农业产业园和高新技术产业示范基地。

15. 构建区域协同创新生态。强化"广州—深圳—香港—澳门"科技创新走廊的辐射带动作用，制定促进东西两翼地区和北部生态发展区创新驱动发展实施方案，着力构建区域创新体系，推动创新资源向东西两翼地区和北部生态发展区集聚，加快提升东西两翼地区和北部生态发展区创新发展能力，缩小与珠三角地区发展质量差距。深入实施高等教育"冲一流、补短板、强特色"提升计划，推进高水平大学和高水平理工科大学建设，推动引进港澳高等学校、科研院所到东西两翼地区和北部生态发展区合作办学和设立研发机构。加快完善科技成果转化机制，强化企业在技术创新中的主体地位，完善中小企业创新支持政策，促进省部院产学研合作和军民深度融合发展。探索开展科技成果所有权改革，大力推进普惠性科技金融改革。建立珠三角高新区与东西两翼地区和北部生态发展区高新区对口帮扶机制，开展园区对园区、孵化器对孵化器、平台对平台的精准帮扶和合作共建。支持珠三角地区与东西两翼地区和北部生态发展区专业镇精准对接合作，支持共建协同创新平台、产业技术创新联盟。

16. 促进创新人才集聚。深化人才发展体制机制改革，实施更加积极开放有效的人才政策，推进粤港澳大湾区人才协同发展，优化实施省"珠江人才计划""广东特支计划""扬帆计划"，打造创新人才高地。支持建设博士后科研流动站、科研工作站、创新实践基地和博士工作站等创新平台，集聚创新型青年拔尖人才。实施高技能人才振兴、职业教育提升、南粤工匠培养等计划，打造支撑我省现代化产业体系建设的高素质技能型人才队伍。围绕实施乡村振兴战略、打赢脱贫攻坚战、构建"一核一带一区"区域发展新格局，支持东西两翼地区和北部生态发展区引进培养创新创业团队和紧缺拔尖人才，实施东西两翼地区和北部生态发展区人才知识技能提升工程，加大智力帮扶力度，促进创新人才向东西两翼地区和北部生态发展区集聚。

五、优化区域产业布局

17. 推动珠三角地区产业高端化发展。大力推进新旧动能转换，以新产业、新业态、新模式为引领，推动互联网、大数据、人工智能和实体经济深度融合。重点支持珠三角地区新一代信息技术、高端装备制造、绿色低碳、生物医药、新材料等战略性新兴产业以及数字经济、海洋经济发展，建设珠三角人工智能产业集聚区、国家大数据综合试验区，大力培育发展工业设计、供应链金融等高端服务业，积极发展健康、旅游等生活性服务业。提升发展家电、家具、医药食品、纺织服装等传统优势产业。促进珠三角地区产业协调联动发展，发挥广州国际产业服务中心和深圳国际产业创新中心的引领作用，支持珠海、佛山重点发展高端装备制造业和智能制造产业，惠州重点发展高端电子信息和石化产业，东莞重点发展智能制造和新材料产业，中山重点发展高端装备制造业和健康产业，江门重点发展轨道交通产业，肇庆重点发展新能源汽车和节能环保产业。以广州、深圳为重点研究制定珠三角地区产业疏解清单，推进产业疏解与产业共建。

18. 推动重大产业向东西两翼沿海地区布局发展。加大省对重大产业布局的统筹力度，推动重大产业、战略性新兴产业布局到东西两翼沿海地区。培育一批千亿元级产业集群，打造世界级沿海产业带。支持汕头中以科技创新合作区、汕头临港经济区、揭阳大南海石化区、潮州凤泉湖高新区建设，培育壮大粤东生物医药、石化等重大产业集群。加快推进湛江钢铁、中科炼化、茂名石化等重大项目建设，支持湛江巴斯夫新型一体化石化基地建设，全力打造粤西区域重化产业集群。主动参与南海保护与开发，建设国家级海洋经济发展示范区和海洋科技合作区。支持湛江市建设军民融合产业和保障基地。支持在阳江市建设海上风电产业基地，在粤东建设临港重型装备和海上风电运维、科研及整机组装基地。加快东西两翼地区产业与珠江东岸高端电子信息制造产业带、珠江西岸先进装备制造产业带联动发展。支持埃克森美孚惠州化工综合体、中国海油惠州炼化三期等项目建设，推动湛江东海岛、茂名石化、揭阳大南海与惠州大亚湾串珠成链，打造成世界级沿海重化产业带。

19. 推动北部生态发展区产业绿色化。实行差别化产业政策，构建与区域发展功能相适应的绿色产业体系。依托资源禀赋，因地制宜发展绿色低碳新型工业、数字经济、文化生态旅游、健康养生、绿色食品、生物医药、运动休闲、现代农林业等产业。支持北部生态发展区建设特色生态产业园区，重点支持建设梅州梅兴华丰产业集聚带、韶关老工业城市和资源型城市产业转型升级示范区、河源深河产业共建示范区、清远广清产业园、云浮氢能产业基地等产业重大发展平台。支持韶关、河源、梅州、清远、云浮等地立足北部生态发展区资源环境优势，积极发展生物医药、大数据等战略性新兴产业，发展对接珠三角地区的高端制造、智能制造和生产性服务业。加快北部生态发展区传统产业的转型升级，限制、淘汰污染型产业。加大产业生态化、生态产业化投入。大力推进乡村振兴，提升农业发展质量，培育乡村发展新动能，构建农村一二三产业融合发展体系。依托农产品生产保护区、特色农产品优势区等，打造现代农业产业园。

六、提升区域对内对外开放水平

20. 改善区域整体营商环境。大力推进营商环境综合改革，对标国际先进区域标准，对接国际经贸规则，优化外商投资审批服务，建立健全知识产权保护机制。重点破解"准入""准营"和"退出"的机制障碍，推进"证照分离""照后减证"，提升企业开办、运营、退出便利化水平。加快建立以信用监管为核心的新型监管方式，建立统一权威、简明高效的市场监管体制。加快推动"数字政府"省市县一体化建设，打造高效便捷的政务服务环境。全面及时落实国家税费优惠政策，着力降低实体经济税费负担。强化政务诚信建设，革除陈规陋习，构建亲清新型政商关系，树立良好发展形象。大力弘扬粤商精神，支持设立潮商、客商协会总部或永久会址，增强粤商向心力和归属感。深入推进审批服务便民化，最大限度减少企业和群众跑政府的次数，不断优化办事创业和营商环境。

21. 推动区域市场一体化建设。按照建设统一、开放、竞争、有序的市场体系要求，加快探索建立规划制度统一、发展模式共推、治理方式一致、区域市场联动的区域市场一体化发展新机制。着力破除行政区划壁垒，促进城乡区域要素自由流动。围绕营造稳定公平透明、可预期的营商环境，建立竞争政策与产业、投资等政策的协调机制，防止地区间恶性竞争，严禁对外地企业、产品和服务设置歧视性准入条件以及补贴政策。落实公平竞争审查制度，全面清理废止妨碍统一市场和公平竞争的各种规定和做法。开展政务服务事项"十统一"标准化梳理工作，推动同一事项在纵向不同层级、横向不同区域间保持事项名称、事项类型、设定依据、办理流程等要素相对统一。在统一的区域市场体系下，鼓励各市在优化政务服务、营造亲商重商氛围方面，根据自身的资源禀赋和产业需求出台具有地方特色的惠企措施。完善区域交易平台和制度，建立健全用水权、排污权、碳排放权、用能权初始分配与交易制度，培育发展各类产权交易平台，完善区域性碳排放权和股权交易市场。推进水电气、土地、融资、流通等重点领域改革，加大能源综合改革力度，破除各种形式的垄断和市场壁垒，放开竞争性环节价格，加快建设公平统一高效的市场环境。

22. 提升区域对外开放水平。以"一带一路"建设、粤港澳大湾区建设为引领，加快构建全面开放新格局。充分发挥广东自贸试验区牵引作用，全面对接国际高标准市场规则体系，促进粤港澳三地各类要素便捷高效流动。加快大湾区内地制造业与港澳国际化优势结合，联手开拓国际市场，共同打造"一带一路"建设的重要支撑区。深化与港澳基本公共服务领域合作，引进港澳优质公共服务资源，共同打造宜居宜业宜游的优质生活圈。加快推进深圳前海、广州南沙、珠海横琴等三个粤港澳重大合作平台开发建设，充分利用省级新区资源积极打造一批特色合作平台，建设开放型经济体制先行区。在深港科技创新合作区及深港毗邻区域、珠海横琴中医药科技产业园及周边适宜开发区域、广州南沙粤港产业深度合作园及庆盛科技创新产业基地等区域，携手港澳共建三大科技创新合作区。强化粤港澳大湾区辐射作用，带动东西两翼地区和北部生态发展区的外贸转型升级。建立珠三角地区与东西两翼地区和北部生态发展区产业链互补招商机制，引导外资重点项目投向东西两翼沿海地区和北部生态发展区。扩大东西两翼地区和北部生态发展区外贸进出口，依托优势产业培育外贸转型升级示范基地，支持符合条件的地区申报综合保税区。办好中国（湛江）海洋经济博览会、粤东侨博会、中德

（欧）中小企业合作交流会、世界客商大会等经贸活动。深化与东盟、德国、以色列等国家和地区合作，推进广东（湛江）奋勇东盟产业园、中德精细化工园、汕头中以科技创新合作区等平台建设。

23. 推进跨省区域合作。深化区域合作机制，提升区域合作层次和水平。建立以中心城市引领城市群发展、城市群带动区域发展新模式，推动珠三角城市群、海峡西岸城市群、北部湾城市群等区域板块之间融合互动发展。推动与有关省区共同编制实施《泛珠三角区域合作发展规划》《琼州海峡经济带和南北两岸发展规划》等跨省区域合作规划，深入贯彻实施《赣闽粤原中央苏区振兴发展规划》《北部湾城市群发展规划》。加强粤琼、粤桂、粤湘、粤赣、粤闽合作，着力推进粤桂黔高铁经济带、珠江—西江经济带、粤桂合作特别试验区、闽粤经济合作区等跨省区域合作平台建设，缩小我省边远地区与邻省的区域发展差距。加强与黑龙江等省际合作交流。

七、全面推进区域基本公共服务均等化

24. 提高教育均等化水平。推动城乡义务教育优质均衡发展，扩大东西两翼地区和北部生态发展区普惠性学前教育资源供给，提高规范化幼儿园覆盖率，加大珠三角地区对东西两翼地区和北部生态发展区的对口帮扶力度，扩大优质教育资源覆盖面。继续加强义务教育标准化学校建设，全面改善东西两翼地区和北部生态发展区薄弱学校基本办学条件，推进寄宿制学校建设和管理。切实落实每个乡镇建有1所以上规范化公办乡镇中心幼儿园；在合理布局前提下，每个街道至少建设1所公办幼儿园。结合区域产业布局，在东西两翼地区和北部生态发展区打造一批高水平职业院校和专业。支持东西两翼地区和北部生态发展区地级市结合实际采取多种形式建设和发展本科层次院校，打造一批当地支柱产业急需的重点学科和创新平台，加大应用人才培养力度。

25. 推进公共卫生服务均等化。逐步提高基本医保和大病保险保障水平，扩大异地就医直接结算范围，继续提高东西两翼地区和北部生态发展区基本公共卫生服务经费人均财政补助标准。加强东西两翼地区和北部生态发展区全科医生及儿科、产科、精神科等医生队伍建设，加快推进分级诊疗服务。

组建跨区域医疗联合体，充分发挥珠三角地区著名医院在品牌、技术、专家等方面的优势，通过专家互派、远程会诊等方式，提升东西两翼地区和北部生态发展区医疗服务水平。加强县域医疗服务能力和社区、乡镇基层首诊能力建设。依托汕头、韶关、湛江等市的优质医疗教育资源，打造若干个区域医疗和教育中心，辐射东西两翼地区和北部生态发展区。推进基层医疗卫生机构医务人员"县招县管镇用"。支持东西两翼地区和北部生态发展区中医药事业传承创新发展。

26. 强化民生兜底保障。完善现代公共文化体育服务体系，城市建成"十分钟文化圈"，农村建成"十里文化体育圈"，城乡建成"十五分钟健身圈"。加强东西两翼地区和北部生态发展区综合性文体场馆建设，全方位加强公共就业服务，大规模开展职业技能培训，加强困难就业群体的就业帮扶。稳步提高东西两翼地区和北部生态发展区社会救助、城乡居民基本养老保险基础养老金等标准，进一步扩大各项社会保险覆盖面。加强东西两翼地区和北部生态发展区"三留守人员"和困境儿童关爱保护工作。推进东西两翼地区和北部生态发展区各市谋划建设一批高质量养老服务机构。提高东西两翼地区和北部生态发展区残疾人康复服务设施建设水平和康复服务能力，健全社会救助体系，在重点保障城乡低保对象、特困人员的基础上，将专项救助向低收入家庭延伸。强化东西两翼地区和北部生态发展区自然灾害应急救助能力。加大公租房保障力度，对低保及低保边缘住房困难家庭实现应保尽保，将符合条件的新就业无房职工、外来务工人员纳入保障范围。

八、加强区域发展平台建设

27. 推进新区提质增效。改革新区运行管理体制机制，赋予新区更大的自主发展权。着力推动东西两翼地区和北部生态发展区新区提质增效，集中资源力量抓好核心区建设，完善基础设施和公共服务配套，推动新区与老城区功能的融合对接。促进新区产城融合发展，结合当地实际突出主导产业，精心布局打造一批产业发展载体，大力推进人口和产业集聚。加快推进广州黄埔、深圳龙岗、清远清城国家级产城融合示范区建设。通过经验推广复制、区域创新合作等方式，更好地发挥新区引领区域发展的作用。

28. 推进开发区改革创新发展。加强对各类开发区的统筹规划和优化整合，坚持集聚集约发展，推进开发区建设和运营模式创新，完善开发区公共设施和服务体系，形成布局合理、错位发展、功能协调的开发区发展格局。实施东西两翼地区和北部生态发展区开发区基础设施提升工程，优先推进列入国家公告目录的开发区基础设施建设，促进开发区基础设施水平明显提升。引导金融机构优化园区和入园企业金融服务，建立健全担保和再担保机构及体系。优化产业园区布局，北部生态发展区向市一级集中，东西两翼地区向沿海重大发展平台集中。强化分类指导和精准扶持，重点引导东西两翼地区和北部生态发展区各市园区向综合园发展，推动各县园区向专业园转型，形成市县园区联动发展的新机制。

29. 规范促进特色小镇健康发展。按照全省区域协调发展和城乡融合发展的要求，科学合理布局建设特色小镇。按照集产业链、创新链、服务链、资金链、政策链于一体的理念，构筑特色小镇创新创业生态系统，促进"产城人文旅"各项功能有机结合，建设宜创、宜业、宜居、宜游、宜享的新型发展空间。统筹产业、科技、财税、金融、土地等各项政策，系统性支撑特色小镇发展。支持特色小镇加快构建高端和特色要素集聚平台，推动互联网、物联网技术与特色产业深度融合发展，充分发挥特色小镇优化城市功能、促进产业升级和推动绿色发展的作用。切实做到严防政府债务风险、严控房地产化倾向、严格节约集约用地、严守生态保护红线。

九、建立更加有效的区域协调发展新机制

30. 实行差别化的区域政策。以主体功能区配套政策改革为引领，统筹考虑功能区战略定位和县域主体功能，实行差别化的财政、投资、产业、环保、用地、用林、用海、人才等发展政策，充分发挥区域的比较优势。"一核""一带"的生态发展县（市、区），适用北部生态发展区的发展政策。北部生态发展区地级市市区、县城及全省生态发展县（市、区）各类省级以上区域重大发展平台和开发区，在实行更加严格的开发强度管控和生态环保准入门槛前提下，适用重点开发区域和东西两翼地区的发展政策。建立健全区域政策与其他宏观调控政策联动机制，围绕区域规划和区域政策导向，完善相关的财政、投资和产业政策。

31. 完善省级财政转移支付体制。根据"一核一带一区"功能定位，以区域均衡为目标，研究构建以功能区为引领的省级财政转移支付制度。完善保工资、保运转、保基本民生的基本保障托底转移支付机制。实行重点招商引资项目和重点社会民生项目专项补助。加大对东西两翼地区和北部生态发展区地级市的支持力度，增强市辖区财政保障能力，推动提升城市品质和城区人口集聚。支持东西两翼地区和北部生态发展区的省级高新区、省级产业转移工业园区建设，深入推进产业共建，非珠三角地区企业转移落户省级产业转移工业园区比照享受产业共建财政扶持政策。中央预算内投资项目地方投资部分由省级与东西两翼地区和北部生态发展区市县按一定比例分担，从相关领域省级专项资金中统筹解决省级财政资金，切实减少市县配套资金。不断加大省财政对原中央苏区、海陆丰革命老区困难县、少数民族县的支持力度，专项补助标准提高到每年每县 3 000 万元，并建立稳定增长机制。

32. 健全区际利益补偿机制。完善生态保护补偿转移支付办法，加大对生态地区因开展生态保护、污染治理、控制减少排放而带来的财政减收增支的财力补偿，促进生态地区与同类非生态地区均衡发展。强化政府统筹责任，按照功能区划分，建立优化开发区域和重点开发区域对生态发展区域的反哺机制，重点支持北部生态发展区建设。按照区际公平、权责对等、试点先行、分步推进的原则，完善多元化横向生态补偿机制，鼓励生态受益地区与生态保护地区、流域下游与流域上游通过资金补偿、对口协作、产业转移、人才培训、共建园区等方式建立横向补偿关系。推进区域间生态保护补偿试点示范，支持珠三角地区与东西两翼地区和北部生态发展区结合生态保护补偿完善对口帮扶机制。按照国家部署，做好碳排放权试点，完善林业碳汇交易机制。

33. 完善区域对口帮扶协作机制。统筹发达地区和欠发达地区发展，编制对口帮扶中长期规划，坚持"输血"和"造血"相结合，推动欠发达地区加快发展。落实帮扶市和被帮扶市"双主体"责任，建立帮扶双方党政主要负责同志牵头推动、分管负责同志协调落实、帮扶指挥部具体推进的工作机制。

以产业共建和民生社会事业为工作重点，优化产业共建政策体系，突出提升科技创新能力，研究制定支持珠三角地区企业将部分环节向东西两翼地区和北部生态发展区转移的优惠政策。突出产业共建主攻方向，调整优化产业共建着力点，因地制宜推动产业转移工业园区和现代农业产业园合作共建，对东西两翼地区和北部生态发展区产业园区项目给予普惠性财政资金奖补。积极探索扶持共建、股份合作、托管建设等产业合作模式，完善共建园区 GDP 核算、税收分成等制度，形成责任共担、利益共享、合作共赢的长效机制。创新帮扶人才激励机制，建立组团式干部和专业技术人员帮扶新机制。完善对汕头、湛江两市帮扶机制，加大帮扶力度。鼓励珠三角地区参与东西两翼地区和北部生态发展区基础设施建设。加强社会力量帮扶，大力推动珠三角地区省属国有大型企业、大型民营企业、三甲医院、高等学校等参与帮扶，鼓励省属医院、高等学校、科研院所等到东西两翼地区和北部生态发展区创建分校或分院，带动相关领域发展。

34. 完善基础设施投融资体制。深化投融资体制改革，加快建设高质量和高效率的现代化基础设施供给体系。完善东西两翼地区和北部生态发展区的跨区域高铁、高速公路、机场、港口码头等重点项目资本金负担机制，对国家及省统一部署在原中央苏区、海陆丰革命老区困难县、少数民族县境内的国家干线铁路、高速公路、机场、港口码头、水利、生态环境保护等项目资本金，免除当地出资责任。规范运用政府和社会资本合作模式，扩大公共产品和服务供给。鼓励通过项目资产证券化等多种形式，规范有序盘活基础设施项目存量资产。按照区域发展功能定位明确投资体制改革方向，向珠三角地区、东西两翼地区进一步下放省级审批管理权限，强化事中事后监管。加强对北部生态发展区重大投资项目的生态环境保护准入约束，试行企业投资项目承诺制，对违反生态环境保护承诺的企业投资项目予以严肃查处。加强政府投资计划管理，优先将珠三角地区科技创新项目、东西两翼地区重大产业集群项目以及北部生态发展区绿色产业发展项目纳入政府投资项目库。充分发挥省基础设施投资基金对不同功能区投资项目的引导作用，引导社会资本对项目跟投跟贷、联合投资。强化重大基础设施投资项目的金融支持，在坚持风险可控、总量平衡的前提下，加大地方债对重点区域发展战略和省定重点项目的支持力度。支持市县培育市场化融资主体，通过资本市场发行债券融资。完善区域金融协调发展机制，改善区域金融生态环境。优化区域金融布局，推进广州、深圳金融产业高端化发展，推进区域性金融服务业发展，依托珠海横琴新区、佛山广东金融高新技术服务区、汕头华侨经济文化合作试验区和湛江统筹城乡发展金融改革创新综合试验区等平台，打造区域金融新的增长极。支持梅州深化建设国家级农村金融改革创新综合试验区，支持河源、清远发挥生态优势与广州市绿色金融改革创新试验区联动开展绿色金融创新。发挥粤港澳大湾区资本市场优势，实现境内上市公司地级市全覆盖。在区域性股权交易市场建立东西两翼地区和北部生态发展区特色板块，鼓励珠三角地区与东西两翼地区和北部生态发展区地级市合作组建产业投资基金或创业投资基金。

35. 完善基本公共服务均等化推进机制。推进基本公共服务领域省与市县共同财政事权和支出责任划分改革，适当强化省级分担责任，规范简化分类分档和分担比例，逐步建立起权责清晰、财力协调、标准合理、保障有力的基本公共服务制度体系和保障机制。突出基本公共服务均等化统揽各项民生保障工作的抓手作用，探索推进基本公共服务标准化，促进民生政策可持续。按照"既尽力而为又量力而行"的原则，结合财力实际，集中力量推进补齐短板项目、缩小区域城乡差距，优先提高落后全国平均水平较多的重点项目保障水平，持续投入"底线民生"项目，稳步推动基本公共服务常住人口全覆盖。建立全省基本公共服务"一盘棋"工作机制，探索提升基本公共服务水平和统筹层次，推动城乡区域间基本公共服务衔接。健全社会力量积极参与的多元供给机制，提供更加有效更加优质的基本公共服务。

36. 完善土地管理体制和用地保障机制。建立健全区域协调发展用地保障政策，实施差别化土地资源配置政策，逐步将存量建设用地盘活作为珠三角地区用地的主要来源，新增建设用地指标安排集中向沿海经济带倾斜，重点服务国家及省重大战略。对省级重大基础设施、民生项目所需用地指标由省予以保障，对省重大平台和省级产业转移工业园区下达专项指标，允许各地以条件好的园区为基础统筹各类开发园区用地规模，各地存量建设用地盘活和重大产业项目供地后，可向省申请给予计划指标奖励，对东西两翼地区和北部生态发展区等欠发达地区在未来五年内下达专项扶持计划指标。用林指标优先向沿海经济带重大发展平台、重点基础设施和重大项目倾斜。加大北部生态发展区乡村旅游、生态文化旅游、特色小镇、现代农业、农业农村基础设施、环保产业等项目用地支持力度，探索点状供地模式。实施人地挂钩的用地指标分配方式，各地获得的用地指标应优先保障农业转移人口进城落户用地需求。合理安排使用跨省域调剂增减挂钩节余指标和规模，落实跨省域国家统筹耕地占补平衡及水田占补平衡政策，有序推进农村建设用地拆旧复垦指标跨市域流转交易。整合挖掘闲置建设用地规模，用足用好"三旧"改造政策，拓宽农村建设用地利用途径。严格管控围填海。进一步深化建设用地审批制度、城乡一体化土地市场制度改革，完善土地储备和低效用地退出机制、城市地下空间统筹开发利用机制。支持东西两翼地区新增长极建设，将土地领域除县级土地利用总体规划修编修改审核、县级土地规划中的有条件建设区使用方案的审批、占用基本农田的临时用地审批事项外的省级审批权限委托或下放给汕头、湛江市。

37. 完善绿色生态发展约束机制。构建国土空间开发保护制度，以土地利用规划、城乡规划、主体功能区规划整合为主体，推进各类空间性规划"多规合一"，制定统一的国土空间规划。按照"一核一带一区"功能布局，科学划定全省县域城镇、农业、生态空间和生态保护红线、永久基本农田、城镇开发边界等"三区三线"，推动产业和城镇空间重点向沿海经济带集中，生态和农业空间重点向北部生态发展区集中。实施海岸带综合保护与利用规划，建设一批各具特色的海岸带综合保护与利用示范区。开展北部生态发展区空间规划调整和产业空间清理整治，推动工业集中进园。建立健全主体功能区产业准入负面清单，严格产业的环境准入，调整不符合生态环境功能定位的产业布局，优化产业、能源、交通运输和农业投入结构。严格实施能源、水资源、建设用地总量和强度"双控制度"及环境保护责任考核制度，按照"一核一带一区"功能区布局逐步调整完善相关指标分解考核机制。深化生态环境监管体制改革,实行领导干部自然资源资产离任审计。全面落实河长制、湖长制,探索实施湾长制,强化环境保护督察执法,严格环境损害责任追究和惩戒。

十、强化工作保障

38. 加强组织领导。坚持和加强党对区域协调发展工作的领导。在省实施《珠江三角洲地区改革发展规划纲要(2008—2020年)》领导小组和省促进粤东西北地区振兴发展协调领导小组的基础上,整合成立省区域协调发展领导小组,统筹协调和研究解决全省区域协调发展的重大问题。在现有区域合作机制基础上,建立健全珠三角地区、沿海经济带、北部生态发展区等次区域合作工作协调推进机制。

39. 完善政策措施。省有关部门及各地级以上市党委和政府要根据新的区域发展格局和功能定位,加快制定和完善促进区域协调发展配套政策措施,健全区域规划编制实施机制,在规划编制、资金投入、项目安排、改革创新等方面积极推动区域协调发展。各地级以上市要根据本意见,结合自身实际,从全省区域协调发展大局出发,制定实施方案和年度工作计划,明确责任分工,完善工作机制,压实主体责任,确保完成各项任务。

40. 强化监督检查。省有关部门要各司其职加强对本意见实施情况的跟踪分析和督促检查。根据"一核一带一区"区域发展新格局,结合区域主体功能区定位,建立以主体功能区绩效评价为主的区域发展监测评估体系,对珠三角地区、东西两翼地区和北部生态发展区实行差异化考核的评价考核体系。将推动区域协调发展工作成效作为干部提拔任用的重要考察依据。

41. 加强舆论宣传。宣传部门和新闻媒体要做好宣传报道工作,根据相关部门提供的新闻素材和线索,重点报道我省推进区域协调发展的进展情况、重点项目建设和工作成果,总结推广好做法、好典型、好机制,激发广大干部群众的主动性、积极性和创造性,推动形成全省合力推进区域协调发展的良好氛围。

（五）广东省人民政府关于海陆丰革命老区振兴发展规划的批复

广东省人民政府关于海陆丰革命老区振兴发展规划的批复

（粤府函〔2018〕298号）

汕头、河源、惠州、汕尾、揭阳市人民政府，省发展改革委：

《广东省发展改革委关于上报〈海陆丰革命老区振兴发展规划〉（修改稿）的请示》（粤发改区域〔2018〕380号）收悉。现批复如下：

一、原则同意《海陆丰革命老区振兴发展规划》（以下简称《规划》），请认真组织实施。《规划》由省发展改革委印发。

二、《规划》实施要以习近平新时代中国特色社会主义思想为指导，全面贯彻党的十九大和十九届二中、三中全会精神，深入贯彻习近平总书记重要讲话精神，坚持以人民为中心的发展思想，大力实施区域协调发展战略和乡村振兴战略，以改变老区落后面貌和提高老区人民生活水平为目标，着力补齐基础设施短板，着力推动产业转型升级，着力加强生态文明建设，着力解决民生领域突出问题，进一步加大扶持力度，不断增强老区自我发展能力，努力探索老区振兴发展、绿色发展、持续发展的新路径，推动老区与全省同步全面建成小康社会，增强老区人民的获得感、幸福感。

三、汕头、河源、惠州、汕尾、揭阳市政府及纳入《规划》范围的13个县（市、区）政府是《规划》的实施主体，要大力弘扬老区精神，加强组织领导，完善工作机制，落实工作责任，艰苦奋斗，主动作为，确保《规划》的目标任务如期完成。要以《规划》实施为契机，创新体制机制，加强社会治理，优化市场环境，增进民生福祉，实现高质量发展。汕头等5市政府要于2018年10月底前制定《规划》实施方案，报送省发展改革委备查。

四、省有关部门要将支持海陆丰革命老区振兴发展作为贯彻新发展理念，解决我省区域和城乡发展不平衡、不协调问题的重要举措和实际行动，抓紧落实《规划》确定的各项政策，在项目建设、产业布局、资金投入等方面对海陆丰革命老区予以大力支持，并积极向中央对口部委争取政策和资金支持。省发展改革委要牵头指导、督促汕头等 5 市政府、省相关单位认真实施《规划》，重点做好跨市重点建设项目和重大事项的综合协调，适时对实施效果进行评估，重要情况及时向省政府报告。

五、要引导、鼓励社会各界关心、支持海陆丰革命老区振兴发展，以各种方式参与老区开发建设，充分发挥各级老区建设促进会的作用，为老区振兴发展凝聚正能量、营造好氛围。

《规划》中的重大建设项目按程序报批。

广东省人民政府
2018 年 8 月 23 日

注：《海陆丰革命老区振兴发展规划》文本见广东省发展改革委官方网站（http：//drc. gd. gov. cn/ywtz/content/post_ 833933. html）

二、2018 年广东区域经济发展大事记

1 月

1 月 15 日，省政府印发《广东省全面推进拆旧复垦促进美丽乡村建设工作方案（试行）》。

1 月 23 日，省政协十二届一次会议召开，省政协主席王荣代表十一届省政协常务委员会作报告。

1 月 25 日，省十三届人大一次会议召开，省长马兴瑞作政府工作报告。

2 月

2 月 12 日，省政府和招商局集团在广州签署共建揭阳滨海新区的合作框架协议。

2 月 22 日，省政府印发《广东省人口发展规划（2017—2030 年)》。

2 月 26 日，国家发展改革委、科技部、国土资源部、住房城乡建设部、商务部、海关总署联合印发《中国开发区审核公告目录》（2018 年版）。

2 月 27 日，2018 年省推进珠江西岸先进装备制造产业带建设联席会议在广州召开。

3 月

3 月 19 日，省政府转发《国务院关于同意湛江高新技术产业开发区升级为国家高新技术产业开发区的批复》和《国务院关于同意茂名高新技术产业开发区升级为国家高新技术产业开发区的批复》。

3 月 19 日，省政府办公厅印发《进一步推动落实"实体经济十条"政策工作方案》。

3 月 26 日，全省科技创新大会召开。省委书记李希出席会议并讲话，省长马兴瑞主持会议。

3 月 27 日，省长马兴瑞主持召开深调研"推动粤港澳大湾区建设"课题

工作汇报会。

4月

4月2日，2018中国（广东）数字经济融合创新大会在广州举行。

4月3日，经黑龙江省政府、广东省政府同意，黑龙江省发展改革委、广东省发展改革委联合印发《黑龙江省与广东省对口合作2018年重点工作计划》。

4月9—10日，省长马兴瑞率省政府代表团参加博鳌论坛系列活动。

4月9—11日，第六届中国电子信息博览会在深圳举行。

4月15日，第123届中国进出口商品交易会在广州开幕。

4月19—22日，第十届中国加工贸易产品博览会在东莞举行。

5月

5月4日，粤澳合作发展基金签约仪式在广州举行。

5月5日，省政府办公厅印发《广东省广州市建设绿色金融改革创新试验区实施细则》。

5月9日，粤桂琼签署《2018—2019年推进〈北部湾城市群发展规划〉实施合作重点工作》协议。

5月14日，广东省人民政府办公厅、广西壮族自治区人民政府办公厅联合印发《粤桂扶贫协作和区域合作工作清单（省级层面）》。

5月17日，2018中国（广东）—美国投资合作交流会在广州举行，省长马兴瑞出席并发表主旨演讲。

6月

6月2—3日，省委书记李希、省长马兴瑞率广东省党政代表团赴四川省，就做好下一步对口帮扶凉山、甘孜州工作进行深入协商交流。

6月3—4日，省委书记李希、省长马兴瑞率广东省党政代表团赴西藏林芝市，就进一步做好广东对口帮扶林芝和昌都工作进行深入协商对接。

6月12日，教育部与广东省签署《关于共同加快推进世界一流大学和一流学科建设的协议》。

6月22日，省政府印发《广东省国家标准化综合改革试点建设方案》。

6月25—27日，省委书记李希、省长马兴瑞率广东省党政代表团赴新疆，就进一步做好广东对口支援新疆工作进行交流对接。

7 月

7 月 5—6 日，泛珠区域高铁经济带建设工作现场会暨第四届粤桂黔高铁经济带合作联席会议召开。

7 月 10 日，省政府印发《实施〈粤澳合作框架协议〉2018 年重点工作》。

7 月 12 日，广东省人民政府、香港特别行政区政府共同主办的 2018 粤港经济技术贸易合作交流会在香港举行。

7 月 12 日，经省政府同意，省发展改革委印发《广州临空经济示范区发展规划（2018—2025）》。

7 月 27 日，省政府办公厅印发《广东省促进全域旅游发展实施方案》。

7 月 29 日，省政府转发《国务院关于印发进一步深化中国（广东）自由贸易试验区改革开放方案的通知》。

8 月

8 月 14 日，省政府办公厅印发《深化中国（广东）自由贸易试验区制度创新实施意见》。

8 月 23 日，省政府批复同意《海陆丰革命老区振兴发展规划》。

8 月 31 日，省政府印发《广东省降低制造业企业成本支持实体经济发展的若干政策措施（修订版）》。

9 月

9 月 5 日，2018 年泛珠三角区域合作行政首长联席会议在广州举行，福建、江西、湖南、广东、广西、海南、四川、贵州、云南、香港、澳门等"9 + 2"各方行政首长出席会议。

9 月 5 日，经省政府同意，省发展改革委印发《海陆丰革命老区振兴发展规划》。

9 月 19 日，海外侨胞助推"一带一路"和粤港澳大湾区建设合作交流会在广州召开。

9 月 22 日，广深港高铁香港段开通仪式在香港西九龙站举行。

10 月

10 月 10—13 日，第十五届中国国际中小企业博览会在广州举行。

10 月 15 日，第 124 届中国进出口商品交易会在广州开幕。

10 月 22—25 日，习近平总书记视察广东。

10 月 23 日，港珠澳大桥开通仪式在珠海举行，习近平总书记出席仪式。

10 月 25 日，省政府批复同意《惠州潼湖生态智慧区总体规划（2017—2035 年）》。

10 月 28 日，全省传达学习贯彻习近平总书记视察广东重要讲话精神干部大会召开。

10 月 29 日，省政府批复同意《粤桂合作特别试验区总体规划（2017—2035 年）（广东片）》。

11 月

11 月 14 日，以"坚持新发展理念　推动高质量发展"为主题的第二十届中国国际高新技术成果交易会在深圳开幕。

11 月 20 日，2018 粤港澳合作论坛在清远举行。

11 月 22 日，2018 中国海洋经济博览会在湛江举行。

11 月 24 日，国际金融论坛第 15 届全球年会在广州开幕。

11 月 29—30 日，2018《财富》全球科技论坛在广州举行。

11 月 30 日，省政府印发《粤川对口支援和东西部扶贫协作第三次联席会议纪要》。

12 月

12 月 7 日，全球市长论坛暨第四届广州国际城市创新奖及 2018 广州国际城市创新大会，在广州白云国际会议中心开幕。

12 月 17 日，第四届珠江西岸先进装备制造业投资贸易洽谈会在佛山开幕。

12 月 18 日，广东省庆祝改革开放 40 周年大会在广州举行。省委书记李希出席会议并讲话，省长马兴瑞主持会议。

12 月 28 日，省委、省政府印发《关于构建"一核一带一区"区域发展新格局促进全省区域协调发展的意见》。

12 月 29 日，省政府办公厅印发《基本公共服务领域省级与市县共同财政事权和支出责任划分改革方案》。